U0566353

企业家的
精神与信仰

Qiyejia De
Jingshen Yu Xinyang

单翔 著

人民出版社

序　言

　　人是历史活动的主体，企业家精神是创新创业体系中最积极的因素之一，是经济转型升级中不可或缺的强大动力。但是，以熊彼特为代表的关于"创造性破坏"的相关研究多聚焦于企业家精神的经济理性维度及其对经济的提升推动作用，对究竟是什么力量形塑企业家的精神气质、企业家信仰对企业家精神的影响为何等却缺乏探讨。

　　事实上，虽然当代中国经济在党的领导下，在几代企业家的艰苦奋斗下取得了巨大成就，但社会投机、商业欺诈时有发生，如瑞幸咖啡事件、P2P、假疫苗等一系列恶性商业事件显示出了部分企业家信仰、精神缺失可能对社会带来的巨大负面影响，这也提醒了我们企业家精神中道德维度特质的重要性。

　　笔者早年主要接受商科教育，后来长期从事大型文化传媒集团的管理工作，对管理学层面的企业家精神养成和相关理论比较熟悉，也深知其中的优势和不足。本书力图实现跨学科的研究，主要从历史维度出发，深入中外历史事件之中，以历史学视角分析并提炼出"信仰对企业家精神的正向配置与激发"这一长期未被重视的命题。在此基础上，本书聚焦中国近代以来优秀企业家精神的动态情况，探寻其中的共通之处和传承基因，挖掘中国特有的家国情怀与企业家精神间内在的作用机制,并以此投射至当代中华民族伟大复兴的历史阶段,力求为当代企业家树立历史范例和正面榜样,为新时代企业家精神更积极有效地发挥效用提供方向,同时也为信仰对企业家精神激发作用理论模型的建立和巩固做出基础性工作。

信仰可以借由目标感的建立进而对企业家精神产生积极影响与作用,放眼世界历史这一大数据库,以历史学的视角进行审视。通过回顾中国传统文化中的经营思想、欧洲新教改革和日本明治维新时期所发生的历史事件,寻找对企业家精神具有强烈激发作用的道德维度和精神特质。同时,从溯源中提炼出信仰或者说类信仰类特质对企业家精神作用的理论模型,为有关中国企业家精神的针对性研究进行铺垫。在信仰作用于企业家精神的理论模型框架下,探寻晚清时代中国优秀企业家精神的经济活动与精神世界。本书中选取张之洞、张謇这两位中国近代实业家的先驱,从近代中国企业家精神发展并壮大的开端,挖掘其中蕴含的精神特质。继而将时间线推至民国时期,在更为跌宕起伏的历史时期探究企业家精神的丰富内涵,聚焦陈蝶仙、范旭东、卢作孚三位优秀实业家,围绕他们在爱国运动、战争等重大历史事件中的实践,探索实践背后的精神支柱与内生推动力。对比动荡不安的民国时期,转而放眼社会环境相对平和的新中国成立后的历史阶段,选取荣毅仁、曹德旺、任正非三位代表性优秀企业家,揭示在平和社会环境外表下企业家所面临的波涛汹涌,分析其在当代环境中以企业家精神的何种特质战胜挑战、贡献国家。

近代以来的企(实)业家具有不少共通点,有助于提炼并揭示出家国情怀对企业家精神的正向激发作用,在他们各自的实践中,正是家国情怀这一中华民族特有的精神特质起到了关键作用。以此为基础,本书深挖家国情怀与信仰的联系,认为家国情怀是中华民族特有的信仰,尝试从理论层面进一步明晰家国情怀对企业家精神的作用机制与内在逻辑关系。这既是本书主要的研究旨趣，也是对现有家国情怀与企业家精神间关系研究的补充和提升。

目 录 |

绪　　论

一、选题缘由

恍然间，改革开放已经走过了四十多年，我国的经济体量已经跃居全球第二，成为仅次于美国的第二大经济体。这四十多年间，我国的工业体系由简到全、从弱变强，逐渐构建起行业齐备的工业体系，已经成为"全世界唯一拥有联合国产业分类中全部工业门类的国家"①。这四十多年间，涌现出了无数优秀的企业，有一大批企业进入世界500强排行榜，在国际市场上与海外企业同台竞技。从数据上来看，中国用几十年的时间走过了西方国家几百年才走完的路。

中华民族何以在短短几十年内就取得如此大的成就？新中国成立七十多年来的历史雄辩地证明，归根结底是坚持中国共产党的领导，找到了中国特色社会主义这条正确发展道路并且沿着这条道路坚定不移走下去。另外，在这些因素背后也还有很重要的原因，就是人的作用，真正推动经济腾飞的是人！正是那些勤于思考、勇于探索、敢于创新的一个

---

① 国务院发展研究中心市场经济研究所：《改革开放40年：市场体系建立、发展与展望》，中国发展出版社2019年版，第115页。

个活生生的人搭建厂房、配置生产线、将中国产品出售到全球各地，支撑起了 GDP 的持续增长。时代的洪流奔涌不息、势不可当，恰是一个个血肉之躯身体力行所汇聚的合力推动了历史车轮滚滚向前。人，更是历史洪流中最关键的推动力之一。

人，对于中国经济的发展具有重要作用，当下的枝繁叶茂并不意味着经济这棵大树在未来也能持续繁荣。作为管理者，我无数次意识到人的重要性。人能造势，能改变定局，能扭转乾坤。一个组织系统一旦换了关键岗位上的人，其运转逻辑乃至绩效都会发生翻天覆地的变化。但在长期的实践、阅读和学习的过程中，一直让我百思不得其解的是，人这么能动的变量，为什么一直被剔除在既有经济学的分析框架之外？好像我们的世界是自动运转的，城市可以自我扩张，货物可以自动买卖，市场可以自行运转，政策文件有自己的生命，金钱放在库房里可以自我繁殖。其实，如果把人从经济活动的各个环节中抽掉，就会发现大楼仅是一堆钢筋水泥，城市无非是一群冰冷死寂的建筑，商品堆在库房里只可能发霉，金钱与废纸并无二致，这一切之所以有意义，是因为人是活动的、有思想的、有情绪的，所以经济系统有了温度、有了脉搏、有了周期，人所带来的变数恰是中国经济之所以能长成参天大树的根本性力量，人也是确保中国经济这艘巨轮风雨兼程仍能快速航行在既定道路上最大的倚仗。

既然这样，人本身为什么一直处于被忽视的境地呢？在我看来，一个关键的原因是学术体系的唯西方论。当我们开眼看世界转而向西方学习时，彼时西方经济学已经从古典经济学走向了量化研究的道路。经过数量化、标准化分析方法的洗礼之后，人被分割成分析列表中的各类数据，似乎数据能够揭示一切、包揽一切、预测一切。这样的学术模式也蔓延到了我们今天的高等教育体系之中。然而，唯有一点，是目前的统计技术、数据算法很难准确衡量出来的，那就是人的精神世界。

由何塑造精神世界？与一个人的家庭、教育、感情、性格、思维习惯等多种因素都有关系，而这些因素又与一个民族一个国家的文化传承、群体意识、价值追求有着千丝万缕的关联。在学习西方又矫枉过正迷信西方的过程中，我们丢掉了对传统、对文化、对传承的敬畏，才使得自己迷失在数据与模型这些人造物营造出来的幻觉中，对抽象的"数字管理"的过度追求使研究越来越远离现实世界，越来越难以对现实疑问做出及时回应。"为天地立心，为生民立命，为往圣继绝学，为万世开太平"，这样朴素而又深邃的人文传统被各类指标淹没，被一个个从模型中诞生出来的冷静"理智"吞噬。随着战术与工具复杂精妙程度的日益提升，历史、信仰和精神却被丢弃在无人问津的角落里，落满灰尘。

正如电视剧《亮剑》中，在李云龙南京军事学院的同学多选取西方战术战略作为自己毕业论文的课题时，他却将眼光聚焦到军人的亮剑精神上，这也正是为什么他的毕业论文能够脱颖而出获得刘伯承高度赞扬的重要原因。人是如此得重要，未来破局靠的就是人所蕴含的无限创造力、爆发力与凝聚力。改革开放已经走过了四十余年，未来新旧动能转换、产业转型升级都依赖人的创新、创造能力，打破美国以贸易问题压制中国发展的图谋仍旧需要依赖人的凝聚力和魄力，未来要实现经济的再次跨越式发展、民族国家的整体复兴，更需要正视人这一发展的重要推动力。

基于对当下诸多问题的反思以及对国家民族未来的忧虑，我写下此书，意在叩问如何激活人的主观能动性，使得我国经济在未来的风雨中能逆风而上、跨越阻碍、永葆繁荣。

中国有 14 亿多人,每一个人都会不同程度地参与经济活动,我将自己的研究主体锁定在了企业家这一群体身上。在我看来,他们不单单是被动参与经济活动的微观主体,更是主动创造历史的时代弄潮儿。他们既是社会制度与规则的继承者、维护者,也是推动社会制度与规则内部进化的革新者。中国经济的繁荣永续需要什么样精神气质的企业家?是什么力量支撑和确保这些企业家发挥自己独特的能力?我们应该采取哪些恰当的努力来确保合适的企业家发挥自己独特的创新能力?他国和我国既往的经验对我们有何种启发?

对以上诸多问题的不断追问最终形成了我博士学位论文的研究主题,本书也是在我博士学位论文基础上的进一步提升,旨在探寻企业家的精神世界。企业家这一群体的精神世界如何形成?有什么关键机制?能够对外部经济产生什么样的影响?如何产生的影响?显然,既有的经济学研究方法并不能满足我的需求,这就需要我进一步借助历史比较的分析方法,来寻找企业家这一特殊群体在大历史时段中体现出的普遍性规律。当将各类影响因素一层层剥离时,一个长久以来被学术共同体忽视的因素摆在了我的面前,一个民族独有的文化传统对其所哺育的群体的精神世界有着极深的影响,这种影响深入骨髓,其所形成的或明或暗的精神信仰之流深刻影响着一个国家经济前进的方向,指引其走向命运的辉煌。在数据一统天下的时代,我们曾以为这一影响已经消失、不再起作用了,其实它在我们的发展道路上一路如影随形。实际上,这才是习近平总书记提出的实现中华民族伟大复兴的力量之源,企业家群体需要正视这一潜流一直以来的影响,继承古老文明所累积的遗产,在继承中创新、在积累中蜕变,站在历史潮流的最前端重塑天下万年。

二、史料概况与研究现状

（一）史料来源

本书遵循循序渐进的研究思路，参考欧洲新教改革、日本明治维新、中国近代以来到当代等多个历史阶段的史料分别进行研究与分析。一是通过对国内外政府提供的官方史料的梳理查阅，辅以相关文献的研习，从中提炼出对本书具备深挖价值的史料。二是对特定企业家的发言稿、内部讲话、文集、往来公文与信件等材料进行全方位梳理，务求以最原始的史料实现与研究对象的"面对面对话"。三是利用造访日本讲谈社、博物馆、图书馆等实地调研机会，借阅当地文化机构中相关重要史料，以此获取具有当地文化特色的启示与史料支撑。本书查阅的文史资料包含了欧洲、日本、中国等多区域的不同历史时期，主要包括以下门类：

1. 各地政府提供的文史资料。在对中国近现代企业家进行研究时，中国多地的人民政治协商会议委员会文史资料研究委员会提供了较为详尽的当地官方文史资料，如《武汉文史资料》《海门县文史资料》《大丰县文史资料》《南皮县文史资料》等。同时，万方数据库中的"地方志"数据库，以及南通市地方志编纂委员会办公室馆藏的大量方志类史料（其中多为江苏志与南通及其所属县市的地方志），如《江苏省志·总志》《江苏省志·大事记（中、下）》《南通市志（上、中、下）》等，都为我研究中国近代张謇等实业家和其时代背景提供了丰富的史料基础。此外，日本外务省网站提供了大量的官方史料，如《日本外交文书デジタルアーカイブ（第1—44卷）》，日本国立公文书馆

更可以查阅到一些公文的原文影印版，如《五ヶ条ノ御誓文》（明治 1 年 3 月 14 日）、《神号々仏語ヲ用ヒ或ハ仏像ヲ神体ト為シ鰐口梵鐘等装置セシ神社改正処分·三条》（明治 1 年 3 月 28 日）等。这些材料都为我的研究提供了更加坚定可靠的历史依据。

2. 作为研究对象的企业家所著的相关史料。在此研究中，张謇、范旭东等中国近代实业家都留下了珍贵的文书资料。李明勋、尤世玮等编撰的《张謇全集》收录了张謇的各种发言、著作、往来文件等史料，几乎涵盖了张謇所著的所有文件。范旭东创立的《海王》旬刊同样为本书研究提供了大量的原始史料，他在《海王》上发表的文章成为研究其企业家精神的珍贵史料，如《久大第一个三十年》等。同时，中国当代企业家任正非在华为内部的诸多讲话、文章及其接受采访时的部分纪要，都能够在《华为人报》中查阅全文，如《向美国人学什么?》（《华为人报》第 23 期，1998 年 2 月 20 日）、《创新是华为发展的不竭动力》（《华为人报》第 107 期，2000 年 7 月 20 日）等。

3. 日本调研的珍贵史料。研究期间，我造访日本讲谈社开展了实地调研，不仅借阅到一些关于明治时期的史料，还与相关专家探讨了这段时期的历史，对我启发很大，也大大提高了日本部分案例的可靠性与针对性。同时还赴日本国立国会图书馆借阅相关资料，对明治维新中的重要人物大久保利通的重要史料进行了查阅和研究，如借阅了《大久保利通文书（第 1—10 卷)》等资料。

（二）研究现状回顾

近年来，企业家的社会活动无疑对区域经济提供了不容忽视的正向贡献。伯科威茨（Berkowitz）和德琼（Dejong）通过研究苏联各地区经济增长的差异，得出苏联解体后各地区经济发展的重要原因与企业家的活跃密不可分的结论。① 麦克米伦（McMillan）和伍德罗夫（Woodruff）的研究更进一步认为，俄罗斯、波兰、中国、越南等地区经济转型发展的成功得益于企业家的社会活动。② 在企业家活动对社会经济贡献日益巨大的同时，企业家精神对市场经济的推动作用也被逐步肯定。有研究识别出企业家精神对经济的推动机制为直接的创新驱动和间接的效率改善作用③，认为通过企业家对企业各方面的革新优化以及对管理机制的改善调整，可以推进企业的长足发展，进而对所在区域经济产生积极的影响。李宏彬等人聚焦我国，抓取 1983—2003 年的省级面板数据，将企业家精神分为创业与创新精神，以数据分析的形式分别量化了企业家精神对我国经济增长的正向影响："平均而言，企业家创业精神每增长 1 个标准差，将提高年均增长率 2.88 个百分点；企业家创新精神每增长 1 个百分点，将提高年均增长率 3 个百分点。"④ 一系列的数据与事实都指向了企业家活动及企业家精神对社会经济的积极推动作用。

放眼当今中国，经济正由高速增长向高质量发展转变，以综合低要素成本获取竞争优势的传统发展模式面临边际效用递减与产业"低端锁定"的挑战。创新引领的新技术、新模式、新业态逐步成为推动经济高质量发展的新引擎。在这一过程中，过往积累的数据与研究在一定程度上使企业家被看作是经济转型升级的内生动力之源，显著的区域经济正效应使激发和保护企业家精神成为近年来政策和研究关注的新焦

① Berkowitz D. and Dejong D. N., "Entrepreneurship and Post-socialist Growth", *Oxford Bulletin of Economics and Statistics*, 2005, 67 (1), pp. 25-46.

② McMillan J. and Woodruff C., "The Central Role of Entrepreneurs in Transition Economies", *Journal of Economic Perspectives*, 2002, 16 (3), pp. 153-170.

③ 王天翔、王娟：《企业家精神研究：回顾与展望》，《中国集体经济》2019 年第 30 期。

④ 李宏彬、李杏、姚先国等：《企业家的创业与创新精神对中国经济增长的影响》，《经济研究》2009 年第 10 期。

点。随着国内创业活动的蓬勃发展，如何在风险和不确定性条件下激发企业家精神以推动社会创新水平与经济高质量发展备受关注。① 国务院出台专门指导意见，对激发保护、弘扬优秀企业家精神提出了总要求，党的十九大报告也进一步明确要保护企业家精神。在学术研究方面，企业家精神已成为行为科学领域中重要的跨学科研究议题，近十年的研究成果呈指数级增长。②

　　企业家精神如此重要，但在 20 世纪 80 年代以前，"企业家精神"一直没有形成明确的概念，也缺乏系统性研究。目前公认最早的对企业家精神的关注可以追溯到 18、19 世纪的研究。早期对企业家精神的研究处于概念混沌的状态，并且研究的偶发性非常强，研究与研究之间也缺乏连贯性。18 世纪旅居法国的爱尔兰人理查德·坎蒂隆（Richard Cantillon）在 "Essai Sur La Nature Du Commerce" 一文中，研究早期市场经济原则时首次赋予了企业家精神以明确的经济意义，他将企业家与土地所有者、劳动力供给者区分开来，认为企业家是除了劳动力和土地之外的第三大生产要素，并在一定程度上影响了 18 世纪经典经济学理论中对企业家的观点。熊彼特评价他的贡献是"也许就是因为有了他，法国经济学家才从来没有像英国经济学家那样忽视企业家的职能及其关键性的重要地位"③。魁奈和杜尔阁等人的著作中虽然也用过"企业家"这一词汇，但并未将其作为一个分析要素，并且很快企业家研究就如流星划过天际一般从经济学文献中消失了。

---

　　① Landström H. and Harirchi G., "The Social Structure of Entrepreneurship as a Scientific Field", *Research Policy*, 2018, 47 (3), pp. 650-662.

　　② Obschonka M., "The Quest for the Entrepreneurial Culture: Psychological Big Data in Entrepreneurship Research", *Current Opinion in Behavioral Sciences*, 2017, 18, pp. 69-74.

　　③ ［美］约瑟夫·熊彼特：《经济分析史》第 1 卷，朱泱等译，商务印书馆 1999 年版，第 334 页。

到了 19 世纪，法国经济学家让·巴蒂斯特·萨伊（Jean Baptiste Say）修正了 18 世纪时的观点，明确区分了企业家（中文翻译为"冒险家"）和企业中的经理，他认为企业家是用自己的资金和剩余来承担风险的人。萨伊写道："冒险家需要兼有那些往往不可兼得的品质与技能，即判断力、坚毅、常识和专业知识。"① 企业家从资本市场上获取资金以实现自己的目标，企业家成为除土地、劳动力、资本之外的第四大因素。② 同样在 19 世纪，奥地利经济学派也开始关注企业家精神。

但颇为诡异的是，由于对企业家精神的研究没有形成研究主线，因而对企业家精神的关注又一次中断了。约瑟夫·熊彼特（Joseph Schumpeter）重新关注企业家的经济效用时，企业家精神才又重回学者们的研究视野。熊彼特在《经济分析史》和《资本主义、社会主义与民主》等著作中都对过去的研究做出了清晰的梳理，他尤其关注企业家带来的经济非连续性与非线性特征，特别是"新组合"带来发展的变化。"我们所说的发展，包括以下五种情况：（1）引进新产品或一种新产品的新特征；（2）采用新技术，即新的生产方法；（3）开辟新市场；（4）征服、控制原材料或半成品的新供给来源；　（5）实现企业的新组织。"③ 而能实现新组合且只有在"实现新组合"过程中的这些人便是企业家，④"企业家既不是一种职业，也不是一种持久状况"。⑤ 从功能上看，企业家是"通过利用一种新发明，或者利用一种未经试验的技

---

① ［法］萨伊：《政治经济学概论：财富的生产、分配和消费》，陈福生、陈振骅译，商务印书馆1963年版，第373页。

② "Koolman G. Say's Conception of the Role of the Entrepreneur", *Economica*, 1971, pp. 269-286.

③ ［美］约瑟夫·熊彼特：《经济发展理论》，孔伟艳等编译，北京出版社 2008 年版，第 38 页。

④ ［美］约瑟夫·熊彼特：《经济发展理论》，第 44 页。

⑤ ［美］约瑟夫·熊彼特：《经济发展理论》，第 45 页。

术可能性，来生产新商品或者用新方法生产老商品；通过开辟原料供应新来源或产品新销路；通过改组工业结构等手段来改良或彻底改革生产模式"①。在熊彼特的研究中，企业家精神就是敢作敢为、克服社会环境对新事物的抗拒。另外，熊彼特还对企业家这一群体有过明确的论述。他认为企业家不是一个阶层，"虽然企业家一开始不一定是典型的资产阶级成员，但他们如果成功，就能进入这个阶层。因此，企业家本身并不形成一个社会阶级，但资产阶级吸收他们、他们的家庭和亲戚，从而经常地补充资产阶级本身和使阶级重新充满活力"②。熊彼特的研究思路非常简练，他认为经济的增长并不是源自资本积累，而是来自于市场不均衡状态下的创新或者新组合。

熊彼特在1911年以德文出版了《经济发展理论》一书，1932年熊彼特移民美国，并在1934年将其翻译成英文。在这本书中，熊彼特重新将企业家研究提升到关键地位，提出了"创造性破坏"这一概念，指出企业家可以创造新企业、改变传统的生产方式，进而打破既有的市场平衡。值得一提的是，熊彼特的"创造性破坏"概念更多强调的是利用优越的新知识来创造新企业以打破市场均衡，他强调发展是一种跳跃式的突变而非一种渐进式的变革，但其所定义的企业家只是对特别短暂的阶段性现象的概括，所以内涵流动不定。只有在重构资源和结构时，才能成为企业家，一旦陷入日常活动，或者被资产阶级吸纳，或者经济活动完全自动化后，企业家就会沦为普通商人。因而企业家阶层是一个变动性特别剧烈的社会群体，这也从侧面解释了企业家精神在社会重大变革时的广泛出现。另外，熊彼特还关注了企业家精神的消亡问

---

① ［美］约瑟夫·熊彼特：《资本主义、社会主义与民主》，吴良健译，商务印书馆1999年版，第210页。

② ［美］约瑟夫·熊彼特：《资本主义、社会主义与民主》，第213页。

题。他认为当工商业的管理沦为日常行政管理后，组织系统便会被官僚主义充斥，这种"进步的机械化几乎会像经济进步停止一样严重地影响企业家精神和资本主义社会"①，尤其是当企业家和资本家接受资产阶级生活方式失去了原有的企业家精神后，经济就会陷入停滞状态。那么，企业家精神是什么呢？与大众直觉认识并不一致的是，熊彼特在谈论资本主义文明时，尤其关注的一个问题是"理性"，在他看来资本主义文明是理性主义，而正是理性支撑着企业家的各种行为。

在企业家精神消亡与企业家努力可能发生松弛时，熊彼特无不痛心疾首地写道：

> 一旦这些观念（资本主义伦理观）从企业家的精神视界中消失，在我们面前就出现一种不同的经纪人，他关心不同的事物，以不同的方式行事。对他来说，从他个人的功利主义观点来看，那种老式的行为事实上完全不合理。他失去了资本主义文明中唯一一种浪漫主义和英雄主义。他失去了资本主义伦理观。②

同时，奥地利学派对人的关注，使得企业家精神的研究一直存在着一条若隐若现的暗线。这条暗线终于在 20 世纪重见天日。这条暗线之所以能够延续下来，毫无疑问要感谢柯兹纳和奈特。柯兹纳认为企业家能够发现市场中的不完善之处，进而展开套利行为。而奈特则认为企业家主要是能够应对不确定风险的特殊人群。柯兹纳的观点与熊彼特不同，他强调机会，认为企业家是能够发现机会并利用机会的人，这里的机会尤其指代的是信息不对称。在柯兹纳那里，发现信息意味着市场处于不均衡状态，而对信息的利用及由此展开的套利活动会让市场向均衡状态发展，企业家精神的精髓是围绕着套利展开的。

---

① ［美］约瑟夫·熊彼特：《资本主义、社会主义与民主》，第210页。
② ［美］约瑟夫·熊彼特：《资本主义、社会主义与民主》，第249页。

但是，新的问题又出现了。有了企业家是否就意味着经济行为的成功？企业家群体是否就如熊彼特所言是经济增长的保障呢？此时，鲍莫尔出现了，他的研究成果恰逢其时。他关注到了一个很关键的问题，即企业家作为一种生产要素，它的供给是突发性的。"这种生产要素优势会突然枯竭，从而导致经济增长停滞；有时又会由于某种不确定性的自发产生过程而出乎意料地增加，从而促使经济起飞。"① 进而他认为"企业家作为一个团体并不会在某一原始沼泽中突然出现或消失。相反，他们能够而且也正是根据经济条件和环境进入（或退出）某些经济活动"②。他进一步将企业家划分为两个类型学的子集，一个子集区分了创新型企业家和复制型企业家；另一个子集区分了生产性企业家和非生产性企业家。但后来的研究者们大多将注意力集中在鲍莫尔的第二个类型学子集上，忽视了复制型企业家对经济增长和就业的作用。鲍莫尔经典的生产性与非生产性划分，显示出企业家精神可能带来的成果差异：生产性企业家一般被认为能够创造财富、提升社会总体经济；而非生产性企业家活动则多被认为是对社会财富的再分配，几乎不涉及总体经济的增长。这同时也揭示了一个十分朴素的道理，企业家精神有可能被配置到非生产领域，不但不能推动区域经济发展，甚至还有可能损害经济发展。那么，如何确保企业家精神不被配置到非生产领域呢？这便引出了制度的效用，这一研究支线随着制度经济学与新制度经济学的发扬光大而在未来得到了长足发展。但目前来看，所有对制度与企业家精神之间关系的研究，都遵循着鲍莫尔最初划定的主线，即如果制度规则有利于生产，那么企业家精神就会向生产领域配置，这需要良好的金融

① ［美］威廉·鲍莫尔：《创新：经济增长的奇迹》，郭梅军等译，中信出版社2016年版，"前言"第7页。
② ［美］威廉·鲍莫尔：《创新：经济增长的奇迹》，第7页。

体系、灵活的劳动力市场以及有效的法治环境，只有这些外部制度才能使企业家精神被有效引导至生产领域。

至此，企业家精神这一研究领域看起来前途无限光明，只要继续深挖下去，就能产出累累研究硕果。但 20 世纪中叶，经济学方法论的转向让这一美梦变成泡影。经济学走向了数量化研究，而基于模型的数量化研究与企业家精神的研究天然不兼容，这使得企业家精神的研究逐步边缘化，最终被经济史研究的部分学者收留。企业家精神研究开始走向两条支线：一条支线是量化研究，另一条支线是经济史研究。企业家精神在量化研究领域中被抽象为技术进步这一更容易测量的因素，库兹涅茨（S. Kuznets）和索洛（R. M. Solow）的量化研究揭示出经济增长的源泉不在于投入的不断增加，更为关键的是技术进步导致的效率提高，新增长理论则进一步沿着技术进步这一路径向前探索，并指向制度创新。企业家精神的研究则更多地被经济史保留了下来。20 世纪 40 年代，阿瑟·库勒（Arthur Cole）领导的哈佛大学创业史研究中心保留了熊彼特研究方法的火种，[1] 将企业家精神的研究纳入到探索全球现代化进程动因的研究中，并留下了一些有益的探索成果。[2] 但由于经验研究缺乏方法论上的创新，在之后这一研究所激起的思想火花也逐步暗淡，而经验研究却浇灌了另一个研究线索。大卫·麦克里兰（David McClelland）在 20 世纪 60 年代开始将心理学和社会学研究方法引入企业家精神研究，进一步探索企业家精神与经济发展现代化之间的关系，并在

---

[1]　Landström H., Harirchi G. and Åström F., "Entrepreneurship: Exploring the Knowledge Base", *Research Policy*, 2012, 41 (7), pp. 1154–1181.

[2]　期间较为有代表性的学者为 Alexander Gerschenkron 和 David Landes，具体成果参见：Gerschenkron A., "The Soviet Indices of Industrial Production", *The Review of Economics and Statistics*, 1947, 29 (4), pp. 217–226; Landes D. S., "French Entrepreneurship and Industrial Growth in the Nineteenth Century", *The Journal of Economic History*, 1949, 9 (1), pp. 45–61。

70 年代独领一时风骚。

实际上，在整个 20 世纪末之前，企业家精神的研究完全是依靠学者个体的研究激情来点燃。无论是企业家精神的研究人员数量还是研究成果的影响力，都显现出这一问题的研究领域难以进入主流学术研究视野的尴尬局面。主流的经济学研究朝向数量化飞奔而去，而原本能够收留企业家精神研究的经济史不再像熊彼特那样关注宏大社会经济发展议题，推动社会进步的企业家群体自然也就处于被忽视的边缘。虽然经济学方法排除了企业家精神的研究，但企业家精神的研究并没有就此中断，相关研究的种子从经济学这株成熟的蒲公英身上飘散到了其他学科的土壤中，开始生根发芽。

如果不是 20 世纪末期全球的风云激荡，企业家精神研究可能还一直处于雪藏状态中。20 世纪 80 年代的美国及西方世界迎来了重要转折。1981 年里根上台，政治气候与经济大环境开始发生转变。苏联轰然倒地分裂成碎片，中国开启改革开放，信息技术突飞猛进，原本暮气沉沉的各主要经济体如返老还童般地重新焕发出青春活力。20 世纪 90 年代，世界更是进入到知识经济时代，克林顿政府推动的信息高速公路开启了美国的又一个繁荣周期。经济的繁荣使人们开始关注繁荣的根源问题，企业家精神这一议题自然从候场的冷板凳上被邀请进舞台中央。此时，企业家精神不再是经济学与经济史学的专属，社会学、心理学的研究者们纷纷介入企业家精神的研究中，期望破解经济繁荣的终极密码、探寻飞跃式发展的 DNA。创业、创新过程中体现出人所不可预测的创造力，使得各方研究者开始重新正视企业家精神的研究价值。技术突破、经济全球化、石油危机引发的社会动态不确定性与大企业治理失灵，使得各方开始关注企业家精神。

自 20 世纪 80 年代起，还有不少学者开始意识到企业家所处环境的重要性，认为环境可能通过作用于企业家精神，进而对企业家创新等实践活动产生影响。这些学者注意到，围绕企业家群体构建的系统与生物生态系统存在相似性，成为关于创新创业生态系统研究的雏形，这也正是影响企业家精神的一个重要外在因素。这一研究视角在近年来进一步受到重视，创新创业生态系统关注影响企业家绩效的各类行为体以及行为体之间的互动关系，认为具有企业家精神的群体与环境中多种因素的多元复杂互动影响了企业家绩效，这一方面显示出企业家精神的复杂性，另一方面更指示出环境对企业家精神作用发挥的重要作用。2006年，科恩（Cohen）开始使用创新创业生态系统（entrepreneurial ecosystem）的概念来分析影响企业家精神的制度和社会经济环境等问题。目前，对于创新创业生态系统的概念尚未达成共识，习惯性用法是将企业家活动的区域作为创新创业生态系统。基于这一研究思路，早期研究创新创业生态系统的学者们多选取硅谷、伦敦、塔林、班加罗尔等创新型企业家集聚区展开研究。[1] 整体来看，多数学者将创新创业生态系统概念化为复杂的自适应系统。[2] 概而言之，在大多数研究者看来，创新创业生态系统不是单一的实体，而是由许多不同的参与者构成的动态变化的互动网络。生态系统是复杂的、高度多样化的，与其他许多系统相互嵌套。2017年，奥德斯和别利茨基则进一步将创新创业生态系统定义为"各要素相互影响并影响企业家机会识别、商业化的制度、组织结构及其他系统性因素"。[3] 这一概念强调特定区域内的参与者、各项要

---

[1] Tiba, S., Rijnsoever, F. Van, Hekkert, M., n. d. Sustainable Startups and Where to Find Them.

[2] P. T. Roundy, M. Bradshaw, B. K. Brockman, "The Emergence of Entrepreneurial Ecosystems: A Complex Adaptive Systems Approach", *J. Bus. Res.*, 86 (May) (2018), pp. 1-10.

[3] D. B. Audretsch, M. Belitski, "Entrepreneurial Ecosystems in Cities: Establishing the Framework Conditions", *Journal of Technology Transfer*, 2017, 42 (5), pp. 1030-1051.

素之间所形成的互动方式有助于增加区域内的企业家精神。布朗和梅森的研究也遵循同样的思路，他们同样认为，创新创业生态系统是企业家群体活动的特定区域，以企业家为核心，推动企业家群体事业的共同发展，在整体上发挥创新特性。[1] 生态系统内的各类主体通过特定的协作安排，使生态系统中的每个利益相关者都能够参与价值创造。创新创业生态系统对于促进区域内创新、创业水平的改善极为重要。斯宾格尔认为："创新创业生态系统是一个区域内社会、政治、经济和文化元素的组合，这种组合网络能够支持创新型初创企业的发展，并鼓励新的企业家和其他参与者冒险创业，生态系统向创业者提供资金或其他帮助以降低高水平创业者的风险。"[2]

可以看到，创新创业生态系统是服务于企业家创新创业的特定空间，受地理位置限制，嵌入到本地社会文化结构中，使企业家精神在群体层面深受区域环境的影响。[3] 创新创业生态系统作为一种企业家所处的特有环境，系统内的各要素会通过与社会文化、制度等要素的融合，形成特有的环境，对身处其中的企业家产生影响，对企业家精神创新、机会识别等特质进行激发或推动。具体而言，这一特有的环境不仅能够对身处其中的企业家个体进行激励，更可能发挥出组织性作用，引导并激励更多的企业家向特定方向进行实践，实现群体绩效的提升。同时，企业家群体的实践同样会反作用于特有的环境，促进环境中各个要素继续沿着特定方向进行互动与优化。环境与企业家精神，二者有着密不可

---

① R. Brown, C. Mason, "Looking inside the spiky bits: a critical review and conceptualisation of entrepreneurial ecosystems", *Small Bus. Econ.*, 49 (2017), pp. 11-30.

② B. Spigel, "The relational organization of entrepreneurial ecosystems", *Entrepreneurship Theory Practice*, 41 (1) (2017), pp. 49-72.

③ R. Brown, C. Mason, "Looking inside the spiky bits: a critical review and conceptualisation of entrepreneurial ecosystems", *Small Bus. Econ.*, 49 (2017), pp. 11-30.

分且相互促进的复杂关系，这也使企业家所处的环境成为企业家精神研究课题中不可或缺的重要因素之一。

然而，自熊彼特提出企业家的"创造性破坏"特质以来，多数研究聚焦于企业家精神中创造性的一面，关注创新、开拓等特质，并强调其功能上的经济正效应；以创新创业生态系统为代表的环境因素研究，也更倾向于环境因素对企业家精神可能带来的正面激发作用。可以说，围绕企业家精神的研究对其可能造成的社会负效应探讨不足。当代企业家活动固然对经济建设贡献巨大，但其在经济领域中的不稳定表现同样不容忽视。创新等特质会塑造挑战或打破既定规则的行为取向，企业家在谋求商业成功时不断面临是否遵约的道德抉择，商业成功与遵守社会道德准则间的不一致带来的思想内耗与精神折磨不仅严重损害了企业家的创新创造能力，还会使企业家在价值冲突中走向异化从而丧失经济绩效改善能力。①

同时，企业家在推进绩效改善时体现出了较强的规则修正能力，激发企业家精神会进一步鼓励企业家打破规则的行为取向，这增加了企业家违反规范性准则的可能性。鲍莫尔较早地意识到企业家精神可能带来的多种效应，他对生产性、非生产性企业家精神的类型学分析揭示了社会规则对企业家活动配置差异的影响。② 他认为创新、开拓等企业家精神特质会产生经济与社会负面影响，实践中的负效应源于企业家精神向非生产领域的错配，其对社会财富的再分配可能涉及投机等负面行为。鲍莫尔及其后继者的分析遵循经济理性研究模式，假定企业家是具备利

① Choi N. and Majumdar S., "Social Entrepreneurship as an Essentially Contested Concept: Opening a New Avenue for Systematic Future Research", *Journal of Business Venturing*, 2014, 29 (3), pp. 363-376.

② Baumol W. J., "Entrepreneurship: Productive, Unproductive, and Destructive", *Journal of Business Venturing*, 1996, 11 (1), pp. 3-22.

己动机的经济理性人，进而提出利己动机可能导致的集体行动困境。对此，鲍莫尔及其后继者强调外部制度建设的调节与约束作用，现代社会各国的公司法以及针对会计行为规范的一系列法规制度等，都体现了外部制度对企业家活动的相关约束作用。但是，部分企业家的实践活动却揭露了"制度失灵"的问题。一方面，利用会计准则、资本市场规则的漏洞谋取高额的个人利益，严重扰乱了社会经济秩序，此类"制度失灵"的案例屡见不鲜。近年来，在共享经济、互联网金融等新经济领域，初创企业的不当创新与无规则竞争诱发大量投机行为，产生的负面影响严重危害了商业生态的正常进程。利用制度漏洞牟取暴利、欺诈性行为层出不穷，严重损害公众利益。时下的瑞幸咖啡事件，更鲜明显示出错配的企业家精神可能带来的负面影响。如何把控经济绩效与道德准则二者间的平衡，这样的探讨在个体、组织和社会各层面都是最迫切需要的。

另一方面，大量企业家负面行径的出现，令更多企业家注意到"投机"可能带来的暴利，导致越来越多的企业家倾向于以规则修正使"制度失灵"成为常态。正如企业家精神对创新创业生态体系能够产生反作用一样，企业家群体具有对所处环境进行负面引导的可能性与能力，这也无疑会加剧"制度失灵"的效应，构成了一种恶性循环与企业家生态体系。企业家的规则修正能力使"制度失灵"成为常态，需进一步探索制度约束以外的途径来限制企业家精神的负面影响，① 这促使研究者深入挖掘企业家精神概念中有关克制、合作、美德等非量化性特质。

企业家们通过创新打破社会规范与规则的行为，实际上也是对现有

---

① Lundmark E. and Westelius A., "Antisocial Entrepreneurship: Conceptual Foundations and a Research Agenda", *Journal of Business Venturing Insights*, 2019, 11, p. 104.

道德准则的一种挑战，将企业家精神的道德问题带进了研究视域。企业家在开拓创新时需不断回答："是否要用道德妥协来换取经济成功？"难以惩处的道德妥协会带来巨大的即时性奖励，个体能快速获得竞争优势、享有直接可见的短期激励。但与此同时，道德妥协会诱发个体精神内耗、加剧恶性竞争，间接影响商业生态并限制企业家精神的长期可持续发展。企业家在创新创业过程中如何处理道德困境，在社会治理层面如何限制企业家精神的负面影响成为研究新焦点，[①] 这也使得基于伦理视角的文化分析路径重新受到关注。[②]

实际上，企业家在创新实践中的投机与道德妥协所造成的负面影响也已引起广泛关注。创新创业的开拓革新与制度规范的滞后存在差异，新技术、新产业不断延展造成的制度空白将企业家暴露在道德妥协的机会主义诱惑之下。在面对制度真空与规则不确定性时，有企业家用道德妥协换取经济成功，也有企业家放弃经济利益坚守底线，更有企业家在两种行为中不断切换。[③] 具备内在道德约束力的企业家倾向于在不确定情境下坚守底线并做出正确决策，[④] 使个体经济成功服务于社会整体繁

① Tenbrunsel A. E. and Smith-Crowe K., "13 Ethical Decisions Making Where We've been and Where We're Going", *The Academy of Management Annals*, 2008, 2 (1), pp. 545-607.

② 文化研究面临的挑战有二：一是定义模糊，二是因果关系机制不明显。定义模糊体现在对于文化缺乏明确、公认的定义，目前企业家精神相关研究中使用较多的是霍夫斯泰德对文化的定义，他认为文化是"心灵的集体"。文化概念的复杂性使文化难以被经济学研究话语所接受，但将文化引入经济学研究显然能够丰富研究者对经济现象的理解。尤其是对奉行量化实证的芝加哥学派而言，文化这类难以量化的变量无法使用数学工具。

③ Phillips W., Lee H., Ghobadian A., et al. "Social Innovation and Social Entrepreneurship: A Systematic Review", *Group & Organization Management*, 2015, 40 (3), pp. 428-461.

④ Bucar B., and Hisrich R. D., "Ethics of Business Managers VS. Entrepreneurs", *Journal of Developmental Entrepreneurship*, 2001, 6 (1), p. 59.

荣。同样具备创新开拓、积极进取精神的企业家在不同情境中的行为分化超越了经济理性分析范畴，暴露出主流研究模式对现实世界的理解不足，①"制度失灵"的屡见不鲜使得制度因素对企业家精神的正向配置作用遭到了质疑。更有研究通过对企业家精神跨区域的比较得出，不同地区的商人或企业家在处理类似问题时依赖表现形式完全不同的制度规则，认为在明确的制度规范之下，还存在着另外的因素，将企业家精神向道德维度推进的研究更接近现实世界。②

对此，中国部分企业家在道德维度的正面形象，为解决制度失灵等问题提供了思路。其实，中国针对企业家精神的研究已经在一定程度上发展出了不过分依赖于数据的研究方式，一些研究已经开始尝试引进历史学的研究法对企业家精神进行初探，不少学者开始关注中国企业家社会实践中的具体行为、言语表达、著作等不能完全量化的对象。这些研究对象虽然不能引导出精准定量的结果，但却为我们带来了意想不到的启示。梁静通过对企业家的传记、访谈、演讲等内容进行研究，以及运用话语分析法对文本中展现的企业家在儒家理论视域下呈现出的家国情怀加以研究，同时对企业家的家国情怀对该企业伦理决策方面的影响进行探讨发现，无论是企业责任还是人生价值的最终实现，都与家国伦理割舍不开。③ 这不仅暗示了这些企业家样本非经济维度的正向表现，与家国情怀这一中华民族独特的精神特质有着相当的联系，而且将企业家精神研究提升到了国家层面的道德维度进行讨论。此外，谢长青和郝伟

---

① Rindova V., Barry D., Ketchen Jr D. J., "Entrepreneuring as Emancipation", *Academy of Management Review*, 2009, 34 (3), pp. 477-491.

② Thanawala K., "Schumpeter's Theory of Economic Development and Development Economics", *Review of Social Economy*, 1994, 52 (4), pp. 353-363.

③ 梁静:《儒家理论视域下企业家家国情怀对企业伦理决策的影响研究》，硕士学位论文，山西大学经济与管理学院，2017 年。

还通过对改革开放以来具有代表性的佛山企业家进行梳理挖掘，提炼出这些企业家身上具有一定共性的企业家精神元素——自立自强、敢为人先、坚毅专注、匠心精进、家国情怀。研究更进一步指出，这些佛山企业家大都具有家国情怀，其产品也具有"造物为家"的属性，具体来说包括三个层次，一是造物为小家（家庭），二是造物为大家（国家），三是造物为地球（人类家园）。① 可见，通过这样的定性分析得出了许多围绕企业家非经济维度领域的讨论，而家国情怀作为中国企业家特有的精神特质，已经被充分注意到并摆在了重要位置来进行探讨，其研究潜力不容忽视。

在充分注意到一些杰出企业家代表具有家国情怀共性的基础上，许多学者开始积极倡导这一特有精神特质的全社会传播。贾亭认为，新时代企业家精神需要浓厚的家国情怀，家国情怀是企业家精神的应有之义，更折射出一个中国企业内在的"软实力"，企业家家国情怀的初级层次是遵纪守法，高级层次是回馈社会。② 就像习近平总书记在上海考察时强调的："让人们记得住历史、记得住乡愁，坚定文化自信，增强家国情怀。"中国企业家同样需要始终坚定文化自信，不断增强自身的家国情怀，以家国情怀这一道德维度的精神武器，引导自己在经济与道德维度都取得正向的发展。可以说，很多既有研究都将针对中国企业家精神道德维度的研究锁定并聚焦在了家国情怀之上，而其研究结果也显示出家国情怀对企业家精神世界积极的影响，进一步为家国情怀对企业家精神的积极作用进行了肯定，也为解决制度失灵等企业家精神层面面

① 谢长青、郝伟：《从"自立自强"到"家国情怀"：佛山企业家精神刍议》，《佛山科学技术学院学报（社会科学版）》2018 年第 1 期。
② 贾亭：《引导非公有制经济人士弘扬企业家精神研究》，《山西社会主义学院学报》2019 年第 2 期。

临的问题提供了具有深远意义的启示。

然而，针对家国情怀对企业家精神负面因素修复的研究却不够彻底与深入。首先，对家国情怀本质的探讨不足。众所周知，家国情怀是源于中国传统文化，尤其是儒家文化，但文化在社会中的表现形式是多种多样的，根据其表现与存在形式的不同，其对作用对象的影响方式与影响程度也会不尽相同。对于中国企业家这一重要且特殊的群体来说，家国情怀是以何种存在形式来对其产生影响的呢？其本质又是什么？这一本质是否可以适用于更加广泛的中国人群？这些疑问都或多或少地阻碍了对企业家精神中家国情怀的研究进程，导致了相关研究多浮于表面。其次，研究对象存在一定的局限性。既有研究对中国企业家精神的研究对象似乎更多集中在改革开放及以后的企业家身上，这是由于近代还没有企业家这一来自西方的概念，在一定程度上忽视了历史对当代可能具有的重要借鉴作用，导致了对家国情怀与企业家精神可能存在的动态关联度与延续性的关注不足，相关研究结果的说服力与全面性也稍显不足。家国情怀作为一种源于中国传统文化的精神特质，对其进行全面研究必然需要依靠历史依据，抛除历史要素后的家国情怀，将成为缺少源流、凭空而生的产物，这与其本身性质和特点也是不相符合的。最后，缺乏对家国情怀与企业家精神间深层联系的探讨。纵观现有针对家国情怀与企业家精神间关系的研究，总体上呈现实例研究多而理论研究少的局面，即使涉及内在关系，也多浮于字面，未能触及两者间的作用机制及其内在逻辑，这使得研究成果的可靠性与科学性打了折扣。可以说，虽然国内对企业家精神的相关研究已经充分注意到了家国情怀在解决企业家精神道德维度不良影响上的积极作用，但相关针对性研究确实不够全面深入，其理论成果尚难以转化为对社会经济建设具有实际意义的措施或方案。但是，这些存在的不足也为我们揭示了相关研究进一步的可能性与潜力，对于企业家精神及其与家国情怀关系的研究，学术界仍然任重而道远。

虽然国内学界对家国情怀的研究给了修复企业家精神道德维度负面影响以一定的启示，但尚没有引起国际学术界的广泛关注与重视。更严重的是，学术界在对企业家精神的研究中，道德维度的概念就整体趋势而言仍然在被逐步淡化，企业家的精神世界、文化背景、自身信仰等内在特质一直被忽略，进而制约了其真正的研究潜力。而且，我们总是从经济学和管理学的视角来研究企业家精神，却忽视了历史学这一特殊的视角，也忘却了中国传统历史文化中蕴含着的对企业家精神具有正向推动作用的诸种因素。究竟是什么激发并推动了中国企业家精神的形成？其与企业家精神的深层联系又是什么？学术界几乎从未涉及。

其实，道德维度是企业家精神概念内涵中固有的一部分。既往集中在经济理性维度上的研究关注企业家精神中的创新、开拓这类可量化特质。研究显示这类特质具有跨文化、跨区域稳定性，在功能上有助于实现个体获益、组织利润与经济发展。经济理性假设存在集体行为困境的问题，而创新开拓往往会超越制度边界并遭遇制度失灵，企业家在应对制度不确定性时依然会通过自主道德决策限制企业家精神的负面影响。这显示出在经济理性维度外，企业家精神还包含着内隐的道德维度。这类特质是企业家内心所信奉的特定价值观念，在内容上体现出跨区域、跨文化差异，功能上却对经济维度特质产生约束或激励作用，在最为基础的微观层面影响着创新、开拓等特质的外在表现。

自上一轮经济危机以来，某些大公司的道德丑闻引起经济震荡，人们开始意识到道德对永续繁荣的作用，缺乏道德感的企业家无法在商业社会实现基业长青。2010 年的研究综述显示，针对伦理规范在企业家精神中的研究开始变得重要起来。① 对企业家精神中所蕴含的道德规范的关注有两种完全不同的观点。一种观点强调企业家精神的功能，认为给企业家精神加上道德规范的维度，会造成不必要的商业负担。受这种观点的影响，商业活动中的常规策略主要关注的是短期经济后果。另一种观点则强调企业家精神的道德规范，认为企业家的道德责任有助于改善商业环境和社会整体的机会。② 以上两种观点关注的核心重点都是道德规范的作用。但总的来说，辩论的方向是朝向符合美德伦理的行为有助于改善社会这一方向发展的。

对企业家精神道德维度特质的探讨，尤其以企业家行为研究最为集中。企业家行为研究早期关注企业家道德观念与行为的独特性，研究主要集中在五个议题上：企业家的道德原则有何特殊之处？企业家如何做出道德决策？创业会诱发何种道德困境？技术创新如何影响企业家道德？新企业中组织道德如何发展？③ 主流文献从微观视角出发，关注企业家个体道德维度的特质，在面对道德困境时如何决策是研究需要解决的核心问题。企业家追求创新、突破与商业成功时做出的道德决策可能会与社会普遍原则相冲突。企业家在面对外部规则不确定性时能自主决策，按照价值观优先序列在规则打破、财富创造、环境改善和社会进步等多个可能矛盾的目标间做优先级排序，这也体现出企业家自我约束力的重要性。

从历史经验来看，不同文化环境下的企业家均体现出较强的自我约

① Branzei O. and Abdelnour S., "Another Day, Another Dollar: Enterprise Resilience under Terrorism in Developing Countries", *Journal of International Business Studies*, 2010, 41 (5), pp. 804-825.

② Branzei O. and Abdelnour S., "Another Day, Another Dollar: Enterprise Resilience under Terrorism in Developing Countries", *Journal of International Business Studies*, 2010, 41 (5), pp. 804-825.

③ Harris J. D., Sapienza H. J., Bowie N. E., "Ethics and Entrepreneurship", *Journal of Business Venturing*, 2009, 24 (5), pp. 407-418.

束力，依靠自我约束来平衡个体利益与集体利益间的矛盾。与非企业家群体相比，企业家具备更强的自我约束动机与道德决策能力，这显示出企业家能够主动对"创造性破坏"中可能的负面影响设置边界，而不是不顾社会规范无止境地追求自我利益最大化。有意识地遏制自己的活动对社会的负面影响、做出正向道德决策的企业家实践，揭示出道德约束对企业家精神正向配置的实际作用。企业家的社会活动实际上是一种"利己"的实践，道德标准一定程度上具备"利他"的特质，道德通过对"利己"的约束实现伦理与商业的平衡①。更有研究认为，道德约束对某些企业来说几乎等同于正式的制度约束。"对于坚守诚信原则的公司而言，道德约束与法律约束不会有大的差别"，"即使没有法律的要求，诚信的公司也会在追求自己经济利益的同时，考虑社会的利益，道德规范可对公司的行为产生约束作用"②。这些都侧面揭示了道德作为一种区别于制度的约束力量，其实际作用甚至可以等同于或弥补制度的约束，这也为"制度失灵"找到了出路。

但是，与经济理性维度的稳定性特质不同，道德维度特质与社会文化环境的变化密切相关，显示出了一定的非稳定性。这也造成学者们对道德约束差异性的关注及对约束能力的思考。新近研究认为，企业家精神的内涵是否会关注到道德规范维度，起决定作用的主要是企业家精神的背景。不同文化、价值观和宗教会对企业家相关道德行为产生不同的影响。企业家精神是由它所在社会结构所塑造的，如果这种结构强调道德规范，那么高道德标准就会自然而然地发生。③ 这也说明道德标准会

① 车丕照：《国际商事活动道德约束的刚化》，《当代法学》2013 年第 4 期。
② 张瑞萍：《公司权力论》，社会科学文献出版社 2006 年版，第 161 页。
③ McKeever E., Jack S., Anderson A., "Embedded Entrepreneurship in the Creative Re-construction of Place", *Journal of Business Venturing*, 2015, 30（1），pp. 50-65.

由于企业家所处社会环境的改变而发生变化，呈现出区域间的不稳定性。不稳定的道德标准会造成道德约束的效力差异，使约束作用也具备了不确定性，一种更具稳定性的约束力量亟待被开发与探索。

随着对创新创业潮带来的社会负面影响研究的持续加深，既有研究已经注意到企业家活动可能带来的一系列负面影响，并通过着重挖掘企业家精神概念道德维度上的约束来探索抑制其负面影响的途径。但是道德约束由于受到环境影响，呈现出高度不稳定性，这同样受到质疑，其对抑制企业家精神负面影响显得能力不足。尽管如此，道德决策的核心问题却值得关注。企业家个人价值观、企业文化氛围、客户评价、各环节互动都影响着企业家道德判读与决策。① 企业组织不同生命周期阶段、企业规模也影响着企业家道德决策的判断。② 企业家的道德原则会受到商业压力的挑战，企业家需具备更强的推理能力与视野来做出道德判断以解决道德风险问题。③ 有研究指出承担更大风险的企业家对道德问题更加关注也更为敏感，④ 也有研究认为企业家受成功渴望的驱使倾向于忽视道德原则，成为规则毁坏者。⑤ 既有研究将道德决策作为决定企业家活动社会影响积极与否的关键因素，面对左右道德决策的诸多复杂因素，多数微观研究都提出企业家"目标感"的重要性，目标赋予

① Payne D., Joyner B. E., "Successful US Entrepreneurs: Identifying Ethical Decision-making and Social Responsibility Behaviors", *Journal of Business Ethics*, 2006, 65 (3), pp. 203-217.

② Morris M. H., Schindehutte M., Walton J., et al., "The Ethical Context of Entrepreneurship: Proposing and Testing a Developmental Framework", *Journal of Business Ethics*, 2002, 40 (4), pp. 331-361.

③ McVea J. F., "A Field Study of Entrepreneurial Decision-making and Moral Imagination", *Journal of Business Venturing*, 2009, 24 (5), pp. 491-504.

④ Bucar B., Hisrich R. D., "Ethics of Business Managers vs. Entrepreneurs", *Journal of Developmental Entrepreneurship*, 2001, 6 (1), pp. 59-82.

⑤ Harris J. D., Sapienza H. J., Bowie N. E., "Ethics and Entrepreneurship", *Journal of Business Venturing*, 2009, 24 (5), pp. 407-418.

行为以意义并在道德上产生具有统一原则的约束力。① 目标感使得企业家可以自发约束其行为，在限制个体盲目且无止境地追求经济利益最大化的同时，给予企业家以兼具经济利益和社会正向影响的崇高目标，引导企业家以此为目标开展现实活动。相较于对企业家行为的道德约束，目标感的作用将贯穿企业家活动的始终。

但微观研究对"目标感"语焉不详，既有研究实际上不能解释"目标感"如何形成。② 实际上，企业家的"目标感"源于文化中价值系统的内化过程，社会规范中固有的道德观念与价值排序会塑造企业家的"目标感"。在强调美德与正义的文化氛围中，企业家的"目标感"被导向社会价值，企业家倾向于摒弃过度追求自我利益而推动社会资本的净增长。在投机盛行的环境中，企业家的目标感则被引至经济利益，企业家倾向于推动自我利益最大化。正如乌西（Uzzi）的研究指出的一样，若社会价值观过度强调经济的重要性，目标感的建立将在一定程度上对企业家精神道德维度产生消极的影响。③ 可以看出，"目标感"与道德约束类似，受社会价值体系的影响巨大，同样体现出了不稳定性。既有研究已经显示出企业家具有追逐利益的目标属性。在此基础上，能否为其添加更加高尚积极的目标感，使得企业家精神释放出更强的社会正效应，促使企业家以社会繁荣发展的总目标来定义自身的经济成功？什么样的变量可以在对企业家负面行为进行更加稳定约束的同时，又能建立并塑造更加积极向上的目标感以激发正面的企业家精神呢？

---

① Barnard C. I., *The Functions of the Executive*, Harvard University Press, 1968.
② 目前对道德问题最为关注的是社会企业家精神，但社会企业家精神指代企业家精神在公共部门的应用，并非本书讨论的重点。
③ Uzzi B., "Social Structure and Competition in Interfirm Networks: the Paradox of Embeddedness", *Administrative Science Quarterly*, 1997, pp. 35-67.

对此，海顿（Hayton）等人的研究给出了很好的提示，研究指出社会文化体系中的共有观念与长期目标等文化价值观，可以塑造企业的文化变量。① 这一研究将社会目标感作为社会文化体系与企业家精神间的中间变量进行探讨，为本书的研究提供了启示。同时，文化嵌入理论为之进行了理论支撑与补充：作为内嵌于社会环境中的企业家活动，必定受到社会体系的影响。进一步说，包括信仰在内的不同文化能够推进或阻碍经济活动的进程。② 在此基础上，美国麻省理工学院教授艾德·施恩（Edgar Schein）提出的三层次企业文化模型，进一步证实了信仰等社会文化变量与企业家精神间存在的联系。这一模型将文化分成了物质形态层面、信仰与价值层面、基本隐形假设与价值层面。物质形态层面是指存在于社会中的文化产品，信仰与价值层面指的是生产团队的信仰与价值，而基本隐形假设与价值层面则是指团队中个体内心深层的价值观与信仰③。这一理论解释了社会体系、社会群体以及个体间的相互影响作用。放到企业家这一特定个体上来说，社会文化会对企业家群体产生潜移默化的影响，进而作用于个体的企业家精神。相应地，受此影响的企业家也会通过实践影响群体，进而改变社会文化。在这样一个互相影响的机制中，群体共同的目标感就是处于"信仰与价值层面"的中间变量。

本书认为，信仰作为社会文化体系的组成部分，能够通过目标感这一中间变量，对企业家精神产生作用。信仰是信息存储的巨大单元，它

---

① Hayton J. C., George G., Zahra S. A., "National Culture and Entrepreneurship: a Review of Behavioral Research", *Entrepreneurship Theory and Practice*, 2002, 26（4）, pp. 33-52.

② Dequech D., "Cognitive and Cultural Embeddedness: Combining Institutional Economics and Economic Sociology", *Journal of Economic Issues*, 2003, 37（2）, pp. 461-470.

③ 赵永杰：《家族企业转型探究：基于动态能力生成机理与路径》，中国时代经济出版社 2017 年版，第 110 页。

包含了个体对客观事物的认知与理解，在基于个体经验的基础上，信仰能够使信息具备可管理性，暗示了信仰对特定个体世界认知的可塑性。信仰"为个体寻找目标"① 的能力似乎成为其对个体世界观塑造的有效方式之一，无疑是信仰与目标感这一中间变量间相互作用的很好证明。正如企业家精神的跨区域传递研究所显示的，文化环境中的价值系统会在企业家群体中形成独特且既定的思维模式，培养特定的目标感，是企业家形成整合资源的固定模式并确保自身竞争优势的重要方式。② 至此，信仰与目标感间的关系也被成功建立起来。"信仰—目标感—企业家精神"这一相互作用的关系链已跃然眼前，信仰对企业家精神的作用机制已相对明确起来。社会文化价值体系包含信仰，其首先与"目标感"这一中间变量建立联系，进而作用于企业家精神。

　　然而，从信仰所具备的信息集合这一特性来看，由于信息的发展性与变化性，信仰本身也具有一定的可变性。正如克罗克（Crocker）等人的研究所指出的，当个体对客观事物的认知与信息存在不完整性时，信仰极有可能被片面化甚至误导。因此，如何正确塑造并引导信仰成为激发企业家精神经济与道德维度双重正向发展的根本问题。对此，韦伯的《新教伦理与资本主义精神》不仅为信仰与企业家精神间存在的联系提供了坚定的支持，更以新教改革的实例显示出了对信仰正确塑造与引导的重要性，同时还揭露了信仰对企业家精神可能产生影响的途径。韦伯从宗教价值体系切入，指出宗教信仰、规范与价值观能够塑造个体

---

① 胡坚：《思想的力量》，浙江人民出版社 2018 年版，第 8 页。

② Basco R., Calabrò A., Campopiano G., "Transgenerational Entrepreneurship around the World: Implications for Family Business Research and Practice", *Journal of Family Business Strategy*, 2019, 10 (4), pp. 100-249.

的经济态度和行为。教众会遵循宗教团体的规范，调整个人行为以使其符合宗教身份相关的行为规范。① 虽然信仰的内容因文化环境中价值系统的不同偏好而有所差异，但从功能上看，信仰为个体的独立性思考提供了主要工具，使个体能够在面对规则不确定性与道德困境时做出自主判断。通过对特定信仰的激发或改造，能够使持有该信仰的企业家行为规范得到有效保障，使其做出有利于社会发展的决策。相较于包含变量众多的道德维度，单一的信仰变量显得更加可控与稳定。

相较于道德约束，宗教信仰已经显示出了对利己冲动更出色的约束能力。在强有力的约束下，企业家也许能够更好把握道德与经济维度间的平衡，在不存在外部制度约束时也会做出有利于形成社会正效应的决策。② 更进一步，班坎（Bakan）认为，以往企业家精神的特质分类过于强调竞争性与自我中心，忽视了合作共赢特质;③ 麦克米兰（McMullen）则指出企业家特质中包含着追求社会福祉的一面。④ 这也显示出从企业家精神功能来看，企业家精神除了能提升经济绩效外，还具备影响社会道德维度的重要作用，经济与道德的一并提升与引导需要引起重视。自韦伯的研究问世以来，对新教的影响一直存在争议。众多批评者指出，韦伯的研究存在西方中心论，他潜在地认为新教价值系统更为先进，推进社会经济进步须在文化层面推广新教或类新教伦

① León A. K., Pfeifer C. "Religious Activity, Risk-taking Preferences and Financial Behaviour: Empirical Evidence from German Survey Data", *Journal of Behavioral and Experimental Economics*, 2017, 69, pp. 99-107.

② Jakob E. A., Isidor R., Steinmetz H., et al., "The Other Side of the Same Coin - How Communal Beliefs about Entrepreneurship Influence Attitudes toward Entrepreneurship", *Journal of Vocational Behavior*, 2019, 112, pp. 431-445.

③ Bakan D., *The Duality of Human Existence: an Essay on Psychology and Religion*, Chicago: Rand McNally, 1966.

④ McMullen J. S., Warnick B. J., "Should We Require Every New Venture to be a Hybrid Organization?" *Journal of Management Studies*, 2016, 53 (4), pp. 630-662.

理，这使他广受批评。比如，韦伯认为中国传统文化中的宗亲关系倾向于鼓励因循守旧的价值观，这种价值系统抑制了社会的商业化发展、阻碍了经济增长。贝拉等人对日本、中国宗教的分析反驳了韦伯的观点，① 指出东亚传统的价值体系具备刺激经济活力的功能，中国改革开放以来企业家活力迸发以及由此带来的经济巨变也同样证实了韦伯研究的偏见。虽然这样的观点指出了韦伯研究存在的缺陷，但并未否定信仰对企业家精神可能产生的积极作用，相反还为我们的研究提供了发展完善的方向以及具有针对性的研究对象，并揭露出其相应的研究潜力。

综上，信仰是企业家精神道德维度的重要特质，信仰可以通过培育高尚目标感这一中间变量，进而激发积极的企业家精神，引导企业家精神在经济与道德维度上都产生正面的影响。韦伯对宗教信仰与资本主义发展关系的论述为本书的研究提供了启示，信仰使创新、开拓等各经济维度特质具有了内在的统一性与逻辑性，使企业家各项特质具备有机整体的特性。外部环境中的价值系统塑造信仰，信仰与企业家人格特质相互作用，改变企业家的态度、行为及其外部影响。② 信仰的存在使得理性个体能够意识到集体利益的重要性，并自觉推动解决个体理性造成的集体行为困境难题，这些无疑也成为信仰通过"目标感"这一中间变量作用于企业家精神的其他重要影响方式。因此，不同文化环境下，信仰都可以通过"建立目标感"以对企业家精神进行干预。

---

① ［美］贝拉：《德川宗教：现代日本的文化渊源》，王晓山、戴茸译，生活·读书·新知三联书店1998年版。

② Vallaster C., Kraus S., Lindahl J. M. M., et al., "Ethics and Entrepreneurship: a Bibliometric Study and Literature Review", *Journal of Business Research*, 2019, 99, pp. 226-237.

三、研究内容与创新之处

（一）研究方法

本书是一部跨学科的研究著作，涉及历史学和管理学两个学科，在研究过程中突破了传统以经济理性维度研究方式分析企业家精神的路径，转而以历史的视角来探寻企业家精神中特有的精神特质。

本书一方面采用历史文献分析法，通过对欧洲新教改革、日本明治维新、中国近代以来到当下中华民族伟大复兴等多个历史时期的史料、文献进行全面梳理，从中寻找企业家精神的内隐特质。在重点梳理并分析了欧洲新教改革与日本明治维新时期的史料与文献后，得出阶段性结论并以此建立了模型。另一方面，由于本书的跨学科性，同时采用了管理学的案例分析法，在欧洲与日本的阶段性结论的基础上及其形成模型的框架下，进一步聚焦中国的特殊地域与时代背景，分别选取近代以来的张謇、张之洞、陈蝶仙、范旭东、卢作孚、荣毅仁、曹德旺等杰出企（实）业家，以及华为公司总裁任正非，作为中国企业家精神的具体研究对象，将历史学的历史文献分析法与管理学的案例分析法有机结合，并辅以比较分析法、归纳分析法等，各取所长、相辅相成并循序渐进地推进研究进程，以独到的视角、真实的案例以及缜密的推理逐步推导出研究的最终结论，同时更将结论重新代入历史的发展轨迹之中，在验证相关结论确切性的同时，更将结论充分延展与发散，尝试得出更切合当代中华民族伟大复兴要求的相关启示。切实做到论从史出，有理可依，实现历史逻辑与科学缜密的高度统一。

（二）研究难点

正如上文所说，本书是一个跨历史学与管理学的跨领域研究，研究的重点与难点也恰恰在于此，这也决定了本书两个方面的难点。一是跨学科的研究表述如何平衡，如何使得本书既保持历史学论文的特征，又具备管理学研究的要素；二是对于跨学科的研究方法如何更有效结合，如何最大程度地发挥各学科研究方法的优势，以更高效、更科学地推进本书的研究，并能够对研究的发展前景做出方法上的支撑。

（三）创新之处

本书创新之处，同样体现在其鲜明的跨学科性上。本书为历史学与管理学研究方法上的创新提供了参考，为道德维度与经济理性维度间搭建了桥梁。更具体地说，本书从信仰这一道德维度视角来研究传统观念中经济理性维度的企业家精神，从历史视角关注家国情怀这一信仰对中国近当代企业家精神的激发作用，弥补了企业家精神研究中的不足。

首先是对既有企业家精神研究空缺的填补。现有企业家精神的研究虽然在创新等经济理性维度上探索深入，但在道德维度的研究上却一定程度浮于表面。虽然有学者提出以制度、道德观念等因素制约或修正企业家精神在道德维度上的错误配置，但效果却不甚理想。本书创造性地聚焦信仰这一道德维度特质对企业家精神的重要作用，探索其在企业家经济与道德维度上的双重积极意义，为当前企业家精神的研究空白进行了一定的填补。

其次是研究方法上的创新。本书的跨学科性决定了研究方法的多重性。本书将管理学研究方法嵌入到历史学研究方法之中，为信仰这一道德维度要素建立了理性的模型，并在此模型框架下进一步探究具有中国特色的信仰对企业家精神的重要作用，以创新的方法兼顾了历史学与管理学的需求与优势。

再次是通过历史进程对结论进行再次论证。本书以批判的眼光审视研究得出的结论，认为通过具体案例的分析虽然使结论较为深入，但缺乏一定的动态性与全局性。对此，本书充分认识到历史这一大数据库的优越性，通过将结论反过来代入历史与身处其中的企业家精神的变迁与演进过程之中，观察结论的适用性与实践性，为研究的结论赋予了更高的严谨性、完整性、适用性以及确切性。

最后是对当前中国时代需求的回应。本书虽站在历史视角上，但回答的问题实际上落脚于当代中华民族的伟大复兴，这也使本书的研究成果具备了一定的现实意义。同时，当前复杂多变的社会也赋予这一研究成果以一定的可塑性与延展性，在发展的眼光的审视下，本书的成果将具备较大的延伸研究潜力。

第 一 章

企业家精神的信仰推动力溯源

既有研究已经揭示出了道德维度对企业家精神发挥正向作用的重要性，认为真正对社会经济具有积极推动作用的企业家精神应该在经济与道德维度上都有着较好的表现。辩证地来看，企业家精神的创新特质其实是一把双刃剑，对社会经济的推动作用存在一定的不确定性。对此，中国传统儒商的经营思想及其价值观给了我们启示，提示我们关注家国情怀这样的精神特质。同时，韦伯的研究也启发我们聚焦信仰这一特殊的企业家精神道德维度特质，其建立目标感的作用赋予了它对企业家精神道德维度上更加稳定强烈的约束甚至推动作用。韦伯给予的启示并不只是将信仰与企业家精神间的联系带入视野，同时还引导我们关注新教改革这一历史阶段中企业家精神的动态情况。在此基础上，本章还将选取日本明治维新这一历史时期进行考察，通过东西方历史转折中企业家精神的比较分析，尝试建立一个适用范围更加广泛、更加严谨的信仰对企业家精神的作用模型。

第一节　中国传统文化中的经营思想

中国传统封建社会中，虽然还没有企业家这一概念，但却存在着与企业家行为相似的商人群体。对这一特殊群体经营思想的探究，将有助于发掘中国企业家精神特质的源流与内涵，对于研究企业家精神传承与延续的课题至关重要。虽然商人群体在中国传统社会并未被充分重视，甚至多处于较为低下的社会阶层，但处于中国传统封建社会之中的商人群体，其经营思想是他们精神特质的重要组成部分，不仅同样受到社会环境与文化的影响，同时也是社会分工与文化环境内化后逐步形成并发展的产物。这也提示我们应对中国传统社会的文化环境加以考察，探究彼时的主流意识形态及思想流派，从社会思想文化中提炼并寻找同经营思想相关的方方面面。

在中国传统社会漫长的发展进程中，儒家思想始终扮演着主流文化的角色。在绝大多数朝代中，它备受统治者们推崇，具有绝对统治的地位，这也使儒家思想成为探究中国传统经营思想的理想研究对象。

儒家思想形成于春秋末期，周朝基于奴隶制度建构的分封制无法满足社会生产力进化的需求，诸侯四起、社会动荡、礼崩乐坏。孔子从重构社会秩序的角度出发，以恢复周朝礼制为动机规划了一套有助于恢复社会秩序的观念体系。同时孔子也以周礼为模板梳理了一套道德秩序体系。比如，孔子推崇西周时期"尊尊而亲亲"的思想。"尊尊而亲亲"意为尊重值得尊重之人，亲爱有血缘关系的亲人，继而向外推广。孔子所追求的是通过构建道德秩序，借由人的内源性约束来实现外部的社会秩序，通过个体修身达到世界大同这一终极目标。

相比道家、法家而言，儒家文化对社会治理稳定性的塑造作用更强，对统治地位的巩固也更加出色，借由儒家文化的约束，中国传统社会在过去几千年间得以维系一种相对稳定的状态，这也是为什么历代统治者对儒家思想都青睐有加的重要原因。儒家思想对统治者统治地位的巩固，是通过世俗社会秩序的构建完成的。这一构建层层递进，以个体道德规范的约束，由小至大最终实现世界秩序的构筑。首先，儒家思想选择从血缘出发，构建道德规范。费孝通先生在《乡土中国》中的分析正中要害，儒家是一种基于道德规范的意识形态，为社会统治与治理提供伦理依据。儒家非常强调个体的道德修养，通过对个体道德修养的强调来培养对人的内源性约束。尊奉儒家价值观的个体会自觉服从社会与政治秩序，这就维护了集体主义的言行规范，确保了社会发展的秩序与稳定。然后，基于对血缘社会组织架构的强调，儒家思想体系遵循"仁"这一理念，衍生出"事父应孝，事君应忠"的理念，赋予人们以正确的为人处世准则。更为重要的是，这种血缘文化以血缘关系为基础，发展出了泛血缘、拟血缘等众多关系。随着概念的涟漪效应，家从小家庭延伸并拓展到宗族，继而扩大为国家，最终扩展到天下。从个体、家庭到国家、天下，整个世界遵循相似的结构，在无限嵌套中形成了规则的统一。正如王阳明所说："夫仁者，天地之心；天地万物，本吾一体者也。"最后，血亲、宗族、人民间关系的递进，也是一种无限嵌套，可以扩大到天下大同，这正是儒家修身齐家治国平天下理想从内向外延展的主脉络。就其本质而言，儒家文化的泛化观念可以提供由内而外的统一规范，也正因如此，与其说儒家是一种学派或思想，不如说是一种囊括世界万物的世界观与社会体系。

儒家的世界观与社会体系，显示出了搭建井然有序社会秩序的优秀能力：在儒家思想的洗礼下，个体遵循着儒家倡导的道德体系，这一体系不仅对个人行为进行约束，更不断巩固个体对血缘关系的重视与维护，在这一前提下，当儒家思想将血缘关系泛化为国家时，基于每个个体对血缘关系的维护以及高水准的道德素养，使国家整体处在了统一的道德规范体系之中。此外，"君父"概念的形成，将统治者推向了血缘关系的顶点，这也使每个个体对统治者的忠诚得以深化，在完成社会秩序维护的同时，也无形中巩固了君主的统治地位。更为重要的是，这种泛血缘关系的延展，以及对忠君爱国思想的强调，还延展出了关于家国关系的探讨，这也形成了儒家思想中的一个重要课题。儒家认为，社会最为理想的状态应该是"家国同构"，即强调"家国一体"，要"以家为本，把个人、家庭、国家有机结合"。① 而维系"家国同构"的思想意识，即是儒家一直强调的家国情怀，这也正是本章想要从一代代商人经营思想中努力探寻并研究的精神特质。家是最小的国，国是最大的家。个人在家庭中习得的道德规范与约束会使得家庭具有天然的秩序，这有助于个人服从社会秩序，自觉维护社会运行。儒家如何实现由个人到天下的统一，其价值体系的起点在于对个人道德修养的强调。在儒家看来，只有个体有了较高的道德修养才能参与社会合作，才能为社会做贡献。虽然儒家的思想体系已经发展得相当驳杂，也有不少理念落后于时代生产力的发展，但儒家对个体道德的高要求，对于当前社会培育契约精神、增强合作仍有着指导价值。随着资本对人异化的持续加深，重新关注儒家文化对道德规范的要求能够为企业家提供有效的内源性道德约束。其中，对个体最能产生内源性约束力的当属儒家一脉传承的家国情怀。儒家思想在经过历代大儒的发展完善及统治集团的刻意强化下，繁杂的理论体系被简化为"修身齐家治国平天下"的人生诉求，由此诉求外化而成的家国情怀，正是中国传统文化基因

① 杨清虎：《"家国情怀"的内涵与现代价值》，《知行铜仁》2016 年第 5 期。

构建的重要一环。

中国传统社会多尊崇重农抑商的社会属性，"士农工商"的阶层划分也一定程度显示了商业在古代中国的尴尬境地。长期以来，统治者对商业的发展着实有限，限制了中国企业家精神的长足发展。但即使在这样的背景下，中国传统文化依旧孕育出了古代商人群体。在现当代对企业家群体的研究体系下，熊彼特、柯兹纳等人的研究虽侧重点不同，却分别揭示了企业家具备的创新、机会发现等多种特质，同时也指出了企业家所普遍具有的逐利属性。作为具有企业家雏形的中国古代商人，同样具备鲜明的逐利属性，部分商人过度逐利特性的显露，也印证了儒家"君子喻于义，小人喻于利"的经典论述，这使得传统社会对商人的偏见逐渐固化并不断加深。

其实，正如企业家精神具有经济与道德双重维度一样，中国古代的商人群体也遵循着类似的规律。古代商人多被冠以"儒商"之名，他们虽也逐利，但却为利找到了合适的归宿，塑造了经济与道德双重正向的中国古代商人形象。这一"儒商"群体，正是本书深挖中国传统文化中经营思想的理想媒介。

历史上对儒商的评价可谓褒贬不一，这也使儒商出现了两种截然相反的定义：一是趋于贬义的儒商，指"以儒为业和名之贾行"①，明代文学家王世懋就曾批评说："厚藏吝予，色庄行违，士之儒而贾者多矣"②，其实也暗示此类儒商以儒士形象为幌子，实则做着"奸商"之勾当。另一类则是褒义的儒商，本书认为此类儒商才是真正意义上的儒商，也是本书下面要重点探讨，并由此探寻中国传统经营思想的重要群

① 周生春、杨缨：《历史上的儒商与儒商精神》，《中国经济史研究》2010年第4期。
② （明）王世懋：《见斋卓君传》，《王奉常集》卷16，明万历刻本。

体。该类儒商虽为商贾，但其行为却透露出儒士应有的道德素养，其中更不乏以商业活动而行儒事者，正如明代耿定向评价的："仁心为质，儒之行也。贾而有是，不亦儒乎。"① 然而，单由定义而来的儒商形象毕竟单薄，为了探索儒商群体身上所蕴含的经营思想的丰富内涵，需要回到历史，进一步扩充该群体的丰满形象，加以对各自所处时代思想的深入分析，从而提炼出中国传统社会经营思想中的精髓。

既有文献显示，"儒商"一词最早可追溯至清康熙年间成书的《汪时甫家传》之中，② 但在明代嘉靖年间已有"儒贾"的同义词汇，而具有"儒商"性质商人的出现，甚至要追溯到春秋战国时期。春秋时期，百家争鸣，不仅思想流派层出不穷，涌现出儒家、道家、法家等各种流派，社会生产力也较之前明显增强，社会分工不断明晰，"士农工商"在此时与其说是社会阶层划分，不如说是对社会分工的描述。百家争鸣的社会背景，给了商业文明以良好的发展空间，此时儒家思想的创立更为具体的商业活动提供了参考与指导。虽然当时仍未有正式的"儒商"概念，但此时的大贾们却以实践活动表现了早期的儒商行为，可以说成就了最初的儒商。被称为"史家之绝唱、无韵之离骚"的《史记》，更是不吝笔墨，对各式各样的商人群体做出描述，有单一传记，也有"货殖列传"这样对多名商人进行的记载。值得注意的是，《史记》所载的春秋时期商人，多与政治有所关联，考虑到儒家思想与政治的密切联系，似乎也暗示出儒商文化在此时出现的合理性与必然性。

纵观春秋时期众多商人，符合儒商概念的商人主要有两类。

① （明）耿定向：《儒贾传》，《耿天台先生全集》卷 16，明万历二十六年刘元卿刻本。
② （清）杜濬：《变雅堂遗集》卷 6，清光绪二十年黄冈沈氏刻本。

　　第一类是以儒家思想为指导进行商业活动的商人。此类商人以子贡为代表，在春秋的历史舞台上，他们既是出仕者与政治家，也是成功的商人，有学者将这类商人称为"学政融合"① 的商人。子贡历来被尊为儒商鼻祖，这固然离不开他是孔子弟子的这一身份，但更体现在其经营活动中对儒家思想的灵活运用上。一方面，子贡的商业活动践行了儒家"见利思义"的义利观。"见利思义，见危授命，久要不忘平生之言"，这一儒家的经典论述，也正是子贡为商之道的真实写照，在逐利属性鲜明的商人身份下，子贡在利之前必先考虑义的原则与儒家的伦理道德，经商守诺言、坚持诚信原则。相传春秋时期鲁国有法律规定，如有人能将在他国沦为奴隶的鲁国人以钱财赎回，便可回鲁国后向政府领取相应赎金。作为商人的子贡自然不缺赎回鲁国人的钱财，但他在赎回流落他国的鲁国人后，却拒绝接受国家给予的赎金。这体现出了子贡作为商人的仁义之德，也显示出他本人对利的淡薄，以自己经商所得的钱财来拯救流落他国为奴的鲁国人，这正是见利思义、以利为义的典型。更重要的是，以钱财换取人民自由，成为了子贡"利"的归宿，为经商的钱财找到了"义"的落脚点，而子贡会主动救助赎回奴隶，也是由于他仕于鲁国，这是子贡儒家思想作用下家国情怀的外露。

　　另一方面，子贡还展现出了"达则兼济天下"的责任担当。儒家主张"穷则独善其身，达则兼济天下"，这一主张体现出了儒家思想宽阔的胸怀以及强烈的社会责任感。子贡就曾请教孔子说："如有博施于民而能济众，何如？可谓仁乎？"由于子贡的政治能力以及商业上的成功，可以说是具备"博施于民而能济众"的实力的，也由此会思考如

_____

① 聂飞：《〈史记〉中的商人模式及其书写》，《河南理工大学学报（社会科学版）》2021 年第 3 期。

何以自己的基础来践行儒家的仁义，进而实现"兼济天下"的主张，足见子贡社会责任心之强烈。对此，孔子也给予子贡高度评价："何事于仁！必也圣乎！尧舜其犹病诸！"同时，子贡作为孔子的弟子，自然对孔子的学说倍加推崇，认为儒学是以仁义而"王天下"的入世之学。他利用他的商人身份，不仅在经商活动中对儒学思想大加宣传，更以商业之资本对孔子的游学进行了有力的支撑，① 连司马迁也评价说："七十子之徒，赐最为饶益。……夫使孔子名布于天下者，子贡先后之也。此所谓得执而益彰乎？"② 子贡对孔子学说宣传的资助，是出于自己对儒学思想的认可，对他来说，儒家学说的普及，意味着社会的更加进步，这也是一种以商业资本推动社会发展的间接手段，是子贡经商思想中不经意间流露的社会责任意识。虽然彼时并没有统一国家的概念，但子贡是在为儒家社会大同的最终理想尽一份力，对孔子学说的宣传与赞助，成为他实践家国情怀的重要途径。

第二类隶属儒商范畴的春秋时期商人，他们虽非真正意义上的儒家学派中人，却在社会实践中透露出了具有儒家思想倾向的踪迹，是"非主动"的儒商。该类儒商的典型代表当属范蠡，范蠡的商业实践始终贯穿着儒家的仁义。据载，范蠡在齐国"致产数十万"，离开齐国前"尽散其财，以分与知友乡党"，在陶"三致千金"后"再分散与贫交疏昆弟"③，这些行为无疑透露出范蠡以利取义的儒家倾向。鲁国有人"耕则常饥，桑则常寒"，听闻范蠡深谙致富门道，便前往请教，范蠡不吝赐教，竟毫无保留地告知其致富方法，使此鲁国人由此也发家致

---

① 聂飞：《〈史记〉中的商人模式及其书写》，《河南理工大学学报（社会科学版）》2021年第3期。

② （汉）司马迁：《史记》，中华书局1959年版，第3258页。

③ 李涛：《浅析儒商范蠡的思想及当今影响》，《学理论》2017年第4期。

富，驰名天下。范蠡的这一举动，不仅同样显示出对"利"的淡薄，同时他没有因为可能存在的竞争关系而吝于赐教，而是展现出了"己欲立而立人，己欲达而达人"的儒家经典理念。①

可以说，在春秋时期形成的两类儒商勾勒出了后世儒商的主线，他们或以儒家的仁义行商，或以商为仁义，更有子贡这样时有体现的家国情怀，暗示出了以商业实现儒家抱负的可能性与合理路径。总之，春秋时期的儒商经商思想之于中国传统文化中的经营思想，无异于开山鼻祖，不仅树立了早期榜样，更为后世儒商实践指明了方向，奠定了千百年后儒商经营文化的深厚基础。

儒商文化的发展离不开商业文化的进步。秦汉至隋唐时期"重农抑商"的政策导向限制了商业文化的发展进程，这也使儒商文化进入长期停滞状态，而之后到来的宋代，不仅结束了儒商文化的长眠，更逐步将这一文化与思想推向了新高度。

两宋时期，中国的商业环境开始出现改善，宋代统治者注意到商业活动对社会发展的重要性，从国家层面通过政策、舆论等多种渠道逐渐提升商人的社会地位，这也使该时期出现了"乃至商之子，亦登仕进之途"的现象②。这也无形间拉近了士商间的联系，对于奉儒家思想为主流的中国传统官场，宋代商人的登仕，无疑推动了儒商文化的发展；另外，此时儒家学说的复兴与发展也为儒商群体注入了新鲜的思想血液，程朱理学对儒家思想的再解读与继续丰富，为儒商的社会经营活动赋予了新的思想后盾与武器。

基于传统儒学的基本框架，两宋儒学大家们将其发展到"理学"

① 李涛：《浅析儒商范蠡的思想及当今影响》，《学理论》2017年第4期。
② 刘林、刁忠民、舒大刚等编：《宋会要辑稿》，上海古籍出版社2014年版，第5538页。

的境界。"理学"奠基于周敦颐，经二程发展，最后由朱熹集大成，对当世乃至后世社会的方方面面产生了重大意义，这一指导尤对商人实践作用深远，一定程度上改变了古代封建社会对商人阶层固化的蔑视与偏见，可以说引导了社会价值观的变化。

正如理学其名，宋代理学提倡天理，程颢说："夫天之生物也，有长有短，有大有小。君子得其大矣，安可使小者亦大乎？天理如此，岂可逆哉？"① 朱熹后来也反复强调："有高必有下，有大必有小，皆是理必当如此。"② 可以看出，二程和朱熹都异常突出天理的重要性，认为社会的阶层、分工、身份等要素，都是源于天理造化，是生来注定且"亘古亘今，不可移易"③ 的。为了进一步将这一论述合理化、广为世人接受，程朱理学奉行"理一分殊"的主张。对此，朱熹解释说是"万个是一个，一个是万个"④，用以说明世间万物皆来自天理，而万物间的不同，也尽来源于天理的不同分配，人们理应逆来顺受。他引以自然界的现象补充说："人物之生，天赋之以此理，未尝不同，但人物之禀受自有异耳。如一江水，你将杓去取，只得一杓；将碗去取，只得一碗；至于一缸一桶，各自随器量不同，故理亦随以异。"⑤ 这些论述固然是为了巩固封建统治者地位的不可动摇，但也为社会各种阶层与职业都找到了正当性。这对于商人群体也不例外，从事商业活动是由天理分配而定的，并不是自己主观意愿所能改变的；商人这一职业是本分，理应遵守，不然便是伤天害理。这些都为商人"正大

---

① 李锦全：《李锦全文集》第2卷，中山大学出版社2018年版，第41页。
② 李士金：《理学家生平言论精神分析》，中国文联出版社2001年版，第230页。
③ （清）戴凤仪：《诗山书院志》，商务印书馆2018年版，第113页。
④ 冯友兰：《中国哲学史》下（修订版），参见《冯友兰文集》第4卷，长春出版社2017年版，第253页。
⑤ 黎良华：《朱熹天理观研究》，河南人民出版社2017年版，第62页。

光明"的社会实践找到了更加稳固的落脚点，以天理的角度为他们改变了社会价值观。

更为重要的是，朱熹的理学体系还为商人的活动提供了道德提示与行为准则，可以说进一步聚焦并赋予了儒商文化以更加明晰的发展路径。在论述个人与天理的关系时，朱熹引入了"心"的概念，他认为"心者人之知觉，主于身而应事物者也"①。可见"心"是能够主宰个体的精神活动，但却仍要遵循天理的准则。② 朱熹又从《尚书·大禹谟》中关于"人心惟危，道心惟微，惟精惟一，允执厥中"的论述中，提炼出"道心"和"人心"两个概念："知觉从耳目之欲上去，便是人心；知觉从义理上去，便是道心。"③ 在朱熹的理论体系中，"人心"是与饥食渴饮等人的基本生理需求及欲望息息相关的，它左右并主导人们去满足基本生理需求并适当追求欲望；而"道心"则是"本来禀受德仁义礼智之心"，且"道心者天理也"，认为"知觉从义理上去，便是道心"④。可见，道心是区别于个体欲望与需求，践行仁义礼智、顺应天理的"心"。朱熹固然更加赞赏"道心"，但也不完全否定"人心"，更指出"人心"实则无可避免、众人皆有，即使是圣人也不例外："虽圣人不能无人心，如饥食渴饮之类。"⑤ 他深入探究"道心"与"人心"对立统一的关系，认为二者总是长期共存且经常呈相互犄角之势。对此，朱熹明确表示，作为个体的人应当追求以"道心"主宰自己，以"道心"控制"人心"："必使道心常为一身之主，而

---

① 陈来：《中国近世思想史研究》，商务印书馆 2003 年版，第 189 页。
② 吕维：《旷世大儒——朱熹》，二十一世纪出版社 2017 年版，第 121 页。
③ 李士金：《关于"存天理、灭人欲"的理论思考》，中国文史出版社 2002 年版，第 72 页。
④ 吕维：《旷世大儒——朱熹》，第 122 页。
⑤ 蔡元培：《中国伦理学史》，商务印书馆 2017 年版，第 99 页。

人心每听命焉……今便须是常常拣择教精，使道心常常在里面如个主人，人心只如客样。"① 具有私利倾向的"人心"不应当压过服务于天理的"道心"，人应当将"道心"作为准则要求自己，寻求与"人心"间的平衡，使"人心"在满足于"道心"的前提下发生作用。朱熹虽然肯定人难免有私心和欲望，但却应当将天理放在首位，即使有"人心"，也应当是不违背或有利于天理的私心，即实现个人的"道心统一"。

这一儒家思想的新译给了当时儒商很大的启示与指向性，它首先在道德与价值观层面再一次为商人群体进行了"正名"。程朱理学体系不完全反对人的基本生理需求与欲望，认为这些都是"人之常情"。因此，商人的"逐利"行为也可被看作是在天理分配下的社会环境中，通过自己的本职工作来满足自己基本"人心"的实践，这一行为是合乎天理分配且不违背天理道德准则的，无疑对中国古代的"贱商"风气提出了挑战，支撑了商业活动的社会正当性。再者，朱熹虽认可代表私心的"人心"可以存在，但其关于"人心"与"道心"和谐统一的观点，为正确的商业经营思想指明了方向。商业活动应在顺应天理道德的前提下进行，这与春秋时期诚信经营、义利并重的儒商形象是相一致的。最后，关于"人心"与"道心"对立与统一的讨论，必将引出私利与公利之间关系的探讨，这一课题与儒家"家国"关系的探讨一衣带水、密不可分。私利即是满足商人自身商业成功的意识，公利则是商人所在国家的利益。根据儒家"家国同构"的思想，商人自身的成功理应服务于国家利益，对公利与私利的探讨，正是对商人如何以自己的职业践行家国情怀的精神拷问，同时也将当时商人

---

① 复旦大学哲学系中国哲学教研室：《中国古代哲学史》下，上海古籍出版社2011年版，第561页。

的经营思想引向了一个更高的境界，其最终走向将涉及儒家"家国同构"的社会理想。

对于中国古代商业来说，两宋时期毫无疑问是极为适宜的发展沃土，由于国家政策积极支持经济活动，士商间的划分逐渐模糊，加之"理学"思想的助推，儒商经营思想已较为丰富，更变得符合国家利益。这一高度与儒商文化继续发展的趋势，在明清时期得到了一定的继承，沿着宋代理学对商业思想进行再解读的路径，明清儒商们陆续参与到以儒学思想赋予商业活动以正当性的实践活动之中，商人群体急速壮大，商业门类和社会生产力进一步增强，商人们甚至出现了以地域划分的"十大商帮"。

至此，儒商文化已然发展至一个较高的水准，在经历了春秋至明清的漫长历程中，它不断演变、融入时代特征与思想、不断进化，其诚信为本、以义取利、以利为义的经营思想，不仅潜移默化地影响了中国古代一代代的商人，更加为后世乃至现当代的企（实）业家群体产生了深远而积极的影响。

儒商文化的传承与发展，是随着儒家文化的延绵继承下来的。儒家文化至今仍在政治、经济、社会的方方面面影响着现代社会，在群体无意识的社会心理层面塑造了中华民族特有的文化偏好与价值体系。借助文化偏好与价值体系，儒家间接为中国人提供了心理与行为的指向。随着历史的发展，儒家的思想主核一直未发生变化，其基于血缘关系的"家国同构"结构以及在"家国同构"格局下形成的家国情怀依然是儒家世俗化道德规约的主核。在历史的发展进程中，儒家文化在新实践中不断吸收新思想与时俱进，但以个体道德约束实现群体利益的推演方式却始终维持着核心地位。家国情怀的儒家主核，维系了千百年来儒商群体的道德准则，使他们的商业行为在不平衡的社会价值观中蹒跚前行，不断汲取儒家文化的精华得以进化，又在不断的进化中巩固商人群体的家国情怀内核。这一中国古代儒商群体精神特质的良性循环，不仅保证了正面商人群体的发展壮大，更使儒商的家国情怀内核在循环交替中存续并日渐坚定。

然而，既有史料对儒商家国情怀的展现却不甚匹配，儒商们虽然多有符合儒家仁义道德标准的商业行为，也有将逐得之利用于仁义之事，但始终未能见到关于以商业实现国家进步或发展的记载。可以说，儒家思想在孔子创立之时，便具备了强烈的入世与奉献国家的属性，对于受儒家思想影响的儒商群体，他们必然具备服务国家公利、推动国家富强、实现社会大同的理想抱负，在经历了宋代理学洗礼后，公私关系的深入思考与探讨，甚至使他们进一步强化了这种儒家的理想抱负。他们同广大儒士们的理想抱负实现了统一，开始放眼于国家公利，他们经营思想中的家国情怀也处于蓄势待发的状态。

但是，中国古代封建社会的"贱商"价值观并不容易扭转，虽在宋代以后有所好转，但就历史整体而言依旧未曾动摇，这也是中国古代除春秋战国时期外，商人难以在政治上有所建树，真正被载入史册，成为对国家做出贡献标杆的重要原因之一。纵观儒商的发展历程，他们遵守儒家道德规范，行仁义之商，造福一方水土，怀揣建设国家的理想抱负，但总体上其精神世界中的家国情怀却无法外溢，迫于社会环境与价值观，长期处于无实际用武之地的状态。换言之，中国传统社会一定程度上限制了儒商群体在更高层面上为国家做出贡献，儒商群体虽具有贡献国家的经济基础，且饱含推动国家富强的家国情怀，但社会体制决定了他们只能在自己所处的阶层对家国情怀进行实践，千百年来的中国传统思想并不允许商人群体站在士族的立场建设国家，这也正是儒商群体没能像诸多士族一样青史留名，对国家产生重大深远影响的重要原因之一。

其实，深究儒商群体的经济成果与其社会地位的复杂关系，可以从经济基础与上层建筑间的联系得到一定启示。儒商的社会经济活动使这一群体具备了经济基础，但他们在上层建筑方面却没有取得应有的成功：政治上多无权涉足，社会意识形态上备受鄙夷，法律政策上更没有受到应有的权利保护。儒商们坚实的经济基础，并没有实现向社会上层建筑方面成果的延伸与渗透，具体呈现出的便是商人阶层在中国传统社会的长期固化，千百年来，中国传统社会缺乏打破商人固有阶层的契机与动力。本章后续重点讨论的欧洲新教改革与明治维新的历史事件，都显示出变革这一剧烈且鲜明"改朝换代"意味的社会实践，不仅革新了思想，更推动瓦解了长期维持的社会阶层。反观千百年来的中国传统社会，却没能发现类似于新教改革与明治维新的历史变革事件，社会的上层建筑始终未被动摇，这也正是儒商群体未能突破阶层、取得积极社会成果的根本原因。

综上，中国传统文化中的经营思想虽饱含儒学基础、深具家国情怀倾向，但却由于社会环境等外在因素的制约，导致家国情怀未能有效外显，有的深藏于儒商心中，有的有限外露，服务于地方经济，始终未能在国家层面实现抱负。更为重要的是，阶级的固化与变革引领的迟迟未到，导致儒商群体家国情怀无法外溢长期维持，始终无法作用于社会发展上。另外，长期存续在儒商群体精神世界之中的家国情怀，随着长时间对儒商群体的持续作用，已然成为该群体精神特质中隐性却不容忽视的文化基因。这一基因虽长期未能发挥应有的作用，但随着晚清时期历史环境的变迁，商人，彼时称之为实业家群体的家国情怀开始浮出水面，并越发显著与强大，这也正是本书后续要深入研究的重要对象之一。

第二节 欧洲宗教改革对信仰激发作用的启示

韦伯关于新教伦理与资本主义精神之间关系的研究，为我们关于信仰与企业家精神之间关系的研究提供了有益的启示。韦伯的研究显示出新教徒聚集地比天主教徒聚集地在经济发展上表现更好，这说明了新教伦理在促进资本主义工业化方面发挥了作用，他认为新教尤其是加尔文主义所提倡的勤奋、节俭以及创新态度是资本主义兴起的关键因素。在传统天主教否定个人主义与世俗成功的教义下，人们追求财富、谋求经济成功的进取之心被官方否定，企业家精神被长期压制。然而，传统天主教的这些"短板"及其与世俗生活的脱节，加之后期天主教会的腐败与对社会各阶层的压榨，导致社会同教会的矛盾不断升级。持续升级的矛盾激发了有识之士对宗教进行系统性改革，进而发展出了丰富多样的新教。这些新教虽教义各有不同，但其对世俗化的引导却有效激发了社会上企业家精神的发展。

新教改革前的欧洲社会长期处于罗马天主教会的统治之中。在教会的统治下，努力工作一直不被认为是一种美德，商业活动更被定义为是一种负面行径，正如《圣经》中所说的，"商人进天堂比骆驼穿过针眼还难"。在作为宗教领袖的教宗带领下，中世纪的天主教会在政治上取得了较大胜利。一个典型的例子就是额我略教宗，他致力于限制世俗宫廷对教会内部的干预，推动教会更进一步地独立和裁制。在复杂的斗争中，额我略取得了胜利，他惩处了当时的亨利四世皇帝，一度使其在德国失去了政治地位，为天主教政治地位的提升奠定了基础。政治上的大获成功使得天主教进一步主宰了中世纪欧洲社会意识形态，教会逐渐成为统治性政治势力，左右着国家行为。

　　政治地位日益提升并巩固的教会，对世俗的控制欲望也随之加强。教皇逐渐成为了欧洲的实际统治者，行事风格也越发腐败。到了1075年格里高利教皇统治时期，其颁布的《教皇敕令》中第二十七条竟荒谬地规定"罗马教会从未犯过错误，也永远不会犯错误"以及"教皇永不受审判"等①，他所领导的天主教会不仅在宗教领域主宰意识形态，而且在世俗活动中不受任何约束与制裁，其建立的罗马教廷也成为了当时西欧的最高权力机构。在宗教神圣色彩的加持与世俗权力的保驾护航下，罗马教廷对西欧多国内政进行干涉，架空了多国国王，以宗教名义在社会征收税款，对人民进行强势压榨。这些被压榨的对象中，首当其冲的就是那些经济最为发达、工商业最为繁荣的国家与地区，譬如当时最为富裕的德国。而这些富足地区中，拥有大量财富的企业家群体正是教会最主要的剥削对象，这无疑加深了企业家与教会间的矛盾。

　　另外，作为西欧实际的统治者，教廷对国家政治的干预不再仅仅满足于辖内所属的国家，其控制欲望甚至延伸到了东方，其实践形式则是著名的"十字军东征"。最初的三次东征动机尚能与"为教徒们争取合法去圣城朝圣的权利"这样的宗教主张有所关联，而随后的几次东征却逐渐显露出教会的政治野心，最终也导致了负面结果。一方面，十字军在东征过程中转而攻击了同为基督教的拜占庭帝国，使得东西方教会的矛盾剧烈升级；另一方面，频繁发动的战争不仅没有夺回圣城，反而加重了国内的经济负担，严重破坏了国内生产力。② 十字军东征在引发东西方教会冲突的同时，使西欧资本大幅度减少，经济活动严重受阻，成为企业家现实活动的绊脚石。

———————

　　① 李平晔：《人的发现：马丁·路德与宗教改革》，四川人民出版社1984年版，第11页。
　　② 李平晔：《人的发现：马丁·路德与宗教改革》，第68页。

日渐腐败的教会也使其本身的信徒产生了强烈的不满，致使社会上出现了诸多"异端"教派，其中不乏先进的企业家和人文主义者，他们不仅不信任教会，不参加教会活动，更公开批评、攻击教会的不当做法。罗马教会自然不会放过这些可能威胁到自己统治地位的企业家与人文主义者。为了有效镇压并铲除这些"眼中钉"，罗马教廷于 1231 年建立了宗教裁判所，开始以各种残酷的手段来审问并处置异端，被认为是异端的人基本不能申辩，难逃残酷的惩罚，大批企业家受到了迫害。宗教裁判所的行为使得社会上对教会的不满情绪进一步高涨，加剧了当时社会的动荡，以企业家为代表的诸多群体对教会的信仰已处于崩溃边缘。

天主教会在权力达到顶峰后，不再满足于对人们意识形态的统治，进而追求信仰与世俗权力的双重控制，企图通过一系列独裁、荒谬、腐败、残暴的手段获取特权、掠夺财富，这些行为不仅使辖内人民苦不堪言，还激发了一些企业家及人文主义者对教会意识形态的深入思考与怀疑，为其后的宗教改革提供了社会基础。

15、16 世纪的德国社会异常富裕，采矿工业贡献了大量财富，其中还出现了初期的资本主义生产关系。中介贸易发达，出现了奥格斯堡这样的东西方贸易枢纽，此时德国的工商业水平已然超越了意大利、法国和英国①，德国工商业的发达程度已然处于当时欧洲的顶点，可以说当时德国的企业家活动是非常频繁的。然而，德国虽然具有较高的经济发展水平，政治力量却虚弱不堪，这主要归咎于德国松散的政治制度。国家缺乏统一集中的控制系统，德国整体处于混乱之中，这也使教会有机可乘，成为德国真正的政治掌控者，而德国发达的经济与巨大的财富

---

① 《马克思恩格斯全集》第 37 卷，人民出版社 1965 年版，第 267 页。

也自然而然地成了教会的垂涎之物。

面对教会的压榨与剥削，德国企业家为保全自己并谋求发展，必须要寻找强有力的意识形态来对抗教会的意识形态，以捍卫自己的权利。当时的企业家及其所在的资产阶级充分意识到松散的国家体制并不利于对抗教会，因此转而寻求同样备受教会欺凌的国家君主进行联合，试图通过对王权的维护实现驱逐教会势力的目的，从而清除对企业家群体的剥削与压迫。而此时的君主，为了真正掌握政治话语权，需要借助这些企业家们的力量。企业家为了更好发展自身事业，需要统一的国家制度作为正常经济活动开展的前提，王权和企业家一拍即合，形成了统一战线。

首先为企业家与王权阶级联盟提供意识形态武器的是马丁·路德发起的宗教改革运动，其"因信称义"的核心思想与企业家、王权联盟的主张不谋而合，为驱逐教会统治提供了丰富的思想源泉。"因信称义"一说最早语出《圣经·罗马书》中的保罗。罗马教会认为，灵魂的获救需要通过"善功、教士"这些中介来实现，这也是对教会自身神职人员与机构重要性的强调。路德则对"因信称义"做出了重新解读，他认为灵魂获救的途径应该是对上帝的信仰。他指出："相信上帝，就是荣耀上帝；不相信上帝，就是不荣耀上帝。而上帝看到灵魂荣耀他时，他就荣耀灵魂，认为这个灵魂是正义的。"① 这样的理论直接无视了教会中"善功、教士"这些中介的作用，形成了"人人皆僧侣"的理论，从顶层制度上瓦解了罗马教会的权力基础。在这样的理论倡导下，教会的各种神职人员、组织乃至教皇都成为了路德理论中无须存在的中介部分，这也成为企业家、王权统一战线期望驱逐教会政治势力的

---

① 李平晔：《人的发现：马丁·路德与宗教改革》，第99页。

最有力理论武器。林赛也曾说，"正是人人皆僧侣的原则使人们摆脱了对于教士的莫名恐惧，成为激励人们从事改革的推动力，而这在当时是十分必要的"①，路德的理论对现实改造的实际推动作用可见一斑。

路德"因信称义"的主张还对当时存在的阶级进行了抹消。在教会的统治下，隶属于教会的各类神职人员都属于高人一等的"属灵等级"，而社会上的其他人员，包括君王，都只是普通的"世俗等级"，"世俗等级"理所当然地被更高级别的"属灵等级"统治着。路德对这一点也极富针对性地用"因信称义"理论进行了反驳，他指出"属灵等级"不应是通过教会赋予的，而是应当通过人自身的信仰而成为"属灵等级"的。这样的论述进一步否定了教会存在的必要性，使得教会对世俗统治的合理性不复存在。位于世俗顶点并高于世俗的不应是教会，只应该是上帝。

最重要的是，路德对天职的概念进行了再解读，认为人在社会中应当各司其职，在自己的岗位上从事世俗工作。"整个世界是邪恶的，在千万人中难有一个真基督徒，假如没有刀剑和法律，人类将相互吞噬……"②"所以基督徒很愿意服从刀剑的统治，缴纳税款，尊敬长官，并尽他一切所能，服事政府，帮助政府……"③。可以看出，路德对世俗的既有职位及其制度是肯定的，认为人们应该回归世俗、遵循制度，在自己的职责范围内，完成自己应尽的使命。这一观点对企业家的经济活动虽没有明显的倾向，但首先对世俗工作进行了肯定。更进一步说，企业家们从事的商业活动也是安排好了的，从事商业活动也是履行天

---

① ［英］托马斯·马丁·林赛：《宗教改革史》第 1 卷，商务印书馆 2016 年版，第 444 页。
② ［德］马丁·路德：《路德选集》，徐庆誉、汤清等译，宗教文化出版社 2010 年版，第 299 页。
③ ［德］马丁·路德：《路德选集》，第 301 页。

职，无疑对当时企业家的工作做出了无形的肯定与正名，为世俗的商业活动找到了意识形态归属，使这些经济活动也具备了价值观上的正当性。

路德引领的宗教改革改变了天主教会愚民政策和蒙昧政治的黑暗统治，发展出了更贴近世俗、更适应大众的新教。同时，其对天职的重新解读为企业家的利益找到了崇高目标感，使企业家的经济活动得到了社会的初步认可。其关于"教会应隶属于国家"①的主张实际上在当时社会背景下满足了君权的需要，使国王与贵族的政治地位得到提升。到改革后期，路德也越来越倾向于加入到皇帝及贵族阵营中去，恩格斯描述其行为是"毫不踌躇地抛弃运动中的下层人民，倒向贵族和诸侯一边去了"②。路德所领导的新教革新，虽在革命初期为企业家提供了思想和理论的支持，但最终沦为了王权的奴隶，其思想对企业家的支持也停滞不前。企业家们亟须探索新的思想武器以推进并提升自身实践活动的合法性，并谋求发展壮大所在阶级的队伍与实力。

恩格斯曾说过："在路德遭到失败的地方，加尔文却获得了胜利"，并表示"加尔文教正适合当时企业家中最激进部分的要求"③。虽然企业家们失去了路德宗教思想的加持，但他们找到了加尔文思想成为自己新的信仰与旗帜。恩格斯评论说加尔文是当时企业家群体利益真正的宗教外衣。④由加尔文主导的瑞士地区宗教改革最终获得胜利，建立了欧洲首个新教资产阶级共和国，无疑是企业家群体发展壮大的一大里程碑。

---

① 李平晔：《人的发现：马丁·路德与宗教改革》，第191页。
② ［德］恩格斯：《德国农民战争》，人民出版社1975年版，第41页。
③ 《马克思恩格斯文选》第2卷，外国文书籍出版局1954年版，第205页。
④ 《马克思恩格斯选集》第4卷，人民出版社2012年版，第252页。

如果说路德新教改革的核心思想是"因信称义",那么加尔文宗的核心思想就是结合了当时企业家需求后基于路德思想发展而成的"预定论"。加尔文对预定论的官方解释是:"我们把上帝的永恒教导称为预定,他以此预定他愿意为每个人所做的事。因为他不是在同等条件下创造他们的,所以另一些人得到永生,另一些人受永恒诅咒。"① 这一官方解释蕴含着两层基本含义:首先,预定论主张世间万物都是上帝预先决定好的,人们生来从事的工作也是上帝预先安排的,因此人们无权也无法改变这些预定好的事情。反观当时的时代背景,这样的理论对于旧教会是极富政治威慑力的,路德的宗教改革已使得罗马教会代表的封建制度摇摇欲坠,企业家及资产阶级的日渐强大也逐渐形成能够与王权等封建贵族相抗衡的政治势力。加尔文的预定论从意识形态层面支撑了封建势力衰颓以及企业家群体强盛的必然趋势,将其解释为一种上帝决定了的不可抗的自然规律,成为了支持企业家及资产阶级掌握国家政治话语权的有力思想武器。同时,预定论还有利于改善企业家与其员工间的关系。企业家作为雇主和其受雇员工的身份都是上帝决定的,作为企业家继续从事雇主的工作积累财富,受雇员工也因为预定论的信仰而更加努力地工作,两者形成了最佳的雇佣关系,工作效率也随之提升。

其次,加尔文宗核心教义在个人层面上指出,世界上所有人都被分为了"选民"与"弃民",选民可以"蒙受天恩",而弃民却永远受到诅咒②。加尔文对这一理论进一步发展,对如何确认自己是选民提出了这样的观点:"鉴于我们知道上帝已经做出了选择,我们就应该为此而

---

① [俄]梅列日科夫斯基:《宗教精神:路德与加尔文》,杨德友译,学林出版社1999年版,第259页。

② [德]马克斯·韦伯:《新教伦理与资本主义精神》,马奇炎、陈婧译,北京大学出版社2018年版,第110页。

满足了，而在此之后就只能依靠源自那真正信仰的对基督的默默信赖。"① 可见，加尔文认为人们与生俱来就具备了选民或是弃民的身份，人们无从得知，甚至也不应该试图去了解，无论生来是选民还是弃民，都应该坚定自己对上帝的信仰。韦伯的研究显示出，这一理论在当时进一步引导了人们对天职的重视。对于是否能成为选民的恐惧引导人们不再去妄加猜测，取而代之的是思考什么样的行为可以增加自己是选民的确定性，其方式就是履行对上帝应尽的天职，在世俗生活中努力奋斗、勤奋工作，以此彰显上帝的荣耀，以更加确信自己确实是上帝的选民。由此，世俗活动的成功与否反映了是否彰显上帝荣耀，相较于路德的天职观，加尔文宗教义不仅对商业活动的正当性予以支持，同时更加激励人们以商业活动的成功为目标而奋斗，为商业活动找到了更为高尚的目标感。同时，韦伯的研究也指出，世俗活动能够在一定程度上缓解关于自己是否是选民的恐惧。忙碌的劳动不仅能够增加"自己是选民"的确定性，还可以在劳动中暂时忘却恐惧与焦虑。这样的观念对企业家也是积极的，通过工作获取财富是履行天职，是能够更加确信自己是选民的最合理方式，也是更有效激发自己工作激情的良方。

加尔文宗还对资产阶级国家制度给出了参考。加尔文的新教对教会的组织架构做出了重大变革，将一些明显的资产阶级自由民主的元素融入到了教会管理中去。加尔文认为："民主是组织和管理教会的最好办法，它既可以防止个人独裁，又能保证信徒的自由。教会机构应民主选举产生，体现民主原则，要有严格的程序，防止个人专权，任人唯亲。教会人员的设置应按照古代教会的传统从简，防止机构臃肿。"② 这一

---

① ［德］马克斯·韦伯：《新教伦理与资本主义精神》，第109页。
② 刘林海：《加尔文思想研究》，中国人民大学出版社2006年版，第209页。

思想使教会制度完全站在了封建独裁的对立面上。在加尔文宗教会中，神职人员只有牧师、教师、长老及执事被保留了下来，牧师主要负责教义的宣传，教师则更专注于《圣经》的宣讲，执事从事教会中各种财务管理工作，长老则行使监督教徒的权力①。可以看出，加尔文教会内部不仅分工明确，各司其职，更加设立了长老以约束其他人员的行为，在制度上具备了杜绝一家独大及以权谋私的可能性。而其民主选举的机制，也已初具资产阶级国家体制的雏形。同时，教会的复古从简废除了原来罗马教会烦冗的宗教仪式，使得新教徒们能够有更多的精力去从事世俗的工作与劳动。此时的加尔文教会，俨然成为了一个具有资本主义国家雏形的机构健全的团体。宗教向来与政治紧密联系，加尔文教会内部这种具有鲜明资本主义民主色彩的治理方式，无疑为国家体制的建立开辟了道路。而加尔文教会在 1541 年建议日内瓦共和国成立的宗教法庭，虽然被看作是其迫害异端与无辜的污点，但也显示出其新教治理体系在世俗国家层面的渗透，以及加尔文宗与当时资产阶级的紧密联系。虽然不能说加尔文宗导致了资本主义国家的建立，但起码为资本主义国家制度的建立提供了理论支撑和实践参考，为资本主义的进一步发展提供了温润的土壤。这些早期的资本主义性质的制度，无疑为当时的企业家活动提供了更加积极的宏观环境，为企业家精神的长足发展提供了推动力。

不难看出，加尔文的宗教理念通过对"因信称义"的发展而形成了预定论，无疑更加符合当时企业家的需求与利益。一方面，它是企业家与资产阶级发展自身找到的最佳意识形态外衣；另一方面，它是激发社会各阶层工作激情的有力武器，而预定论在与欧洲多个国家的融合中

---

① 郭振铎：《宗教改革史纲》，河南大学出版社 1989 年版，第 318 页。

也不断发展完善，更大程度地推动了企业家群体在欧洲的持续壮大，催生了更多更具活力的企业家精神。

以路德的宗教改革为先驱、加尔文教为代表的新教天职观为企业家商业活动树立了崇高的目标感，为企业家实践活动找到了意识形态上同天主教同类功能的"等价物"。在推动变革时，经济性激励是一种外部激励，不足以释放个体的全部能力，新教改革在意识层面给了新教徒颠覆传统的强大信念。除此之外，清教徒的宗教信念强调勤俭节约、坚持不懈、自我约束等价值观，这些观念给了清教徒巨大的道德力量，有助于释放个体经济能力、激活积极的企业家精神。以加尔文教为代表的新教为欧洲各国企业家提供了强大的意识形态武器，在各国结合国情发展出了更加适合本国的"意识形态外衣与旗帜"，渗透到了国家的方方面面。欧洲社会由宗教改革前的抑商属性逐渐转变为了重商属性，资产阶级国家政权大力支持企业家商业活动，从多个方面推动了企业家群体的发展壮大，企业家如雨后春笋般出现并成长，为区域经济做出了巨大贡献。

首先，就个人层面而言，从路德最初对世俗工作的初步肯定到加尔文的完全肯定，企业家自身的价值观已经发生了巨大变化。在天主教会统治下被剥削、维持生计的负面价值观，已转变为荣耀上帝、完成使命、更加积极从事商业活动的正向价值观。同时加尔文宗更加赋予资本主义经济活动以目标，引导人们为了目标而努力奋斗，无形中加快推动了企业家精神的发展。并且，在加尔文教教义的加持下，其社会角色也逐步脱离了被剥削者群体，就其个人思想层面而言无疑对自身工作更加坚定，更有利于财富的积累。商业活动在这些企业家主观与客观因素皆正向作用的情况下，得到了长足发展。社会上主动从事经济活动的人数随之增加，既存商业继续得到发展，企业家精神在这样的环境中进入良性循环，不断得到促进。

其次，以新教为旗帜的资产阶级革命的胜利为企业家精神的培植土壤增添了养分。许多欧洲国家在反对天主教会封建专制的斗争中，都将加尔文思想作为自己有力的意识形态武器，推动了革命进程。加尔文本人在日内瓦宗教改革所建立的神权共和国自然不必多说。面对西班牙封建专制的长期压迫，尼德兰革命派通过摒弃宗教排他性后的加尔文主义，成功完成了民族资产阶级革命，建立了资产阶级共和国。英国受加尔文思想影响爆发的光荣革命，以《权利法案》与《王位继承法》的签订，最终确立了君主立宪制的资本主义国家制度。在加尔文宗教的"摇旗呐喊"① 下，资产阶级革命在欧洲取得了大范围胜利，资产阶级最终成为国家掌权者，发展经济活动也变得理所当然，企业家自然成为了发展经济的最重要践行者，在国家层面的倡导与已有经济的基础上，企业家精神进一步发展壮大。

最后，新教对社会教育事业的推动为企业家精神的壮大扩张提供了储备。宗教改革前的欧洲，天主教会为了巩固自己在意识形态中的主导地位，对教育事业可谓做足了文章。一方面，教会将神学教义渗透到各项教育中去，使人们无形中接受教会的意识形态；另一方面，教会避免进行大范围的科学文化教育，以维持民众的"无知"状态。反之，新教的理性主义特性则强调教育的普及，为了理性地理解《圣经》，社会更高的文化水平必不可少。② 在新教思想的引导下，以英国为代表的欧洲国家开始推动教育向着"世俗化、大众化、实用性"发展③，其中更

① 秦远好：《尼德兰资产阶级革命与加尔文教的发展》，《广西民族学院学报（哲学社会科学版）》1994年第3期。
② 李勤：《16世纪欧洲宗教改革运动的历史作用》，《云南师范大学学报（哲学社会科学版）》2000年第4期。
③ 梁磊：《略论英国宗教改革对工业革命的影响》，《长春师范大学学报》2014年第11期。

不乏培育企业家及商业范畴的教育，如理查德·福克斯在牛津创办的基督圣体学院和沃尔西学院等①。在新教思想的影响下，其课程具有鲜明的商业倾向，培育了大量潜在的企业家，成功激活了社会上的企业家精神，即使放在今天企业家的培育中，也具有一定的参考价值。同时，实用主义的教育必然偏向自然科学类学科，这些学科在脱离天主教会的打压后，进一步得到了保障。在这样的情况下，出现了蒸汽机一类的伟大发明，推动了社会工业水平的大幅提升，为其后英国工业革命打下了坚实的基础。在工业革命的背景下，欧洲资本主义实力日渐强大，企业家精神的发展程度与速度可想而知。

英国作为欧洲工业革命的先驱，通过在纺织、交通运输、制造业等多个行业的机械化改造升级，成为了世界上第一个近代工业化国家，国内的经济取得了突破性进展。② 在工业革命背景下，英国企业重视技术的革新，从而大大提升了劳动生产率。1850 年的英国生铁产量较 1740 年的生铁产量增长了一百多倍，从 1790 年到 1854 年的 60 多年间，英国的煤产量从 760 万吨增长到了 6450 多万吨。③ 在达到一定工业产量的基础上，英国在此后的 1850 年到 1870 年的 20 年间，更是迎来了其空前绝后的工业发展期，此时英国的煤产量从 4900 多万吨增长到了 100001000 多万吨，生铁产量从 200 多万吨增长到了 610 万吨，棉花加工量也从 500009000 万吨增长到了 1000008000 万吨。④ 从轻工业到重工业，都取得了骄人的成绩，体现了当时英国的工业高度及其先进的生产力，恩格斯甚至称英国早期通过蒸汽机等技术革新取得的成就与 1850

---

① 王承旭：《英国教育》，吉林教育出版社 2000 年版，第 235 页。
② 张友伦、李节传：《英国工业革命》，天津人民出版社 1980 年版，第 63 页。
③ 张友伦、李节传：《英国工业革命》，第 64 页。
④ 张友伦、李节传：《英国工业革命》，第 63 页。

年至 1870 年间的工业化成果比起来，是不值一提的。①

工业革命的成功带动了英国工业化的大范围扩张，使得各种工业逐步从英国东南部延伸到了北方，催生出了曼彻斯特、格拉斯哥等著名的北部工业城市，为英国制造业进一步提供了更加丰富的劳动力与更加适宜的发展环境，国内的工业发展也逐步形成了持续稳固的良性循环。

国内先进的生产力与巨大的工业产量，为英国当时的贸易发展做出了保障。据统计，1850 年世界贸易 145 亿马克的总额中，有 52 亿马克的贸易量来自英国。到了 1870 年，在 374 亿马克的世界贸易总额中，英国占据了 140 亿马克，相当于法国、德国、美国对外贸易的总和，②其贸易垄断地位已然建立。加之殖民扩张等支持手段，贸易额得到进一步提升，英国制造的货品被倾销到了世界各地，成为当之无愧的"世界工厂"。工业、贸易等一系列的商业活动无疑推动了英国的经济增长，从 1770 年工业革命初期到 1875 年为止，尽管人口增长近两倍，国民收入却增加了 9 倍之多。③

同时，作为欧洲工业革命后起之秀的德国，也体现出了快速的发展走势。由于德国政治体制的复杂性，其工业真正得到发展是在 1848 年之后。1850 年到 1870 年间，德国的总体工业生产量发生巨大变化，年平均增长率达到 3.5%。煤产量从 690 万吨增加至 3400 万吨，生铁产量从 21 万吨增至 126.1 万吨，铁路线从 5856 公里增至 18876 公里。④ 虽然数值上还不及英国，但其增长速度确实令人咂舌，同时也奠定了其重点发展重工业的工业化道路。截至 1870 年，德国工业生产产值已占到

① 《马克思恩格斯全集》第 22 卷，人民出版社 1965 年版，第 320 页。
② 张友伦、李节传：《英国工业革命》，第 69 页。
③ 张友伦、李节传：《英国工业革命》，第 70 页。
④ 余开祥：《西欧各国经济》，复旦大学出版社 1987 年版，第 2 页。

世界的 13.2%，经济水平实现飞跃，在众多企业家的积极实践下，德国已然跻身先进资本主义国家的行列。[①]

工业革命的成功离不开各行各业企业家们的生产性活动，当时各国国内生产力及相关数据的增长，是企业家实践成绩的最好体现。在新教改革间接促进的工业革命背景下，企业家们积极履行所处行业的天职，在追逐工业制造中利润的同时，增加了所处区域与国家的总体财富，使所处区域的经济得到飞速发展，体现了企业家精神的经济维度正面效应。

除此之外，工业革命时期的一些企业家还体现出了经济维度之外的积极表现。这些企业家虽看重并追求财富，但仍具备了信用、诚实、人道主义等一系列道德维度特质，他们都能够"在一定规则之下追逐财富"。[②] 博尔顿在 1795 年的制造商会上曾公开表示过："我们不要忘记诚实策略始终是最好的策略，交易上的诚实不会不对城市的一般商业和对我们每一个别商号起着最好的作用。"[③] 乔赛亚·韦奇伍德始终重视对其雇员权利的保障，以员工工作稳定性为出发点，为员工提供了住房、早期的医疗保险等多项福利。[④]

企业家们不仅为区域经济的发展做出了巨大贡献，同时还为社会道德维度提供了一定的标准。在工业革命越来越多企业家信奉新教的背景下，新教信仰与道德维度之间体现出了千丝万缕的联系。工业革命时期的企业家活动特点及其社会成就，展现了经济活跃与道德井然的正面形

---

① 余开祥：《西欧各国经济》，第 3 页。
② 宋严萍：《英国工业化早期产业精神的体现和原因》，《世界近现代史研究》2012 年第 6 期。
③ ［英］保尔·芒图：《十八世纪产业革命：英国近代大工业初期的概况》，杨人梗等译，商务印书馆 1997 年版，第 310—311 页。
④ ［美］托马斯·K. 麦克劳：《现代资本主义：三次工业革命中的成功者》，赵文书、肖锁章译，江苏人民出版社 2006 年版，第 49 页。

象，为信仰对企业家精神经济与道德的双重正向引导提供了典型的历史参考。纵观新教信仰对企业家精神的作用，新教信仰对社会重商属性的奠定尤为重要，甚至可以说是企业家精神得以可持续发展的基础。加之新教信仰对企业家精神的创新激发、道德约束以及制度保障等间接作用，无疑显示出了其作为信仰的力量。

第三节　日本明治维新对信仰激发作用的证明

历史一定程度上决定了民族及其社会的信仰，欧洲的历史塑造了其社会"以宗教信仰为主"的特点①，不同地区独特的历史则会塑造出不同的信仰。正如既有研究所指出的，韦伯的研究一定程度上存在着西方中心论。但实际上，对韦伯研究的发展却同样适用于东方国家的企业家精神的推动与激发。我们选取日本明治维新这一历史变革时期前后的企业家精神状况，探讨并分析东方区域信仰对企业家的引导与激发作用，在为韦伯的基础研究进行完善补充的同时，以此进一步支撑并证明信仰对企业家精神的积极激发作用。当然，明治维新直接激发了日本近代的军国主义和侵略扩张政策，这是我们研究这一时期日本企业家精神不可忽略的背景，但不是本书研究的重点。

作为一次兼具资本主义革命性质与民族主义运动色彩的历史事件，明治维新为日本实现资本主义社会转型奠定了基础，是日本在当时摆脱落后不可或缺的变革。在这场变革中，日本经历了黑船来航、倒幕运动、出访学习、殖产兴业等重要历史阶段，社会意识形态逐渐从"抑商"转变为"重商"，最终企业家精神得到了充分发展与弘扬，为近代

① 刘哲昕：《家国情怀：中国人的信仰》，学习出版社 2019 年版，第 133 页。

日本资本主义发展提供了坚实的保障。

这里需要明确的是，在明治维新前及其初期，日本还没有明确的"企业家"概念，当时进行商业活动的主体主要被称为商人，由于他们通过创新创造财富的过程与企业家的创新特质是一致的，因此可以说当时的商人已初步具备了企业家特性，是具有企业家精神的。

明治维新前的日本，是典型的封建国家。日本被分成不同的藩国，各个藩国的领主虽归属于幕府，但也是各自藩国的实际治理者。从各藩内部到整个日本，都有着严格且统一的等级制度。除了皇族与公卿外，幕府设置了"士农工商"的等级制度，位于这条等级链顶端的"士"即武士阶级，是当时日本社会的实际统治阶层。而位于等级链底端的则是商人阶级，他们虽然拥有财富，但始终"为人所不齿"。德川幕府的等级制度，不仅体现在"士农工商"四个阶级的划分上，还渗透到了武士阶级内部地位的区分。各藩国的封建领主可以说是上级武士，直属幕府将军的武士大多为中级武士，从属于地方封建领主的武士则为下级武士。虽然下级武士们在德川幕府时代已不再是真正意义上的土地所有者，他们依靠从封建领主处领取俸禄维生，但日本自古以来一直延续的"各就其位"① 观念使得这样不公的等级制度似乎稳如泰山、不可动摇。同时，由于商人处于最低的等级，社会对商业经济活动的态度自然也十分消极。

然而，这一森严的等级制度却在幕末时期受到冲击，从内部逐渐瓦解。首先，幕末时期下级武士窘迫的经济情况为阶级间的边缘模糊提供了良好的温床。一个当时下级武士贫困的有力证据就是他们虽从领主处

---

① ［美］鲁思·本尼迪克特：《菊与刀》，何晴译，浙江文艺出版社 2016 年版，第40 页。

领取俸禄，但实际只处于和农民同样的经济水平①，显然与其所处的阶级是不相称的。贫困的现实处境迫使这些下级武士将作为俸禄一部分的粮食拿去市场买卖以维持生计，但是这种涉及货币商品流通的行为并不是武士擅长的，这就导致了最大利益所得方成为商人阶层，下级武士不知不觉成为了被剥削者。随着商人阶级财富的不断积累，他们也开始寻求自身社会地位的提升。明治维新前夕，买卖武士资格的现象屡见不鲜。这种现象在纪州藩表现最为明显，该藩 588 名乡士中，有 406 名通过买卖得来②。另一典型的做法是通过与下级武士家庭的联姻实现阶级融合，下级武士取得商人的经济支持，而商人则跻身武士行列，各取所需。这些利益交换的手段使得下级武士与商人间的界限越来越模糊，两个阶级也走得越来越近。

不仅如此，为了维持生计，解决自身经济问题，下级武士也开始自发地探索俸禄以外的经济来源。《甲子夜话》一书曾做过详细的描述："如米泽的笔、长门的伞、锅岛的竹笠、秋月的印盒、小仑的油布雨衣，都是下级武士的副业产品。"③ 不难看出，下级武士们为了生计，开始从事一些日用品的制造与买卖，初具小型制造业的雏形。就其行为来说，无疑已经涉及商业领域，是武士阶级自发从商、阶级进一步融合的典型体现。阶级边缘的虚化使得下级武士与商人们逐渐形成统一战线，其与封建领主及统治阶级的矛盾也在被剥削中不断深化，"恨主"情绪日渐加深，这些都为其后的阶级运动埋下了种子。

---

① ［加拿大］诺曼：《日本维新史》，姚曾广译，商务印书馆 1962 年版，第 19 页。
② ［日］井上清：《日本现代史》第一卷《明治维新》，生活·读书·新知三联书店 1956 年版，第 67 页。
③ ［日］本庄荣治郎：《日本社会经济史研究》，東京：ハナ書房，1948 年，第296 頁。

与此同时，幕末西方列强的到来加速了统治阶级的崩溃。1853年7月，美国海军准将佩里率领远超当时日本海军实力的舰队驶入江户湾，以极其强硬的姿态对幕府进行了武力威慑。德川幕府自知实力差距，不得不会见佩里，佩里则代表美国提出了通商的希望，并称来年春天听取日方答复。不仅如此，在7月14日、15日，佩里的舰队还徘徊于江户（东京）附近，使得江户一时上下为之撼动，民心难安。① 这次美国准将的到访，即历史上著名的"黑船来航"事件，不仅是日本锁国体制终结的导火索，更开启了西方列强对日本经济侵略的历史。正如《日本近代史辞典》所描述的："到幕末时期，来自欧美的西洋舰船也被称为黑船，尤其是1853年佩里舰队来航以后，黑船开始成为西方资本主义国家军事侵略、经济威胁的代名词。"② 1854年2月，佩里率领更为庞大的舰队访日，态度可谓更为强硬，以压倒性的军事实力迫使幕府在横滨与其进行谈判。谈判最终以《日美神奈川条约》的签订而告终，幕府不得不向美国开放下田、箱馆的港口，这不仅是日本被迫开国的象征，也是近代日本不平等条约的开端。连佩里自己也回忆说："在这个条约中，日本把过去从未给予外国人的各种特权，给予了美国公民。"③ 美国通过武力威慑在日本大获成功，成了其他列强争相效仿的对象。1854年至1858年间，日本就分别签订了《日英亲善条约》《日俄亲善条约》《日荷亲善条约》《日本美利坚合众国条约》《日美友好通商条约》等多项不平等条约，在1860—1866年间，又相继与葡萄牙、普鲁士、瑞士、意大利等多

---

① 伊文成、马家骏：《明治维新史》，辽宁教育出版社1987年版，第229页。

② 京都大學文學部國史研究室編：《日本近代史辭典》，東京：東洋經濟新報社，1958年，第140页。

③ 张荫桐：《1600—1914年的日本》，生活·读书·新知三联书店1957年版，第65—66页。

国签订了一系列不平等条约，丧权辱国之势一发不可收拾，日本的独立主权受到严重威胁。

被迫开国后的日本，大量的外国人"居留地"被建立起来，这些居留地不仅拥有永久租地权，更不受日本政府管制。居留地还设置了小型的"政府机构"，财务、安保、商业等职能一应俱全，经营商业活动时，他们可以雇用日本人却不用交税，居留地实际上已具备了殖民地特征。外国人对日本的欺凌还体现在了经济贸易层面。外国人以居留地为据点，与日本商人发生商业活动时，通过设置利于己方条约、不履行约定等恶意行为赚取暴利的现象屡见不鲜，西方列强更加输入了大批先进设备兴办自己的制造业，大量雇佣廉价日本劳动力，对日本工人进行了残酷的剥削。① 列强们在各项不平等条约的保护下，肆意倾销商品，大量夺取原料，大批商业资源及资本被外国人垄断占有，日本民众尤其是商人与西方列强间的矛盾持续升级。在这样的背景下，日本经受的不公待遇与资本掠夺激发了民族危机意识，而日益高涨的民族危机意识又迫使日本人更多地思考如何摆脱落后局面，攘夷思想被逐渐建立起来。

日本的攘夷思想在当时存在着一定的复杂性与特殊性。虽然名为攘夷，但与开国的思想并非完全对立②。部分先进下级武士在接触到西方强势的资本主义思想后，认真思考了西方强大的原因与日本的出路。此时还出现了佐久间象山这样的思想家，提出"东洋道德西洋艺"的主张，认为日本摆脱落后的现状应当是在保有民族精神的前提下，学习西方文明及其先进的技术，谋求日本的进步。尊王攘夷倡导者之一的会泽

---

① 伊文成、马家骏：《明治维新史》，第 244 页。
② 翟亮、刘豫杰：《攘夷思想与明治维新前后日本的国家意识》，《世界历史》2019 年第 4 期。

正志斋也在《新论》中提出了"开国制夷"的观点，并强调长州藩士应当把开国作为攘夷的必要前提。① 可见，日本的攘夷思想并不是单纯排斥西方列强，而是要在学习吸收西方先进做法的基础上进行攘夷。甚至从严格意义上来说，攘夷也是"醉翁之意不在酒"，下级武士们有着他们真正需要驱除的目标。

幕末时期的攘夷运动，虽然从字面上看是一场驱除西方列强的民族主义运动，但实际上也是一场日本社会内部的阶级运动。从攘夷运动的主导阶级来看，主要由下级武士及商人阶级组成。从上文的论述中可以看出，幕末下级武士与商人阶级间的界限已逐渐淡化，慢慢形成统一战线，而与他们具有最大阶级矛盾的，其实就是当时的统治者——德川幕府。因此，这场由下级武士、商人阶级统一战线主导的攘夷运动，其真正的目的是对当时日本统治阶级的反对与驱逐，即推翻幕府。正如坂本太郎的观点，攘夷其实是"讨伐幕府而释放的烟幕"。②

如果说攘夷是推翻幕府的烟幕，那么尊王则是这场运动中最为有力的旗帜。日本自古以来就有着根深蒂固的神道教信仰，这一信仰延续至今，具有异常持久的生命力。根据日本政府统计综合窗口的数据显示，日本截至 2018 年底共有 86166133 名神道教信仰者，神道教信仰人数依旧位列所有信仰之首，显示出即使在文明高度发达、西化程度颇高的现代日本，大部分民众依旧信奉神道教。在传统神道教中，位于众神顶端的是天照大神，为了统治人世的国家，天照大神派出了天孙来到人间进行实际管理，即所谓的"天孙降临"，天孙作为天照大神的后裔，即现

---

① ［日］内藤俊彦：《幕末攘夷论的诸相》，《法政理论》1979 年第 6 期。
② ［日］坂本太郎：《日本史》，汪向荣、武寅、韩铁英译，中国社会科学出版社 2008 年版，第 340 页。

世的天皇，世世代代统治着日本。① 这看似极富宗教与迷信色彩的描述，即便在现代还被大部分日本民众深信不疑，更何况是科学水平较为落后的幕末时期。幕末时期，具有"忠义"精神的下级武士们由于长期被压迫，对其封建领主以及日本的统治者德川幕府积怨已久，在这样的基础上，其忠义的对象很自然地转移到了天皇这一神道教中天照大神的后裔身上来。虽然自平安时代起，天皇在政治上已经没有了话语权，幕府制度更是使天皇沦为"傀儡"，但是天皇及皇室在日本民众的心中始终有着自己独特的地位，即使在德川幕府时期，其阶级地位也依旧高于一切。这一观念为"尊王攘夷"提供了信仰与名义基础。既然封建领主已不具有效忠的价值，那么就效忠位于日本社会顶点的天皇，以天皇的名义进行攘夷。因此，日本幕末的这场攘夷运动实质上就是以神道教为信仰，以学习西方先进技术、制度、文化为手段，进而推翻幕府的一场革命。在这场革命中，神道教的信仰旗帜确实为当时的攘夷运动提供了有力的号召，并为其后成立的明治政府提供了强大的意识形态武器。

以"尊王"名义"发家"的明治政府绝不会放弃神道教信仰这一有力武器，他们始终将天皇摆在极其重要的地位，对支撑其形象的神道教体系也进行了全面的改造。首先，明治政府将神道教与政治紧密地联系起来，这样天皇就名正言顺地具有了政治与宗教的双重话语权，同时成为了民众世俗与宗教共同的崇拜对象，神道教信仰逐渐被引导成了国家的信仰。接着，政府还设置了神祇事务局这一政府部门，甚至明治政府初期作为基本国策的"五条誓文"都是以神道教

---

① 刘立善：《没有经卷的宗教：日本神道》，宁夏人民出版社 2005 年版，第16—18 页。

祭祀的形式颁布的，国家层面的政治行为与神道教联系的紧密程度可见一斑。因此民众执行的不仅仅是政府政策，更是与之紧密相连的神道教信仰。政府其后又发布了"五道禁令"，其中更明确指出"切支丹邪宗门之仪应禁之"，后续还颁发了《神道佛教分离令》。① 这些政令强力打压了当时日本社会存在的其他宗教，在维护神道教既有信仰的基础上，极大地提升了民众们对神道的信奉程度，成功使其位居日本社会各种信仰之首。此外，政府还努力营造一种高高在上却又广纳谏言的天皇形象，再加之传统神道"天孙降临"故事的渲染，不仅使天皇地位通过宗教仪轨进行巩固，同时也通过天皇自身正面形象的塑造来使民众自发地提高信仰，使天皇在日本民众心中成为了半人半神的存在。一系列对神道教的支持与改造举措，使得幕府时期日本民众相对分散的"忠"统一集中到了天皇身上，神道教信仰成为当时日本的主流意识形态。

当然，作为一次资本主义性质的变革，仅仅在主流意识形态上的变革是不能直接推动社会实际变革的。尊王攘夷运动成功将代表封建势力的德川政权逐出历史舞台后，新政府致力于内治改革，力图将日本建设成为一个富强文明的近代资本主义强国。

1868 年 4 月 6 日，日本颁布了《五条誓文》②，明确指出"破历来之陋习，基于天地之公道"。明治政府对不合时宜的制度进行了大刀阔斧的改革。政府不仅施行了废藩置县、版籍奉还，还进一步将当时的阶级从制度层面进行了初步融合，推行了"四民平等"制度，即公卿、贵族统一称为"华族"，武士阶层称为"士族"，其余阶层皆归为平民。此时商人虽仍未能与旧武士阶层"平起平坐"，但至少已

---

① 刘立善：《没有经卷的宗教：日本神道》，第 59 页。
② ［日］大久保利谦：《近代史史料》，东京：吉川弘文馆，1965 年，第 51 页。

经在名义上与"农工"处于同样的社会地位，相较于幕末时期地位已有所提升。此外，明治政府进一步提出，华族与士族在不当官的情况下可以从事商业活动，平民也可以根据自己的意愿来选择希望从事的职业。这一制度试图通过职业的互相流动实现阶级间的互通，也使得商人地位无形中得以提升，政府政策已从原来的"抑商"逐渐倾向于"重商"。

但是，这次的制度改革是不彻底的。首先，虽然政府强调"四民平等"，但还是将原先的公卿和武士阶层划分在了位于平民之上的"华族"与"士族"。给予武士一定的特权，实际上只是抹消了原先处于较底层人民间的地位区分，武士阶级的利益依旧被特别关照。当时的商人虽地位有所提升，但仍然受到"华族"与"士族"的歧视与区别对待。尽管制度上允许士族从事商业，但只要歧视与区别存在，士族也会出于种种考虑不去从商。虽然此时政府希望从制度上提高商人的地位，但制度却实际上"虚有其表"，缺少实质性的措施，难从根本上扭转社会对商业活动的歧视。更为重要的是，虽然政府许可了自由经营，但没有真正充实的商业内容及利好条件来引导更多的人从商。

但此后持续的改革为日本资本主义转型提供了巨大动力。1871 年12 月 23 日，明治政府派遣岩仓使节团出访欧美先进国家，调研学习欧美在制度及技术上的先进做法，大久保利通也随使节团一同出访。他在考察时的书信中曾指出："从 9 月 28 日起，为巡览英格兰、苏格兰的名迹，四方跋涉……凡有名之场所处处经过，自裁判所、监狱、学校、贸易公司、制作所、造船所、制铁所开始，以至……等等，无处不至。但无有地上所产之一物，唯是煤炭与铁而已，制造品也皆自他国输入，又输出他国者。其制作厂之盛，比前所传闻更多，每到一地，黑烟冲天，无不设有大小制作所，由此足已知晓英国富强之所以也。"① 可见，大久保利通将英国的富强很大程度上归功于其煤炭、钢铁等实业水平的发达，并提出日本也应当效仿英国，大力发展实业，自此也奠定了其发展实业的政治理念。在其后的《有关殖产兴业的建议》中，他也强调"大凡国家之强弱，系于人民之贫富，人民之贫富，系于物产之多寡，而物产之多寡，在于是否勉励人民之工业"②，这其中提出了引导人民共同参与经济建设中去的想法，对日本资本主义建设有着积极的推动意义。

在岩仓使节团出访归国后，大久保利通等人作为"内治派"，在成功压制"征韩派"并占据政府中的主导权后，便开始了推行以"内治优先"为原则，包含殖产兴业政策在内的一系列措施。1873 年 11 月，在大久保利通的主导下，明治政府设立了内务省，由其亲任内务卿，日本开始了大力推进经济建设的重要时期。内务省设立后，大久保利通将劝业寮归为内务省的一等寮，即内务省的直属机构。在当时，劝业寮主要负责"劝奖全国农工商业，使确实盛大"③。不难看出，劝业寮其实就是当时政府发展实体经济的主要职能机构，而大久保利通作为内务省"一把手"的内务卿，可以说是亲自掌舵发展日本实体经济。信夫清三郎也评论说："大久保充任首任内务卿，成了全国警察和实业界的总头目"④，足见政府对实体经济发展的重视程度。就结果而言，大久保政权对于当时日本的近代化与经济发展有着关键的意义，以内务省为主

---

① 日本史籍協會：《大久保利通日記》，東京：東京大学出版会，1969 年，第467—468 頁。
② 日本史籍協會：《大久保利通日記》，第 467—468 頁。
③ ［日］石塚裕道：《日本資本主義成立史研究—明治国家と殖産興業政策》，東京：吉川弘文館，第 37 頁。
④ ［日］信夫清三郎：《日本外交史》，商务印书馆 1980 年版，第 150 頁。

导，大藏省、工部省三方协作，共同推进实业发展的领导模式成效显著。明治九年的数据显示出，内务、大藏、工部三省的年度支出总额占到了当时政府年度支出总额的41%①。这说明，政府对实业发展的支持不仅限于字面上的政策，更倾注了大量的财力。进一步细化来看，政府对三省的具体负责范围也做出了规划，大藏省作为财务部门，主管发展实业可能涉及的资金供给与调配，工部省则主持铁路、矿山、机械制造等重工业领域事务，内务省专注于农业及相关加工业的发展事宜。三省分工明确，又配合无间，既有针对性，又有统一性。在大久保政权和三省协作模式的指导下，政府接管原幕府、藩属旧企业，推进新企业转型，使各种机械制造蓬勃发展，虽然产品大多工艺较为落后，但确是当时重要的尝试。通过将矿山收为国有，保证了政府的资金来源。同时，政府积极引进西方先进技术，使矿山产出效率显著提升。通过先进技术的引进及器械采购，大力发展本国机械化纺织业，有效推动了民营轻工业的发展。重视国内各种交通运输企业发展，在政府的大力扶持下，三菱财阀迫使美国、英国海上航运公司退出了日本市场，海运事业由日本本国企业垄断。这样的实业成功案例在当时屡见不鲜。可以说，大久保政权对资本主义的支持，为日本实业的进一步发展提供了坚实的基础。虽然大久保利通在改革进行中遭到了暗杀，但其主张却被延续了下来，日本政府发展实业的脚步并没有停歇。1880年11月，明治政府颁发了处理官营企业的相关条例，将除军事工业以外的相关企业进行民营化处理。通过这项政策的推进，日本的民营实业得到了长足的发展，培育出了一些真正意义上的企业家。1884年7月，政府进一步对企业民营化出台了更具诱惑力的政策，降低官营企业出售价格，并允许无息分期付

---

　　① ［日］石塚裕道：《日本资本主义成立史研究——明治国家と殖産興業政策》，第50—60、78頁。

款。这一优惠政策进一步推进了官营企业的民营化进程，催生出了许多大"财阀"，虽然对市场来说并不是完全积极的效果，但却造就了更多企业家的形成，资本也由幕末时期西方列强掌控的状态逐渐转为日本民间财阀掌握，有效增强了国家经济的独立自主性。

日本政府层面对商业活动态度的巨大转变与对实业的大力支持，有效激发了越来越多有识之士投身实业，但一下子并不足以扭转德川幕府执政 265 余年对商人社会地位的长期贬低，商人自身行为的规范化和价值观的建构同样发挥着重要的作用。明治时期，越来越多商人或是开始经商的武士阶级开始思考经商准则的改变方向，这种改变在促使越来越多旧武士阶层投身实业的同时，与政府一同引领经商、商业、商人价值观的转变，成为明治时期企业家社会地位不断提高的重要原因之一。

明治时期颇具影响力的儒商涩泽荣一用"义利观"解读经商准则。在涩泽荣一看来，"在儒家文化传统深厚的国度，如日本，更不要说中国，企业家的正确姿态应当是：一手握《论语》，一手握算盘"①。算盘即商业，《论语》代表了儒家思想，在日本是武士道精神的重要思想来源，二者之间的关系在高度概括下，即他所提倡的"士魂商才"。他主张"为人处世必须具有武士的精神，然而如果仅有士魂而没有商才，经济上无法自立，就容易招致灭亡，因此士魂是离不开商才的"②。可以看出，涩泽荣一首先对日本传统的武士精神予以充分肯定，在当时的大背景下，即使有着强势的西方文化入侵以及日本政府学习西方文明的主流倡导，他也认为在吸收的同时应选择性地坚持传统武士文化中的精髓，这与当时"和魂洋才"的思想不谋而合。

---

① ［日］涩泽荣一：《论语与算盘》，高望译，上海社会科学院出版社 2016 年版，"序"第 2 页。
② ［日］涩泽荣一：《论语与算盘》，第 4 页。

涩泽荣一进一步对大量吸收了儒家思想的武士道精神进行了再解读。孔子所谓"富与贵，是人之所欲也；不以其道得之，不处也"，即并不是说要轻视富贵，而是要"以其道得富贵"，用正当的方式去追求财富，一改传统武士精神中对追求财富的一概否决。他甚至对朱熹闽学中对孔孟义利观的曲解提出了批判，指出这种思想对日本社会带来了巨大的负面影响，该思想大大降低了社会对商业活动的认可度。因此，为了使社会真正认同并尊重商人的行为与其社会地位，就要转变商人唯利是图的思想观念，建立正确的义利观，通过"以义取利"的思想指导实际的商业活动。可以看出，涩泽荣一倡导的经商准则，不是一味地追逐利益，在破解日本反商传统文化的同时，主张吸收武士道精神的行为规范，倡导将其作为商人经商的准则来遵守。

涩泽荣一十分信奉昭宪皇太后的一句和歌："黄金为福亦为祸，皆由人心善与恶。"① 这正说明，决定财富善恶的不是金钱本身，而是人心，人心决定行为，行为的结果体现金钱的善恶。在涩泽荣一的义利观中，财富应当是"绝对正当的财富"②，即商业行为的实践方式应该是符合道义的，这样的商业行为即使是用传统的儒学及武士道来审视，也应当是被提倡与可接受的。相反地，如果获取利润的手段是不符合道义的，那么就应当毅然弃之。放到明治时期的时代背景中就是，企业家们应当在保有武士及儒学精神的道德基础上从事商业活动，对自己的行为及时审视，如果是符合道义的行为，这样的商业活动是符合社会价值的，就应当被社会所广泛接受。

涩泽荣一对传统观念重新解读而赋予时代内容的义利观，有效规范了经商行为的基本准则，与当时日本政府的政策以及当时的社会舆论交

---

① ［日］涩泽荣一：《论语与算盘》，第 94 页。
② ［日］涩泽荣一：《论语与算盘》，第 97 页。

相鼓应。新义利观成功将社会价值观从轻商、弃利中解脱出来。社会价值观的转变促使了更多个人思想的解放，越来越多的人从原来鄙视商业活动转为渐渐接受，更多的旧武士阶层开始进入商业领域，大大激发了日本的商业活力。特别需要指出的是，在明治时期天皇信仰的引导与渲染下，日本商人的"义"便是内化了的信仰，这一信仰为其树立并坚定效忠天皇的目标，进而使日本的企业家精神被引导至为天皇的国家厚积实力、贡献利润上来。

在商业行为逐渐得到认可后，商人们个人价值的实现也不再是原先的赚取更多的利润。对于同样信奉神道教的日本商人，在殖产兴业等一系列政策环境下，他们也具有了向天皇效忠的机会，即紧跟政府政策，大力发展实业，发挥自己的专业能力，以商人特有的方式对天皇效忠。涩泽荣一对天皇的行为解读说："今年秋天，天皇陛下忧国忧民，特开前所未有的先例，颁下圣旨赐予贫民救济金，承蒙陛下的宏大圣恩，富豪们自不必说，定然在心中苦苦思索应当如何报答，哪怕只及圣意的万分之一。那也正是我三十年来从未忘怀的夙愿，今天终于有机会实现了，因为是长久以来的心愿，幸逢圣旨赐下，我顿时感到前途非常光明，心中的喜悦无法言喻。……总而言之，天皇陛下宏恩浩荡，诸位富豪更要积极完成自己对社会的义务，维持社会的秩序以及国家的安宁，做出自己微薄的贡献。"① 字里行间透露着涩泽荣一对天皇无限的景仰与崇拜，也显示出他认为对社会履行义务其实就是对天皇皇恩的报答，他进一步主张办实业个人的利益是放在第二位的，最重要的是国家的利益。同时，因为有着为国家奋斗这一出发点，在实际工作中就越发应该积极进取，不可懈怠。同样的认知在三菱财阀中也有体现，三菱财阀先

———————————

① ［日］涩泽荣一：《论语与算盘》，第99—100页。

后公布的"三菱商事三纲领"以及"三菱精神纲领",都将为国家和社会做出贡献摆在重要位置,第四代三菱财阀社长岩崎小弥太更将"奉公之大义"作为经营理念,明确解释其为"灭私地奉公,是只管顺从主君(天皇)的圣意而归一的精神"①。在此语境下,三菱财阀从事的实际商业活动,其实是天皇信仰下的实践方式。

明治政府对天皇信仰的强化无疑使明治企业家们深受影响,配合殖产兴业的政策,为原是下级武士或是旧商人的新企业家们提供了效忠天皇的可能。原先的下级武士们和商人们虽一直信奉神道、崇拜天皇,但过去的社会价值观不允许其直接参与到对天皇效忠的商业性实践中去。反观明治政府的行为,一方面信仰的强化更加激发了下级武士及商人对效忠天皇的渴望,使之在原有信仰的基础上更加坚定,时刻为报恩天皇做好准备;另一方面,殖产兴业等政策给了下级武士信仰实践的变现方式,将他们原先在精神上的效忠转变为了商业实践的效忠。对商人们来说,政策为他们的信仰找到了实际落脚点,为商人们创造了信仰的实践方式。无论是对下级武士还是商人,殖产兴业的政策都将他们对天皇报恩的意愿引导至了发展实业上来,提高了其信仰的价值,使商业行为被升华到了为了国家、效忠天皇这一最高境界。

既有研究将明治时期的企业家分成了"指导型企业家、政商型企业家以及通常型企业家三类",指导型企业家是曾在明治政府担任过相关重要职务的人;政商型企业家多是幕末时期的大商人,起初便拥有了相当数量的财富,在明治政府成立后,转而与新政府加深合作而形成的一类企业家;最后一类通常型企业家则多为没有社会基础的人,他们来自日本社会的各个阶层,通过自身的努力以及明治时期的机遇,逐渐将

---

① 王文英:《三菱财阀的企业文化特征》,《世界历史》2003 年第 3 期。

自己的企业发展壮大的一类企业家。① 指导型企业家由于曾任政府要职，对政策的解读更为彻底，人脉的积累也更为广泛，造就了其企业创办经营的合理性与先进性，是日本最前沿企业的代表。如上文提及的涩泽荣一，就是典型的指导型企业家。政商型企业家则依靠既有经济实力以及与政府的密切联系不断得到壮大，并逐渐形成了财阀企业，著名的三井、住友及三菱就是此类企业的典型。他们的存在，虽不利于市场化竞争，但雄厚的实力确实为日本在世界上的商业地位提供了坚实保障。通常型企业家经营的企业虽规模较小，但有效充实了一些大型企业不屑涉足的传统工业，且由于生产的部分商品在出口贸易中的特殊性，也为日本当时赚取外汇做出了不容忽视的贡献。

至此，已足见明治企业家阶级及种类的多元程度，而企业家所经营管理的企业种类更加丰富，行业涵盖面广泛。仅就涩泽荣一一人而言，他所兴办的企业就涵盖了"造纸、船运、纺织、化肥、铁道、保险"等多种行业②。同时，在"东洋道德西洋艺"影响下的众多企业家们，在学习西方的过程中，由于他们学习的技术各有不同，导致了其从事经营的企业也千变万化，涵盖了当时较为先进的各种制造业，大大丰富了企业家的涉足领域及其专业性。此外，殖产兴业政策中对于官营企业的低成本民营化处理，也在一定程度上吸引了更多社会人士参与到不同领域的实业建设之中，有效推进了企业家精神更大范围的扩张。

明治时期的日本企业不仅在数量与种类上"百花齐放"，各个企业的成长速度也令人为之惊叹，企业家们对企业潜力的挖掘令人钦佩。以涩泽荣一主导兴办的大阪纺织厂为例，其建立之初的 1882 年仅拥有 25

---

① 周见：《明治时期企业家的形成与日本式经营》，《经济科学》1997 年第 1 期。
② 张剑宇、夏春玉：《明治时期的日本企业家及其行为特征》，《财经问题研究》1996 年第 12 期。

万日元、15000 枚纱锭的资本，到了 1889 年就已成长为坐拥 120 万日元、6 万多枚纱锭的大企业①。类似的例子还出现在日本的造纸业中，1882 年日本的西洋纸张产量为 426 万磅，到了 10 年后的 1892 年则直接增长至了 2481 万磅。② 重工业的发展也不甘示弱，自 1884 年田中长兵卫从政府手中接过釜石炼铁厂，到 1890 年其铸铁质量已处于世界领先水平，到了 1892 年，其年产量达到 6900 吨。铁路行业同样增长迅速，据统计，日本私人铁路资本自 1881 年至 1891 年的 10 年间，从 85 万日元爆发式增长至了 4457 万日元。③ 企业的迅速发展离不开企业家的合理经营，这些覆盖了重工业与轻工业快速增长的数字，正是明治时期企业家们不懈努力的成果。

明治时期不乏企业家创新的实例，这些企业改革大多发生在各大财阀之中。财阀大多是政商企业家们的家族企业，由于其幕末时期的财富积累以及与政府的密切联系，在明治初期已具有相当的资本。但是到了明治中期，由于过分保守地依赖原有政府资源而出现过经营危机。这时，他们一改家族式经营模式、大胆引进外部专门经营者，成功化解了危机，甚至对原有业务做出了长远的拓展。如中上川彦次郎在受邀经营三井银行后，毅然停止了三井原先的政商路线，转而从企业的发展方针、机制等多方面对三井银行进行优化改革，同时组织收购多家工业企业，推进三井向实业转型过渡，在扩大业务范围的同时，通过银行与多种产业的联动与支持，推进各项业务向纵深发展，这一举措奠定了三井复合产业聚合体的形成，在多项产业中取得了垄断地位。

---

① 米庆余：《明治维新：日本资本主义的起步与形成》，求实出版社 1988 年版，第118 页。

② ［日］山口和雄：《日本経済史講義》，東京：東京大学出版会，1960 年，第144—145 頁。

③ ［日］楫西光速：《日本経済史》，東京：御茶の水書房，1973 年，第 150 頁。

上述一系列的数据与实例，从业务范围、经济体量、创新能力等多个方面显示出了日本企业家精神在经济维度上的傲人成果，义利观的转变以及天皇信仰的激发，无疑成为企业家精神向经济维度正向配置的主导因素。此外，日本的企业家精神还蕴含了明显的人道主义内涵，显示了其在道德维度上的正面形象。克莱蒙特大学德鲁克管理学院院长艾拉·杰克逊曾指出："日本公司首先关注人，他们认为管理要以人为本，而不是以数量为本，或者以利润为本。"① 这一"以人为本"的管理理念也体现在了年功序列、终身雇佣等典型的日本企业经营模式之中，为日本企业家同员工间建立了平衡良好的关系，这也成为了日本雇员高度忠诚与敬业的主要原因之一。② 以员工为中心的企业家精神构成了对员工有力的道德约束与激励作用，是企业家精神道德维度正向发展带动经济维度积极提升的有力证明。

更为重要的是，日本作为资本主义的"后起之秀"，其发展速度令世界为之震惊，这与日本企业家"国家至上的价值取向"密不可分。③ 就日本企业家群体来看，虽然创业动机千差万别，但这些动机都与国家利益及战略相切合。这种鲜明的经济民族主义精神始于明治时期，一直延续到了现当代，影响甚为深远。如松下幸之助就认为公司的首要目标应该是回报社会与国家，④ 索尼公司标榜"我们的事业从起步之日始，即与日本国的振兴发展同步"⑤，多数日本企业都将国家利益放在了公司盈利之上，体现了日本企业一致的目标感。这一目标感的形成与明治以来营造的天皇信仰密不可分，这样的信仰引导了当时日本企业家精神

---

① 史振厚：《企业家精神传承的日本版本解读》，《现代商业》2015 年第 31 期。
② 史振厚：《企业家精神传承的日本版本解读》，《现代商业》2015 年第 31 期。
③ 刘荣：《日本企业家的功利主义及激励机制》，《日本学刊》1999 年第 4 期。
④ 史振厚：《企业家精神传承的日本版本解读》，《现代商业》2015 年第 31 期。
⑤ 日本经济新闻社：《日本的企业》，东方出版社 1992 年版，第 40 页。

目标感的升华。企业家们不再是单纯地追逐利润，他们的逐利活动成为了效忠国家的实现手段，商业活动变得更加坚定、更加有崇高感，有效推进了明治时期企业家精神的升华，成为了明治日本实现国家富强的强劲推动力。

可以看出，无论是义利观带来的商业价值观的转变，还是国家殖产兴业政策对经济活动的支持，以及日本企业家们鲜明的人道主义企业运营模式，神道教信仰都起到了举足轻重的作用。甚至可以说，神道教信仰既是明治企业家发挥积极效用的最终目的，也是他们开展正向商业活动的出发点，这也更加明确了明治时代背景下，信仰对企业家精神的重要激发作用。

处于中华民族伟大复兴进行时的中国，同样处于至关重要的变革时期，企业家精神对当今中国经济与社会层面的正向影响都尤为重要。中国传统社会、西欧、日本的相关案例给了今天企业家精神在变革中更高效发挥积极作用以借鉴与启示，明确了思想、情怀、信仰这些道德维度特质对企业家精神至关重要的激发作用。在此基础上，我们将聚焦中国，选取近代以来具有代表性的优秀企业家为研究对象，尝试以这些杰出企业家们从事企业与社会活动的实例，探索中国企业家的特有认知、情怀、信仰的本质及其对企业家精神可能产生的积极作用与影响。

第 二 章

晚清时期家国情怀对中国企业家
精神的正向激发与推动作用

晚清时期，时局动荡复杂。中国社会正经历着一个变动剧烈、跌宕起伏的发展历程，面对激烈的社会变动，有一批晚清官员不拘泥于腐朽的制度与"士农工商"的陈旧价值观，以坚定的意志积极投身国家经济建设之中，以实业的开拓力图实现国家的富强。这些早期的实业实践不仅引领了中国近代实业救国运动，鼓舞越来越多的有识之士关注以实业的方式报效祖国，也为企业家精神在中国拉开了迅速发展的序幕。

这里首先需要明确，"企业家"是一个引自西方的现代概念，与明治时期的日本类似，中国近代社会指称"企业家"经常使用的词汇是"实业家"。从中国近代"实业家"群体的实践活动来看，他们的实业活动具备高度的创新性，这与熊彼特所揭示的企业家通过创新实现利润增长的群体特性相吻合。虽然称谓不同，但近代实业家们是具有企业家精神的，这也正是本书要着重研究的。

第一节　张之洞的实业初探及其企业家精神

在中国经济的发展历程中，张之洞是一个绕不开的重要人物。张之洞于 1881 年担任山西巡抚，开启了封疆大吏的生涯，此后出任两广总督、湖广总督、两江总督等要职，1907 年充任体仁阁大学士，位列军机大臣，直接参与国家最高决策。而张之洞在近代实业史上的地位很大程度上来自于其政治地位，政商两栖是其在中国近代史中的鲜明特色。张之洞在创办实业过程中所体现出的家国情怀和企业家精神，包括新型义利观、诚信经营思想以及合作竞争理念等方面。

一、张之洞的义利观

传统儒学的"重义轻利"，是衡量个人道德的标准之一。"君子喻于义，小人喻于利"的思想对接受儒学教育的张之洞来说影响是非常巨大的，他深刻认识到"其所行皆儒术经常之规，绝不敢为功利操切之计"①。由于张之洞身居要职，深刻感受到近代中国社会的剧烈变迁，尤其是列强入侵所产生的民族危机。中国被卷入世界市场后，弱肉强食的游戏规则使张之洞深刻认识到国家之间的信义与国家之间的实力对比紧密相关，国家没有实力就会不断遭受列强的压榨，所谓"外国性情，我强则助我，我弱则否"②。而国家信义则建基于国家力量之上，若没

---

① 周伟民、唐玲玲选编：《张之洞经略琼崖史料汇编》，海南出版社 2016 年版，第 265 页。
② 《法衅已成敬陈战守事宜折》（光绪九年十一月初一日），参见张之洞著、苑书义等整理：《张之洞全集》，河北人民出版社 1998 年版，第 186 页。

有充分的国家实力而谈论信义，只会自取其辱，"国不威则教不循，国不盛则种不尊"①。

张之洞不像当时的顽固派拘泥于典籍而不知变通。在接触西方列强的过程中，张之洞的"义利观"逐渐发生了变化。"对西方之认识加深，而功利主义之念益强"②，传统的"义"逐渐与实际的"利"相结合，将中学之所长乃在于忠信笃敬的"德"与西学之所长乃在于大舰巨炮的"力"相糅合。曾经做过张之洞幕僚的辜鸿铭对张之洞的理念评述道："夫理之用谓之德，势之用谓之力"，并以1884年中法战争为例，指责清流党"但知德力足以胜力，以为中国有此德必可以制胜于朝廷，遂欲以忠信笃敬敌大舰巨炮，而不知忠信笃敬，乃无形之物也；大舰巨炮，乃有形之物也。以无形之物，攻有形之物，而欲以是奏效于疆场也，有是理乎？此知有理而不知用理以制势也"。张之洞有鉴于此，"遂欲舍理而言势"，但又担心遭到顽固派的攻讦，于是曰"为国则舍理而言势，为人则舍势而言理"，③ 将义、德、理与利、力、势有机结合。

张之洞明白，中国若想与列强进行平等对话，就必须提升对话的实力，也就必须振兴实业。于是他积极投身于晚清的洋务运动之中，引进西方先进技术，积极创办军事和民用企业，力图自强求富；同时鼓励兴办新式学校，培育各类国家所需人才。"今日中国救贫之计，惟有振兴农工商实业，劝导民间仿用机器制造，以外塞漏卮，内开民智，尚是一线生机。"④ 对于张之洞以及与张之洞具有类似想法的一批晚清官员们

① 张之洞：《劝学篇·内篇·教忠第二》，参见《张之洞全集》，第9709页。
② 林家有：《政治·教育·社会：近代中国社会变迁的历史考察》，天津古籍出版社2004年版，第358页。
③ 张超：《辜鸿铭国学心得》，重庆出版社2015年版，第241页。
④ 罗炳良：《劝学篇》，华夏出版社2002年版，第124页。

的实业行动，固守"重义轻利"观念的顽固派自然无法理解，指责张之洞等人"只知利害而不知是非"，张之洞则再一次将其行为纳入国家公共层面，以"公利"消解"私利"，即"我所讲究者乃公利，并非私利。私利不可讲，而公利却不可不讲"。①

那么，张之洞所倡言之"公利"与不屑之"私利"具体指什么呢？公利就是可以实现国家富强、人民富裕的功业。1886年，面对市场大规模需求铜铁而进口铜铁充斥各地市场之际，张之洞提议中国自主开采铁矿，以"兴矿务以惠商民"②。1887年，张之洞提议自行购置仪器设备以铸造银圆和铜钱，降低财源外流，是为利国利民之业，"大利仍在中国，似于京外民用、边饷、边民均有裨益……济民用而保利权"③。1889年，张之洞在奏朝廷的《筹设炼铁厂折》中直接表示："自强之端，首在开辟利源，杜绝外耗"④，主张积极进行实业创办、商业发展、铁路修建、矿产开发、编练新军、派遣留学等。有人对张之洞为了"公利"而"开利源以救中国之贫弱"评价道："开利源，首在发展实业。故在鄂设施，皆本一贯之政策以进行。或疑公趋重官营事业，亦进夺民利。不知公主旨在夺外人之利，以塞漏厄而裕民生。"⑤

张之洞所谓的"私利"就是清廉奉公、简朴低调，谨遵儒家文化中

---

① 王喜年：《教育家张之洞研究》，山东人民出版社2016年版，第284页。

② 张之洞：《请开铁禁折》（光绪十二年十二月初七日），参见《张之洞全集》，第515页。

③ 张之洞：《进呈湖北新铸银元并筹行用办法折》（光绪二十一年闰五月二十七日），参见《张之洞全集》，第1010页。

④ 张之洞：《筹设炼铁厂折》，参见《张文襄公全集》第27卷，中国书店1990年版，第1—5页。

⑤ 张继煦：《张文襄公治鄂记》，参见《湖北通志》，湖北通志馆，1947年，第28页。

的"修己以安人",信奉"儒术经常之规,绝不敢为功利操切之计"。①
张之洞对其弟子强调,"不取民间一钱,不扰过客一车"②;对其同僚提
倡在日常生活中的节俭是为国家而省,"当官有公尔忘私之志,则为国
家所省者多矣"③;教导其子孙要理性看待财富,"必明君子小人义利之
辨,勿争财产,勿入下流"④。除了言传之外,张之洞还积极身教,不
论是在外充任山西、广东、湖北等地的封疆大吏期间,还是在京城担任
军机大臣期间,他都勤俭低调,"从不用门丁,不收门包,不收馈赠礼
物"⑤。张之洞辞世时,"家不增一亩"⑥,而"竟至囊橐萧然,无以为
子孙后辈计"⑦。

　　处于变革之中的张之洞对传统"义利之辨"进行了时代化解读,
强调义利统一,反对义利对立,这也是他所处国家社会的特殊时代
要求。

二、诚信经营思想

　　张之洞深刻认识到随着外国资本不断涌入中国,列强的商业规则也
影响到中国的市场贸易。为了能够与列强的产品进行对抗,张之洞首先

---

　　① 《张之洞传》,参见周伟民、唐玲玲选编:《张之洞经略琼崖史料汇编》,第
265 页。
　　② 张之洞:《裁减差徭片》(光绪八年六月十二日),参见《张之洞全集》,第
106 页。
　　③ 王彦威、王亮辑等编:《清季外交史料》6,湖南师范大学出版社 2015 年版,第
2825 页。
　　④ 张之洞:《遗折》(宣统元年八月二十一日),参见《张之洞全集》,第 1824 页。
　　⑤ 张厚璨、张遵路:《先祖张之洞廉政记略》,参见南皮县政协文史资料委员会
编:《南皮县文史资料》第 3 辑,2000 年,第 28 页。
　　⑥ 《张之洞》,参见《清史稿》,中国文史出版社 2003 年版,第 2114 页。
　　⑦ 《张文襄幕府纪闻——公利私利》,参见黄兴涛译:《辜鸿铭文集》(上),海南
出版社 1996 年版,第 426 页。

意识到的是本国商人所存在的不诚信行径和本国商品的质量问题。张之洞在《劝学篇·农工商学》中曾提出发展商业的八条举措，其中第五条是"祛习"："中国商贾积习，识陋见小，亦思依仿新式办运新货，而偷减工料，货质全非，以假乱真，以劣掺优。种种欺伪，以致外人割价退盘，甚至无人过问。其货真价实之商反为所累。甚有招集股份，意存诳骗，事未办成，资已用罄，遂至人人畏避。公司难集，商务莫兴，实缘于此。"① 张之洞将偷工减料、以次充好等商业"欺伪"的不诚信行为视为扰乱市场、危害正直商人的根源，直接导致了中国商业无法良性发展。因此，强化诚信经营是近代中国发展实业过程中的必补一环。

为了提升实业中的诚信经营，张之洞主张弘扬传统儒学道德精神，培养诚信商业人才；完善制度规范，建立近代信用制度；等等。

弘扬传统儒学道德精神，培养诚信商业人才，指的是张之洞劝说实业家们要遵从于儒家的诚信品德，不能因逐利而丧失信用，讲求诚信经商与诚信做人。同时，在主导汉口商务局的董事人选时，强调"选殷实、诚信、通晓时势之商董数人为总董，会同商酌其商学、商报、商会及讲求工厂制作、商货销路等事"②，要求身为总董者需要以身作则，大公无私，诚信办事，做示范效应，如此才能振兴实业，"不可稍存自私自利之心，而后商务可兴矣"③。

建立近代信用制度，指的是张之洞提出富国之法六条，包括制定"钞法"、实施"铸银"。清代银币、纸钞、铜币同时并行，至嘉庆年间

---

① 张之洞：《汉口试办商务局酌商办法折》（光绪二十四年八月初八日），参见《张之洞全集》，第1328页。
② 杨铎：《武汉经济略谈》上（1953年5月），参见中国人民政治协商会议武汉市委员会文史资料研究委员会编：《武汉文史资料》第5辑，1981年，第123页。
③ 张之洞：《汉口试办商务局酌商办法折》（光绪二十四年八月初八日），参见《张之洞全集》，第1329页。

发行了新式银圆，而光绪年间铸行金、银币更多。面对近代以来的白银外流现象，有"中兴"之称的洋务诸人自然考虑到了铸币业。两广总督张之洞就在 1887 年左右托付使英大臣在英国订购全套造币机器，并在广东钱局首铸机制银圆和铜钱，揭开了中国货币新纪元。张之洞之后，各省纷纷效法，共有十九个省设局铸造，各省所铸铜元，皆在其正面上缘镌写省名。张之洞意在通过整顿货币体系，杜绝黑市贸易与非法货币，为诚信经营打下坚实基础。

　　对于自己的主张，张之洞运用行政力量力求贯彻。举例来说，张之洞总督湖广期间，为促进当地茶叶市场发展，颁布了《劝谕茶商讲求采制各法示》，对茶叶的生产、制作、加工、销售等各环节进行了详细规定，确保茶叶的质量。他要求不能使购买方对两湖茶叶失去信心，强调"但患茶叶之不精，不患销路之不畅、价值之不高"，将茶叶的质量置于茶叶的销量和价格之上。在《汉口试办商务局酌拟办法折》中，张之洞提出对于商界偷工减料等陋习，"必须名定赏罚，以示劝惩"①，不能让不诚信的经营扰乱市场秩序。此外，张之洞还专门在汉口创立商务公所与两湖劝业场，一方面激励民间人士从事商业活动，促进商业活力，提升社会的商业元素；另一方面则聘请行业专家对产品进行鉴别和品评，通过质量监督来督促商家们诚信经营，警示妄图以劣充优的行径。

三、合作竞争理念

　　合作与竞争是一对辩证关系的存在，竞争与合作是相互依存、不可分割的关系。商业社会既需要竞争，也离不开合作。合作中不能没有竞

---

　　① 张之洞：《汉口试办商务局酌商办法折》（光绪二十四年八月初八日），参见《张之洞全集》，第 1328 页。

争，没有竞争的合作是一潭死水，在合作中竞争，竞争才能更好地实现目标；竞争中也不能没有合作，没有合作的竞争是孤独的，孤独的竞争是无力的，在竞争中合作，合作才能更加有效，才能共同进步与发展。张之洞理解合作与竞争的依存关系，而且结合当时的时代背景，主张在内忧外患之中，应该实现内部合作和外部竞争，即通过中国内部的团结合作，一致对外竞争，以强国力、维国权。这是个人家国情怀在实业发展过程中的重要体现。

关于内部合作，张之洞希望能够通过提倡协作精神以"自强"，"同心固结，努力自强"①。至于如何具体操作，张之洞也有具体的设想。首先就是通过组建商公会所，将涣散的商人聚合在一起，"至商会公所，本不过筹议公司之事……而华商涣散，处处吃亏。故银行各商董请设公所，以联商情，别无他意"②。可见，张之洞希望能够通过商会使商人们实现联合，合力则强，"商会系由本局商董邀集各省各帮大商入局，定立商会，或面商，或通函，或登报，互相讨论考校，以期联络协助，力厚气旺"③。其次是避免商人与商人之间的倾轧和互损性竞争。比如张之洞发现国内茶商们经常相互倾轧而众心不齐，遂要求其管辖内的江汉关道创设茶商公栈，以协调茶商之间的利益纠葛，避免因恶性竞争产生不良后果。再次是提倡官商协调，在张之洞看来，"官商之气久隔"与"官商未能合辙"④ 是阻碍商品经济发展的重要原因之一，所以极力主张"公家与商人休戚相同"，政府要支持商人，商人要配合政府。

---

① 张之洞：《条单》，参见《张之洞全集》，第 1787 页。
② 张之洞：《遵旨会同核议银行利弊拟请仍归商办并由南北洋稽查以保利权折》（光绪二十三年六月十七日），参见《张之洞全集》，第 1253 页。
③ 张之洞：《密陈筹办干路次序并请准借官款折》（光绪二十三年三月二十六日），参见《张之洞全集》，第 1238 页。
④ 张之洞：《铁厂招商承办章程》（光绪二十二年四月十一日），《筹设商务局片》（光绪二十二年正月初五日），参见《张之洞全集》，第 3226、1144 页。

关于外部竞争，张之洞的设想是通过民族工业的发展以开展对外商战，抵制洋货并维护利权。首先，针对西洋大宗工业品大量输入，中国贸易逆差严重，张之洞主张引入机器设备，进行针对性产业建设，以堵塞漏卮。像洋纱洋布，张之洞就认为，"今既不能禁其不来，惟有购备机器，纺纱织布，自扩其工商之利，以保利权"①。他积极引进先进的技术和设备，开设纺织厂，提升中国土布土纱的质量。其次，针对不断涌入的洋货，张之洞深感进口货物对中国市场的占据，提倡国内生产相似产品以分洋货市场，"我多出一分之货，即少漏一分之财，积之日久，强弱之势必有转移于无形者"。他甚至鼓励仿照畅销的洋货，"创造西式瓷器再行销外洋，实能开拓商务"，从而抢回被洋货占据的中国及国外市场，"欧亚两洲每年所有瓷器当值万万两以外，若中国价廉工美与之竞逐，但能略分一二，为数已千万计，大利之兴无逾于此"。②再次，在抵制洋货的基础上，张之洞还倡议需要抵制洋商，维护经济利权。其措施包括禁止洋股进入中国的官办、官督商办企业中。以湖北铁矿局为例，张之洞就拒绝了英法等国的资金，"惟矿务为中国自有之利源，断不能与外人共之"③。张之洞还在《进呈拟订矿物章程折》中对外资进行了限制："现订矿章声明，各国人民必能遵守中国法律，乃准其承充矿商；又洋商非与华商合股，断不准其独自开采。"④ 对于尚待开发的边疆地区，张之洞另有主张，他曾提议全面开发东三省以便各国

---

① 中国科学院经济研究所编：《中国近代工业史资料（1895—1914 年）》第 2 辑，科学出版社 1957 年版，第 563 页。

② 张之洞：《江西绅商请办小轮瓷器及蚕桑学堂折》（光绪二十二年正月十五日），参见《张之洞全集》，第 1148 页。

③ 张之洞：《铁厂招商承办议定章程折》（光绪二十二年五月十六日），参见《张之洞全集》，第 1168 页。

④ 张之洞：《进呈拟定矿务章程折》（光绪三十一年十一月二十八日），参见《张之洞全集》，第 1687 页。

商人通商："莫如将东三省全行开放，令地球各国开门任便通商，所有矿务、工商、杂居各项利益，准各国人任便公享，我收其税……若不招外国人开辟，中国资本、人才断难兴办。"①

第二节 张謇的实业活动及其企业家精神

2020 年 11 月 12 日，习近平总书记在南通博物苑参观张謇生平展陈时指出，张謇在兴办实业的同时，积极兴办教育和社会公益事业，造福乡梓，帮助群众，影响深远，是中国民营企业家的先贤和楷模。张謇作为横跨晚清与民国初期的伟大实业家，就其实践活动的广度与深度而言，说他是实业救国运动中企业家精神的典型代表并不为过，其事业中蕴含的优秀企业家精神覆盖面也更加广泛，因此本书在张謇的企业家精神上着墨较多，借以更全面地探讨并研究中国近代的企业家精神。由于张謇诸多实业、思想等成果始于晚清时期，故将其归为晚清时期的杰出实业家代表。本章将重点聚焦张謇的实业家活动，从其早期教育背景到实业实践，进行全面梳理。

张謇被誉为近代"中国第一个实业大王"②，可谓名实相符，其致力于创办实业来增强国力，兴办了一批中国近代企业，为中国历史现代化和中华民族振兴作出了重要贡献，其功绩值得后人继续学习和研究。在探索张謇的实业家功绩时，不禁使人发问，为何张謇能够取得如此巨大的成就？张謇坚持"今日之人，当以劳死，不当以逸生，下走尚未忍

① 《张之洞致枢垣谨陈俄约救济之策电》，参见王彦威、王亮辑编：《清季外交史料》9，湖南师范大学出版社 2015 年版，第 4801—4802 页。
② 严学熙：《爱国的知识分子 有胆略的事业家》，参见中国人民政治协商会议江苏省海门县委员会文史资料委员会编：《海门县文史资料》第 8 辑《张謇：故里征稿专辑》，1989 年，第 125 页。

言劳也"① 的舍生忘死精神，这是一种什么样的精神？在张謇创办实业的背后，又蕴含着什么样的思想动力和文化源泉，这种企业家精神的内涵具体为何？张謇从科举状元转型为近代实业家，由儒生成为商人，这样的身份转换之间又有何种内在联系。如此等等，都是值得探讨的问题。

一、张謇的儒学教育背景

张謇之所以能够在创办实业的征程中开创属于自己的历史，其原因之一在于他自身的儒家文化教育背景，而儒家教育所促成的家国情怀文化赋予了其富有张力的道德观、人生观和事业观，这也进一步激励了张謇为实现"实业救国"的理想，努力奋斗并塑造了堪称近代典型的企业家精神。

张謇（1853—1926 年），出生于江苏海门常乐镇，字季直，号啬庵，亦称张季子。张謇的父亲张彭年出生于农家，却经常私下跑到私塾去读书，得到私塾先生的指点，顺利读完了《诗经》，在张家四代种田的家族履历中，张彭年是第一个具备一定知识的人。张謇 4 岁的时候，张彭年已经教会其识《千字文》，并能一字不差地背诵，于是张謇顺利进入海门邱大璋私塾处读书。到 11 岁左右，张謇已经念完了《三字经》《百家姓》《神童诗》《酒诗》《鉴略》《孝经》《大学》《中庸》《论语》《孟子》等国学经典文本。根据张謇的年谱记载，张謇早期的学习情况是"学属对三四五字，非特不知四声，并平仄声亦不了解，先生命属对，法以上下左右，昼夜黑白相对，如是推类"②，其后在名

---

① 张謇：《致师范缪文功、李元蕃、顾公毅函》（1911 年），参见张謇研究中心编：《张謇全集》第 4 卷，江苏古籍出版社 1994 年版，第 101 页。

② 《啬翁自订年谱》，参见李明勋等编：《张謇全集》第 8 卷，上海辞书出版社 2012 年版，第 989 页。

师们的指导下，"……重读，既背更授，自日三十行，渐增至六七十行或百行，亦授四声，或就《三字经》《四字鉴》《千家诗》为说故事"①，儒学基础愈发牢固，并从13岁"读《论》《孟》《诗》《书》《易》《孝经》《尔雅》竟"，开始学习作诗与制艺，"先生每归，必挚与俱，亦令至西亭诗社，分题作诗，或限字为诗钟"②，相继读完了《礼记》《春秋全传》等。③

经过多年训练后，张謇参加了科举考试，但却经历了不仅令他蒙羞，甚至差点断送前程的"冒籍"事件。经此打击后，张謇更加精于学业，在先生严厉的监督下，熟读儒学经典。"逾半年乙渐少，渐令读明季清初人制艺，治朱子或问语类，年余乃稍稍获褒语，如是者三年。"④1874年，张謇来到南京，在这座文化名城学习了《史记》《两汉书》《三国志》《通鉴》《文选》，同时仔细研究了关于《易》《诗》《书》《周礼》等儒家经典文献的注疏说文。其后在孙云锦、吴长庆等处充当幕僚角色，积累了从政经验，并继续扩充知识，"军事简，多读书之暇……读《老子》《庄子》《管子》"⑤。眼界大开，张謇开始心怀天下，在朝鲜"壬午兵变"事件中提出《朝鲜善后六策》，主张对日强硬，向朝鲜出兵，乘机收复琉球群岛，将朝鲜"废为郡县；或援周例，置监国，或置重兵，守其海口；而改革其内政，或令其自改，而为练新军，联合我东三省为一气"⑥。

结束在吴长庆处的幕僚生涯之后，张謇回到家乡，开始萌发开展实

---

① 《啬翁自订年谱》，参见李明勋等编：《张謇全集》第8卷，第989页。
② 《啬翁自订年谱》，参见李明勋等编：《张謇全集》第8卷，第990页。
③ 参见卫春回：《张謇评传》，南京大学出版社2001年版，第3—6页；张莉红：《状元巨商》，中华工商联合出版社1998年版，第20—22页。
④ 《外录》自序（1923年），参见张謇研究中心编：《张謇全集》第5卷，江苏古籍出版社1994年版，第602页。
⑤ 《啬翁自订年谱》，参见李明勋等编：《张謇全集》第8卷，第1001页。
⑥ 刘厚生：《张謇传记》，上海书店出版社1985年版，第28—29页。

业、教育和慈善等事业的志向。在此期间，张謇还任教于选青书院和瀛洲书院，从事文教事业，传播自己的教育思想，寻找志同道合之士，并参修了《东台县志》，同时还于 1891 年写成了《易音训句读》①。《周易》中所含观念及思想对张謇此后言行产生了重要影响。

1894 年，张謇再次参加恩科会试，终于获得最后的殿试资格。4 月 22 日的殿试情况是："殿试，第一策河渠，次经籍，次选举，次盐铁。酉正纳卷，归已戌正，策全引朱子。"② 4 月 24 日发榜，张謇高中一甲一名，最终"大魁天下"。

张謇的早年教育经历使其以儒学为立身之本，"立身行己，自有本末……鄙人确守孟子之训，矢志不渝"③，儒学和传统文化塑造了张謇的家国情怀，为其后从事实业打下了独特的基础。

二、张謇的义利观及其实业实践

在高中状元后，张謇正式开始参与朝政，并卷入了帝后党争。甲午战争，中国战败与《马关条约》的签订，使张謇深受刺激，"和约十款，几罄中国之膏血，国体之得失无论矣"④，现实将张謇推上了实业救国道路。1895 年 10 月，张謇开始筹办大生纱厂，"通州之社纱厂，为通州民生计，亦为中国利源计。通州之棉，力韧丝长，冠绝亚洲，为日厂之所必需，花往纱来，日盛一日……"⑤，开始了实业之路。

---

① 《啬翁自订年谱》，参见李明勋等编：《张謇全集》第 8 卷，第 1007 页。
② 《光绪二十年》（1894 年），参见李明勋等编：《张謇全集》第 8 卷，第 378—379 页。
③ 《对于工商部务的政见》（1913 年 10 月），参见李明勋等编：《张謇全集》第 4 卷，第 256 页。
④ 《光绪二十一年》（1895 年），参见李明勋等编：《张謇全集》第 8 卷，第 389 页。
⑤ 《为纱厂致南洋刘督部函》（1899 年），参见张謇研究中心编：《张謇全集》第 3 卷，第 17 页。

（一）张謇的义利观

中国封建时代向来有着"重农抑商"的社会价值观。张謇在投入实业救国之路的同时，首先需要触及的一个根本议题就是既有经济伦理，其核心就是延续千年的"义利之辨"，也就是道德伦理规范和实际物质利益之间的关系。

张謇所信奉的儒家在这一领域所标榜的准则是"重义轻利"。子曰"君子谋道不谋食。耕也，馁在其中矣；学也，禄在其中矣。君子忧道不忧贫"，提倡君子用心求道而不要费心思去求衣食。孟子也表示"王何必曰利，亦有仁义而已矣"，要求追逐仁义而非利益。西汉时期，"义在利先"的观念彻底在儒家中定型，董仲舒强调"仁人者，正其宜而不谋其利，明其道而不计其功"，要求个人的言行以是否合乎道义为准则。发展到了宋儒时期，这一思想就变成了彻底的"存天理，灭人欲"，"义者，天理之所宜，利者，人情之所欲"（朱熹语）。程颢也表示"大凡出义则入利，出利则入义。天下之事，唯义利而已"，个体的追逐利益之心被严重束缚。

然而，顶峰意味着衰退，也就是从这个时候，社会上的"尚利"风气开始逐渐兴起。永嘉学派的叶适就表示："古人以利与人，而不自居其功，故道义光明。既无功利，则道义乃无用之虚语耳。"

到了近代，义利的关系进一步松动。张謇也对"义利之辨"进行了自己的解读，既高举"义"之大旗，又强调"利"之重要，以义制利，将义建基于利之上，利是义之激发，义是利之升华。张謇曾表示"训子出求学，言商仍向儒"①，将自己归类于"儒商"，儒在商先，商以儒衣，逐利以行义为目的和依归。

---

① 《以诗侑梅赠雪君慰其新愈》（1917 年 1 月 23 日），参见李明勋等编：《张謇全集》第 7 卷，第 191 页。

那么张謇是否完全忽视了"利"呢？非也。张謇明确表示过对劳动所得利益的尊重。在张謇致黄炎培的一封信中，他表示"仆愚以为人世取与之道最明白正当者，无过以劳力为金钱之交易"①。不仅如此，张謇对社会层面的"利"更大加赞赏，实现义利合一。在大生纱厂的股东大会上，张謇表示："謇既求为代矣，而又举贤之格以为埠的，一若如此乃贤，不如此非贤，非贤则不可代，是迫选贤者仍贤我，而我终尸之，非私而私也，非利而利也"②，是以为众人利益而为"私"、为"利"，就是一种公利，将个体的"私利"延伸至社会的"公利"，这是张謇所提倡的利。张謇甚至提出"认定吾为中国大计而贬，不为个人私利而贬，庶愿可达而守不丧。自计既决，遂无反顾"③，义利在此实现了统一。

张謇还积极主张将"利"用于"义"之事，这就实现了"利"的"义"效，并将之视为衡量人是否为"长者"的价值标准之一。"人之寿不寿，不在年岁之多寡，而在事业之有无。若其人果有益于地方，虽早夭亦寿；无益于地方，即活至百岁，奚得为寿"。将经营所获之利益施用于社会所需的公共事务，服务于民众，才能实现人的价值。可以说，张謇创办实业的目的并不是单纯地追逐经营利润，而是将国家之义、社会之义、群体之义与实业之利相结合，寻求国家富强与人民富裕。

当然，张謇坚持"君子爱财，取之有道"，认为通过不义行为而获

---

① 《致黄炎培函》（1917 年 3 月 25 日），参见李明勋等编：《张謇全集》第 2 卷，第 625 页。

② 《大生纱厂股东会宣言书》（1923 年 3 月 26 日），参见李明勋等编：《张謇全集》第 4 卷，第 549 页。

③ 《大生纱厂股东会宣言书》（1923 年 3 月 26 日），参见李明勋等编：《张謇全集》第 4 卷，第 550 页。

得的利终归会被惩罚，"吾国人重利轻义，每多不法行为。不知苟得之
财，纵能逃法律上之惩罚，断不能免道德上之制裁"①。

张謇在这种"义利之辨"的引导之下，充分肯定了利之所系的商
业价值，提出"实业在农工商，在大农大工大商"②的思想。随着张謇
创办大生纱厂，其反对重农抑商论的声调更加高亢。1896年，张謇在
《商会议》中明确提出："天下之大本在农，今日之先务在商，不商则
农无输产之功，不农则商无校能之地。"③此外，张謇还在其他地方多
次强调"商"的重要性，一改"商末"的地位。他表示，"大本在农而
入手在商，皆今日万不可再缓之图"④，强调"商为农工兵之枢纽，义
应力图保护，以冀振兴"⑤。1918年，众议员陶保晋提议集资开采南京
地区的铁矿，张謇亲自致函江苏督军等请给予支持，并指出其目的之一
就是鼓励政界人士经商的风气，"陶商本一政客，今肯舍议员而就实
业，可谓出幽迁乔，尤不可不优异视之，以为沈迷政浊者劝。倘荷赐予
维持，不特提倡矿业，亦尤足矫正士气"⑥。

在这种义利结合的价值观引导下，张謇开启了其实业发展与探索
之路。

---

① 《商校本科毕业训词》（1919年11月8日），参见李明勋等编：《张謇全集》第
4卷，第443页。
② 《致陈陶遗函》（1926年2月8日），参见李明勋等编：《张謇全集》第3卷，第
1393—1394页。
③ 姚恩荣、邹迎曦：《试论张謇倡办的苏北各盐垦公司的资本主义性质》（1987年
5月），参见中国人民政治协商会议大丰县委员会文史资料研究委员会编：《大丰县文史
资料》第7辑《盐垦史专辑》，第134页。
④ 《农工商标本急策》（1898年5月22日），参见李明勋等编：《张謇全集》第4
卷，第25页。
⑤ 《致徐积徐函（四件）》，参见李明勋等编：《张謇全集》第3卷，第1636页。
⑥ 《致李纯齐耀琳函》（1918年6月21日），参见李明勋等编：《张謇全集》第2
卷，第655页。

（二）"义利结合"的实业探索

甲午战败后，张謇深感亡国危机，"惶悚痛愤，寝食难安"。他借湖广总督的名义起草了一份"立国自强"书，表达了对兴办商业的目的认知："今宜于各省设商务局，令就各项商务悉举董事，随时会议，专取便商利民之举，酌剂轻重，而官为疏通之，勿使倾轧坏业，勿使作伪败名"，提出"现有之招商局尤宜选任董事，速加整顿，总以公正均平为主"，强调"为总董者不可稍存自私自利之心，而后商务可兴矣"。① 从事商业的人不应该以自私自利为目的，而是要以振兴国家为己任。可以说，这份"立国自强"书不仅是其从事商业的准则，也是其义利观的很好自述。

张謇反复强调实业家需用公仆之心，以身作则将之推广。大生纱厂是张謇最重要的实业项目，以此为基础所建立的大生资本集团是张謇实业的标杆。而"大生"二字就反映了张謇的责任与公心，"大生"源自"天地之大德曰生"。有学者对此解释道："我们儒家，有一句扼要而不可动摇的名言'天地之大德曰生'，这句话的解释，就是说一切政治及学问最低的期望要使得大多数的老百姓，都能得到最低水平线上的生活……换句话说，没有饭的人，要他有饭吃；生活困苦的人，使他能够逐渐提高。这就是号称儒者应尽的本分。"②

张謇还申说了"公仆"与"众仆"的区别，以体现其真意。"使入资人享优厚之利，因牺牲其身，为有限股东之牛马而悦之，而于世无预，此众仆之说也。"③"凡公司成立，其被举为公司办事之人，受大众

---

①　《代鄂督条陈立国自强疏》（1895 年 7 月 19 日），参见李明勋等编：《张謇全集》第 1 卷，第 15—22 页。

②　王敦琴：《张謇研究精讲》，苏州大学出版社 2013 年版，第 303 页。

③　《通州大生纱厂第八届说略》（1906 年），参见李明勋等编：《张謇全集》第 5 卷，第 312 页。

之委托，即公仆也。公仆与众仆理有分别。即如办路依赖资本，而此资本系因路而有，故如直受大众资本家之委托，专为大众资本家私计生财者，众仆之义也。因路而受资本家之委托，须有国权，乃能有商利者，公仆之义也"①，呼吁更多的实业家能够怀着公仆之心经营事业。

张謇亲自设定的大生纱厂公事厅的厅联就体现了他的公心品格，一句"为大众利益事；去一切瞋恨心"②，准确地道出了张謇的人生追求。在这种精神的鞭策下，张謇不断扩大业务，其创设的上海大达轮步公司就是为了"以商界保国界，以商权张国权"③。张謇还多次表示其开办实业绝非是为了自己的私利，而是出于"家国天下"责任感的公心，"要之，非守通行公司章理，不足以言实业；非屏绝一切自私自利之见，尤不足以言公司"④。而且明确将自己个人与公司区分清楚，强调张謇是张謇个人，张謇的实业是公共事业，"不可因陈而及仆，因仆而及公司。仆，私人也；公司，公事也。正须明白"⑤。

不仅开展实业是为了国家，张謇还将实业所得的财富积极用于教育、慈善和公益事业，并将收藏的古董级图书等捐赠给"南通博物苑"。通过个人利益的国家化来实现个人的公心，其目的就是追求服务社会的精神境界和行为境界，这也就是张謇的"人之理"和"天之人"的高尚诉求，"偿劳以逸，偿苦以乐者，人之情；得逸以劳，得乐以苦

---

① 《勉任苏路协理意见》（1906 年 6 月），参见李明勋等编：《张謇全集》第 4 卷，第 103 页。

② 《题大生纱厂公事厅》（1899 年 10 月 25 日），参见李明勋等编：《张謇全集》第 7 卷，第 438 页。

③ 《请设上海大达轮步公司公呈》（1904 年），参见李明勋等编：《张謇全集》第 1 卷，第 73 页。

④ 《致吴季诚函》（1915 年 7 月 28 日），参见李明勋等编：《张謇全集》第 2 卷，第 563 页。

⑤ 《致陈汉第函》（1920 年 4 月 22 日），参见杨立强编：《张謇存稿》，上海人民出版社 1987 年版，第 221 页。

者，人之理；以少少人之劳苦成多多人之逸乐，不私而公者，人之天；因多多人之逸乐奋多多人之劳苦，以成无量数人之逸且乐，进小公而大公者，天之人。尤謇所欲为我父老兄弟诚告者也"①。这种将个体"私利"延伸至社会"公利"的行为，为当时整个社会做出了典范，也得到了习近平总书记的高度认可。

可以说张謇一生的实业活动都是围绕着义利高度结合的原则展开的，试图将实业的"利"升华至国家利益的"义"。去世前，张謇希望能够有后来人将其"实业救国"的责任和理想传承下去，感慨道："不幸而生中国，不幸而生今之时代，尤不幸而抱欲为中国伸眉书生吐气之志愿，致以嚼然自待之身，溷秽浊不伦之俗。虽三十年前，反复审虑，投身实业、教育二途，一意孤行，置成败利钝于不顾，而幸而利，幸而成，又展转而至于钝，几于败，亦可已矣。而苦不能已，则以教育根本未完，实业替人未得，尚不可为陋巷箪瓢之颜子，即不得不仍为胼手胝足之禹稷也。"②

三、张謇的企业家精神

张謇的实业发展虽始于效仿西洋，但随着产业的壮大与深入，逐渐形成了适合当时国情、具有特殊理念的实业经营模式。这些独特的经营方式，不仅对后辈的实业经营有借鉴意义，也是我们研究张謇企业家精神具体内容的恰当切入点。

（一）实业家创新理念

创新是企业的灵魂和根本所在，创新也是一个民族和国家进步的源

---

① 《南通公园记》（1917 年），参见李明勋等编：《张謇全集》第 6 卷，第 423 页。
② 《为实业致钱新之函》（1925 年），参见李明勋等编：《张謇全集》第 3 卷，第 1388 页。

泉。张謇的实业之所以能够取得巨大成就，原因就在于张謇的创新开拓精神。他不仅能够因事因地制宜，而且能够革新实业模式，引领潮流。张謇的这种创新理念在一定程度上源自于传统儒家文化中的创新特殊，同时他也将此种创新有效融入到了家国情怀的抱负之中。

其实，儒家经典中蕴含了大量创新理论，此前一定程度未受重视。《周易》里包含了巨大的创新原动力，"天地革而四时成"。革故鼎新，是一种自然法则。天地随时随地都在变革，因而产生四季，化育万物。《周易·大有卦》载"大有，元亨"，《彖》曰："大有，柔得尊位大中，而上下应之，曰大有。其德刚健而文明，应乎天而时行，是以元亨"。《象》曰："火在天上，大有。君子以遏恶扬善，顺天休命。"其意义在于告诉人应该顺应天理，方能吉利，也就是要根据天理做出改变，在创新中才能吉无不利。诸如"生生之谓易""易穷则变，变则通，通则久"等都是表达了永恒创造，生命之河长流不涸，变易（创新）的功德。子曰"四时行焉，百物生焉"，表达的还是生生不息的"创新"动力。

张謇的开拓创新精神在近代中国实业和教育发展史上是公认的，其所开创的多个"第一"和"最"常为人所乐道，包括在历史上留下赫赫名声的大生企业集团，是中国最早的民营资本集团。通州师范学校是中国第一所民立师范学校，同时也是最早设有本科的师范学校；中国电影制造股份有限公司是中国第一家股份制影片制作公司；军山气象台是中国第一所民办气象台；公立通州女子师范学校是中国最早设有本科的女子师范学校；狼山盲哑学校是中国独立设置的第一所盲哑学校；南通盲哑师范传习所是中国第一所培养盲哑师资的学校；河海工程专门学校是中国第一所水利高等院校；南通纺织专门学校是中国第一所纺织高等学校；南通博物苑是中国自创的第一个博物馆；等等，这些都是张謇的手笔。

张謇的实业家创新理念主要体现在企业经营模式创新、企业管理模式创新、企业用人模式创新等三个层面，而他不断寻求创新的出发点，正是为了办好实业进行"救国"。

1. 企业经营模式创新

资本集团经营模式是张謇根据近代中国发展需要所创造的。张謇最早创办的大生纱厂是模仿洋人工厂创办的，也是出于集资的目的而最早实施西方股份制的企业之一。1901 年，张謇运用股份制集资的方式又创办了通海垦牧公司，倡导"愿天下凡有大业者，皆以公司为之"①。大生纱厂属于纺织业领域，通海垦牧公司属于农垦领域，跨领域经营带来的利益使张謇决心进一步突破单一的狭隘生产经营方式，倡导"大农、大工、大商"。所谓大农，就是机械化程度较高，以公司组织的大规模垦殖业，这种形式最适合于增加种植面积②；所谓大工，就是机器大工业，大力发展轻纺工业和以矿山为基础的钢铁工业；所谓大商，则是指提高竞争力，参与世界市场的多元竞争，在竞争中促进实业进一步发展。"大农、大工、大商"的现实成果就是建立和完善大生资本集团。

于是，张謇以大生纱厂的利润为基础，进行全方位投资。他将大生纱厂的模式运用于新企业的创办和运行，从 1903 年开始，相继开办了广生油厂、大兴面粉厂、阜生蚕桑公司、同仁泰盐业公司、翰墨林印书局、大生轮船公司、天生港大达轮步公司、资生铁厂、资生冶厂、大隆

---

① 姚恩荣、邹迎曦：《试论张謇倡办的苏北各盐垦公司的资本主义性质》（1987 年 5 月），参见中国人民政治协商会议大丰县委员会文史资料研究委员会编：《大丰县文史资料》第 7 辑《盐垦史专辑》，第 137 页。

② 卫春回：《张謇评传》，第 235 页。

皂厂、泽生水利公司、大生二厂、大生三厂、大中公行、大生小轮公司、新通贸易公司、淮海实业银行、颐生酿造公司等 40 多家企业。这些企业以枝干树叶的关系，在人事、市场、产品、资金、技术等方面建立紧密关系，协调行动，共同构成了庞大的大生资本集团。

2. 企业管理模式创新

张謇为经营好大生纱厂，在纱厂的管理体系上下足了功夫。尽管张謇是官员出身，但其摆脱了官办企业的束缚，积极学习中外各类纺织厂的管理模式，并结合大生纱厂的实情，架构了一套可以称之为"大生"模式的管理体系。"大生一厂之设，在前清未有商部之前，一切章程皆采诸上海各厂而加以斟酌，用总理制。总理以下，分考工、营业、会计、庶务四所长，沿之已久。前年一、二厂同人，承七、八、九三年连获大利之后，人有侈心，做诚无效，致有意外越轨之事。去年改董事制、经理制，设总管理处，综揽其出入，其一、二、三厂经理，皆由银行、钱庄推荐，主其经济"①，大生纱厂的管理特色中最为突出的是，前期的总理主导制和后期的董事—经理兼顾制。

总理主导制是指纱厂的最高权力掌握在总理手中，总理一职由张謇担任，在总理之下设置进货和出货董事、厂工董事、杂务董事、银钱董事，同时在生产机构中设置直辖于总理的轧花、清花、纺织、摇纱、成包等五厂。② 董事—经理兼顾制是指设立股东大会作为最高权力机构，并由公司最高决策机构董事会予以召集股东大会。在董事会之下直接管理公司的是总理，仍然由张謇担任，在总理之下设置会计、考工、营

---

① 《大生纱厂股东会建议书》（1923 年），参见李明勋等编：《张謇全集》第 4 卷，第 571 页。

② 大生系统企业史编写组编：《大生系统企业史》，江苏古籍出版社 1990 年版，第 119—120 页。

业、庶务四所，"由总理协商董事局委托任用"。"所"以下职员的任命权则交由总理负责，"所长以下各职员，隶于会计所者为会计员，余类推，均由总理选用"①。在董事会和总理之外，还设置了公司内部的权力监督机构，即查账员，"必须按照公司律，有本公司股份十股以上之股东选举"②。

张謇所主导完善的企业管理模式实现了分层管理、职责分明，有利于提升企业效率，这是顺应近代社会不断增强的市场竞争而做出的改变。比如在前期的总理主导制下，张謇负总责，其下四大部门分由四大董事担任，各司其职，不能僭越："凡我共事之人，既各任一事以专责成，事有权限，无溢于权限之外，无歉于权限之内，事庶举乎"③。张謇除了亲自拟定《厂约》以明确管理职责之外，1899 年还亲自颁布了《大生纱厂章程》，其中包括银钱总账房章程、进出货处章程、净花栈章程、批发所章程、工料总账房章程等 21 项有关纱厂各车间和各职能部门的管理办法，涉及供销、生产、财务、杂务四大部门以及稽查、警务、火险、安全等辅助部门。该章程特别明确了四大部门负责人的监督责任，"察岁收，权市价，审栈厂磅秤之出入，较花衣干湿之盈亏，慎防火险，稽查偷弊，进货出货董事之事也"，"考机器之坚窳滑涩，纠人工之勤惰精粗，审储备煤油物料之缓急多寡，明匀整棉卷纱绞之得失轻重，慎防火险，稽查偷弊，厂工董事之事也"，"理行厂房屋、船车桥路、港岸门门棚之工程，督厂行昼夜巡防火险争斗之警察，以及一切支分酬应，杂务董事之事也"，"入储卖纱之款，出供买花之款，备给

---

① 张季直先生事业史编纂处编：《大生纺织公司年鉴（1895—1947）》，江苏人民出版社 1999 年版，第 92—93 页。

② 张季直先生事业史编纂处编：《大生纺织公司年鉴（1895—1947）》，第 95 页。

③ 《厂约》（1899 年 10 月 13 日），参见李明勋等编：《张謇全集》第 5 卷，第 6 页。

工料，备支杂务，筹调汇画，稽查报单，考核用度，管理股票公文函
牍，接应宾客，银钱帐目董事之事也"。① 经过详细明确的分工，大生
纱厂的生产效率明显高于同时期的其他纺织厂，这一点无疑是张謇适应
时代发展的创新结果。

3. 企业用人模式创新

张謇在企业经营过程中十分重视人才的选拔与培养。在人才选拔方
面注重才能和品行，"不问贵贱，不问年龄，不问所操何业，不问男
女"，甚至打破以往的地域国别观念，提倡"用人一端，无论教育实
业，不但打破地方观念，并且打破国家界限。人我之别，完全没有，只
要那个人能担任，无论中国人、外国人都行"。②

被大生纱厂聘用的外国技术人员也有不少，包括英国工程师汤姆
斯、忒特和玛特，南通保坍会则聘用过荷兰人特莱克，勘探铁路方面有
法国人梭尔格，第一次世界大战期间，张謇从放逐回国的德国侨民中争
取到了多人担任大生集团和教育机构的技术员、顾问和老师，其中包括
比较著名的南通电气化专家高翕。③

除了选拔与聘用国外先进技术人员服务实业外，张謇在企业用人方
面的更大创新在于培养，即将教育与实业相结合，以教育促进实业，通
过教育为实业培养各方面人才。为此，张謇利用企业的利润创办了职业
教育机构，比如 1912 年创办的南通纺织专门学校，其培养出来的毕业
生不仅完成了大生三厂的纺织排车设计和安装，更"服务于沪汉津锡

---

① 张孝若：《南通张季直先生传记》，台湾学生书局 1974 年版，第 70—71 页。
② 《女师范校友会演说》（1924 年 4 月 17 日），参见李明勋等编：《张謇全集》第
4 卷，第 577 页。
③ 唐文起、马俊亚、汤可可：《江苏近代企业和企业家研究》，黑龙江人民出版社
2003 年版，第 142 页。

通海各大纱厂，勤朴精敏，素为一般人所钦服乐用"①。

张謇在创新理念的指导下创办的职业教育，为企业培养了急需的各类人才，使企业得以摆脱对外国技术人员的依赖。同时，以企业发展保证学生理论实践的相结合，提高了毕业学生的就业能力，促进了纺织业人才的培养以及整体行业的进步。更积极的意义在于，培养服膺于"大生"精神的企业员工，进一步激发了企业活力，无形之中通过教育塑造了企业文化。

（二）企业家诚信特质

诚信是企业的生存之本。张謇在实业经营过程中始终坚持实业家的诚信特质，这既是儒家思想对张謇的影响，也是家国情怀对张謇的要求。孔子曰"人而无信，不知其可也"，"民无信不立"。孟子也表示"诚者，天之道也。思诚者，人之道也。至诚而不动者，未之有也；不诚，未有能动者也"。

诚信是做人、处事、从商的根基所在。张謇的人生信条是："与其得贪诈虚伪的成功，不如光明磊落的失败。"在创办实业过程中，绝不愿找便宜，走偏路，常存"功不必自我出，名不必自我居"②的观念。张謇认为丧失诚信，就是丧失实业的立足之本。1903年，张謇出访日本，观察了日本的企业发展，他虽赞赏日本政府的"殖产兴业"政策与快速的经济发展，但对日本商业中存在的信用问题大加抨击："甚无信义，十余年来，中人之受诳者，指不胜屈"，"然以不信不义之国人，而冀商业前途之发达，是则大车无輗、小车无軏之行矣"。③ 这不仅是

---

①　余焕新：《近代管理思想》，经济管理出版社 2014 年版，第 95 页。

②　张孝若：《南通张季直先生传记》，中国台北文海出版社 1981 年版，第 347 页。

③　《光绪二十九年》（1903 年），参见李明勋等编：《张謇全集》第 8 卷，第 554 页。

指责日本商业，对于中国商业，张謇也指出："中国商人之道德，素不讲求，信用堕落，弊窦丛生，破产停业，层见叠出，况银行员日与金钱为缘，更非有优美之道德，不足以恢宏信用，扩张营业。"①

在经营大生纱厂的身体力行中，张謇始终坚持诚信原则，对消费者坚持保证商品质量的诚信，"货必尽美者，诚也"，拒绝假冒伪劣，坚持货真价实；对合同约定坚持保证按时，"期约必坚者，信也"，重视合同精神，严守商业信用。

在教育事业中，张謇对诚信教育也十分重视，因为他深知诚信的塑造需要通过教育来实现。这样的重视可以从张謇题写的校训中直接得到反映，通州师范学校的校训是"坚苦自立、忠实不欺"；第一实业小学的是"忠信"；南通纺织专门学校的是"忠实不欺、力求精进"；商业中学的是"忠信持之以诚，勤俭行之以恕"；暨南大学的是"忠信笃敬"。②

张謇在教育中还将诚信修养视为个人和国家的立命之本，要求在教育中"于伦理、修身、历史、国文教科之编辑，当极注意"，尤其强调"孟子之大义，诗书之大凡，春秋之大事，俾知世自有所以为世，国自有所以为国，而人自有所以为人"。③ 他告诫毕业生们谨记"勉循职分，保全信用，行之以谨，持之以恒，自得社会之欢迎。否则终于为人畏忌耳，尚何效力之足云！吾国人重利轻义，每多不法行为。不知苟得之财，纵能逃法律上之惩罚，断不能免道德上之制裁"④。

---

① 《光绪十四年》（1888 年），参见李明勋等编：《张謇全集》第 8 卷，第 278 页。
② 《名学校校训》，参见李明勋等编：《张謇全集》第 4 卷，第 444—445 页。
③ 《题朱石甫草书横幅》（1912 年），参见李明勋等编：《张謇全集》第 6 卷，第 376 页。
④ 《商校本科毕业训词》（1919 年 11 月 8 日），参见李明勋等编：《张謇全集》第 4 卷，第 443 页。

（三）企业家合作思想

合作与团队作战一直是儒家提倡的核心观点之一，子曰"君子和而不同，小人同而不和"表述的就是这样的道理，君子需要在人际交往中与他人保持一种和谐友善的关系。类似的观点还有"礼之用，和为贵"，"四海之内，皆兄弟也"，都是提倡一种团队协作与集体合作的精神。孟子的名言"天时不如地利，地利不如人和"对于企业经营更是有直接的指导意义，经营企业当以"人和"为最重要，而"人和"就是要形成和谐的人际关系，建立互信、互补、协作、共进的团队，这样才能形成凝聚力、向心力，组织也会具有相应的竞争力。近代中国之所以不断遭遇列强侵略，原因之一就是缺乏团结，全社会如同一盘散沙。张謇的合作思想中内含着凝聚社会力量、促进民族团结的要素，而家国情怀正是促进这一合作思想形成的重要个人背景。

张謇的合作精神集中表现为"资本互助"，利用参股的形式实现实业家之间的合作。在大生分厂的第一次股东会议上，张謇就指出"资财共，则利害之共乃真"①，提出各厂之间的资金相互补充、相互投资。这种"投资观"有利于在不同企业间树立共同的利润目标，形成统一的目标诉求，减少企业间的意外摩擦。有学者还指出，"资本之间的相互投资，除了使大资本之间有了共同的、大小不等的利润目标外，还可使大资本之间互通信息，从股息、股东会议报告等股东所应了解的情况中，比较全面掌握彼此的经营动态、营业状况、管理水平"②。

张謇的实业合作伙伴主要是同属于江苏地区，尤其是通海地区的许

---

① 《大生分厂第一次股东会报告》（1907 年），参见杨立强等编：《张謇存稿》，上海人民出版社 1987 年版，第 573 页。

② 马俊亚：《规模经济与区域发展：近代江南地区企业经营现代化研究》，南京大学出版社 1999 年版，第 185 页。

鼎霖和沈云沛。许鼎霖，江苏赣榆县（现赣榆区）城南人，1882年中举，1890年受命为内阁中书，充本衙门撰文。1893年为秘鲁领事官。1896年至1903年调皖，先后任盐运使、庐州知府、署理凤阳知府、大通税监、安徽道员、代理芜湖道署务。1903年调浙江省任洋务局总办。1911年初任本溪湖煤铁公司督办、盐政正监督、奉天交涉使。1913年初加入国民党，为江苏省议会议员。1914年、1915年任苏北荡营垦务督办、江北贩务主办。

沈云沛，江苏省海州直隶州（今江苏连云港市）人，中国近代实业家、政治家、教育家，中国沿海滩涂开发领域早期开拓者，东陇海铁路的奠基人，海州师范学院创始人。1898年，沈云沛等集资成立树艺公司开发云台山，并向社会集股，在上海、苏州等地设立了分支机构，共集得3000股，银30万元。"树艺公司"成为江苏最早以股份制形式建立的农业企业。

1902年左右，张謇就与许鼎霖、沈云沛等合资创办耀徐玻璃公司、开成笔铅公司、海丰油饼公司、赣农油饼公司等企业，许鼎霖同时也是张謇大生纱厂的重要股东之一。张謇、许鼎霖、沈云沛还被合称为"江北三大名流"。1905年10月间，张謇、沈云沛及数十名江浙绅士为争取苏路、浙路商办，两次上书两江总督周馥以及北京的商部。1906年2月，商部章京阮惟和首次提议建开（封）海（州）铁路，得到众多苏籍官绅的支持；4月，苏籍官绅256人共同呈请清廷允许苏路商办，获准后成立了商办江苏铁路公司，选王清穆为总理，张謇为助理。

在大生纱厂的筹办过程中，张謇还得到了蒋锡绅、沈燮均、高清、刘桂馨的鼎力支持，他们不仅直接参股以汇集资金，而且参与企业管理，共同负责大生纱厂的经营亏损。在大生纱厂正式运行后，张謇还考察了无锡、苏州等地的纺织工厂，得到纺织业先进的接待与指点，张謇受益匪浅，这样也促使他愿意帮助其他纺织业后进者，传授经验教训，"令高君及吴君竭忠以告如盛君，亦令吴君以所考求而得之成法示焉。又惜问者之不甚详，或亦未知所以为详也"①。

由于张謇在实业家领域中的突出行业地位，很多实业家都会寻求他对其事业进行参股，形成合作关系。比如 1915 年上海银行因为资本匮乏而无法吸纳存款，求助于张謇，张謇遂动用大生纱厂的资金对上海银行参股注资，助其渡过难关，这也使得上海银行在大生纱厂资金周转出现困难时，及时予以帮助，真正实现了合作共赢。② 此外，1919 年南洋兄弟烟草公司改组时，张謇就是发起人之一。1922 年，荣宗敬、荣德生主动寻求张謇共同购买上海黄浦江附近的土地以建设工厂，希望借助张謇的人际关系和社会名望，减少商业经营上的烦琐程序。③

（四）企业家勤俭性格

勤俭是中华民族的传统美德。张謇在创办实业过程中时刻注意个人勤俭，将个人勤俭所得用于国家建设和民族发展，即"公奢"，这也构成了张謇家国情怀思想的一部分。

孔子将俭朴视为五大美德之一："夫子温良恭俭让以得之。夫子之求之也，其诸异乎人之求之与？"俭朴是与温和、善良、恭敬、谦让并列的五种美德，是儒家所提倡的待人接物的最基本准则。孔子崇尚节俭，子曰："礼，与其奢也，宁俭；丧，与其易也，宁戚。"儒家"崇尚节俭"的思想，对中华民族的熏染是广泛而深刻的。在孔子看来，

---

① 《纺工说明书后序》（1910 年），参见李明勋等编：《张謇全集》第 6 卷，第358 页。

② 朱镇华：《中国金融旧事》，中国国际广播出版社 1991 年版，第 126 页。

③ 《乐农自订行年纪事（1875—1934）》，参见荣德生：《荣德生文集》，上海古籍出版社 2002 年版，第 92 页。

不论地位高低，都应该节俭。子曰："道千乘之国，敬事而信，节用而爱人，使民以时。"他甚至将节俭与礼相关联，子曰："奢则不孙，俭则固。与其不孙也，宁固。"

张謇在创办大生纱厂的过程中，时刻谨记"成功之不二法门"是"勤勉、节俭、任劳耐苦诸美德"①，始终提醒自己不能陷入物质享受之中，以免丧失进取斗志，拖累实业事业。"世之企业家股本甫集，规模粗具，而所谓实业家者驷马高车，酒食游戏相徵逐，或五六年，或三四年，所业既亏倒，而股东之本息悉付之无何有之乡。"②

张謇的勤俭性格包括正反双重的辩证意义，其崇尚"君子之俭"，而鄙夷"小人之俭"；其主张个人与家庭之"私俭"，而提出为国为民之"公奢"。

1. 君子与小人之"俭"

君子之俭与小人之俭是张謇针对理财所提出的观点，尽管该观念的明确提出是在1924年，但张謇其实用了一生去实践"君子之俭"。那么何谓"君子之俭"呢？张謇表示，"善夫盛君之以俭德倡也。俭有大人，有君子，有小人"，君子之俭就是"图匮于丰，审出于入，规行而绳思，无求而戒得"，这样的俭"可以为德"，而相对应的小人之俭就是"度身而衣布，量腹而食麦，不美家，不耀客，钱百结，钱千纳"，这样的俭是"不可以为德"。③ 节俭的出发点是通过对自身的节制以达到不浪费，从小处讲是粮食等物质产品不浪费，从大处言是有限的自然

---

① 龚德隆主编：《中华教育经典》（上），中国人民公安大学出版社1998年版，第862页。

② 《北京商业学校演说》（1911年6月20日），参见李明勋等编：《张謇全集》第4卷，第186页。

③ 《南通商埠警察状况序》（1924），参见李明勋等编：《张謇全集》第6卷，第589页。

资源不应该被无节制浪费。但是，很多人容易走向对立面，即为俭过度是为吝啬。吝啬都为人所不齿，其内在逻辑是吝啬与放纵会产生同样的后果，即个体会丧失人的独立性，人为物所役。当然节约过度，只穷不富的节俭并不是张謇所提倡的，这样的行为与张謇实业救国的志向完全背道而驰。

张謇所提倡的"君子之俭"，在于既要重视金钱，又不能为金钱所奴役，更要对金钱消费进行节制，要做到节制是为了富裕，节约而不吝啬。他的"君子之俭"进一步发展，是期望的"大人之俭"，就是"夫菲饮食而致孝乎鬼神，恶衣服而致美乎黻冕，卑宫室而尽力乎沟洫，大哉若孔子之无间于禹，禹法尧舜而道传墨，秉德之共而人不至于难遵，宜德之施而效可几于家给"，这属于"德至是极焉矣"。因此，张謇所积极提倡的还是君子之俭，反对小人之俭，而大人之俭的"施措，视乎位与时"。①

2. 俭奢之辨

私俭与公奢又是张謇所主张的相关联的辩证两面之勤俭。所谓"私俭"，就是提倡个人和家庭在生活中的节俭，不挥霍实业所得利润，在日常生活中不追求奢靡消费。张謇希望这样的"私俭"可以进一步促进其实业的社会效益，也就是说，用个人的节俭来补充社会发展之资，"以有用之金钱，与其消耗于无谓之酬酢，何如移其款而办公共事业"②。张謇的实业救国事业在近代复杂的内外局势中取得重要成就，与其个人突出的勤俭意识关联。据张謇之子张孝若的回忆，"他穿的衣

① 《南通商埠警察状况序》（1924 年），参见李明勋等编：《张謇全集》第 6 卷，第 589 页。
② 《美术家吴县沈女士灵表》（1921 年 8 月 7 日），参见李明勋等编：《张謇全集》第 6 卷，第 508 页。

衫，有几件差不多穿了三四十年之久，平常穿的大概都有十年八年；如果袜子、袄子破了，总是加补丁，要补到无可再补，方才换一件新的。写信用的信封，都是拿人家来信翻了过来，再将平日人家寄来的红纸请帖裁了下来，加贴一条在中间，日常都用这翻过来的信封，有时候包药的纸，或者废纸，拿过来起稿子或者写便条。平常走路，看见一个钉、一块板，都捡起来聚在一起，等到相当的时候去应用它。（张謇）常说，应该用的，为人用的，一千一万都得不眨眼顺手就用：自用的，消耗的，连一个钱都得想想，都得节省"①。

除了个人的勤俭之外，张謇对于家人也时常叮嘱要勤俭持家，他曾对妻子表示："望卿在家加意管理，加意节省，每日菜蔬，一腥一素已不为薄"②，这样的节俭一直持续到张謇晚年。张謇晚年号"啬翁"，表达了对"节俭这种生活方式的自信和自得"③。

需要特别说明的是，张謇之所以贯彻"私俭"，其原因或者说其目的是为了实现"公奢"。所谓"公奢"，就是为家乡、为社会、为国家投入与贡献的"奢侈"。在实际行动中，张謇将其实业所得资金大部分用于教育和慈善，以育人和助人的方式实现反哺社会，奉献实业价值，这正是儒家"天下为公"的博爱情怀。创办教育与慈善事业，经费充足是前提，为了充实经费，张謇可谓付出了诸多心血。在 1921 年的《为南通地方自治二十五年报告会呈政府文》中，张謇表示"盐垦、水利、交通、公益、慈善诸事。综计积年经费所耗，达百数十万，皆以謇兄弟实业所入济之。岁丰则扩其范围，值歉则保其现状，不足又举债以

---

① 张孝若：《南通张季直先生传记》，中华书局 1930 年版，第 344 页。
② 《每日蔬菜，一腥一素已不为薄》，参见中国人民大学家书文化研究中心编：《廉政家书》，中国方正出版社 2015 年版，第 243 页。
③ 王国卿：《"言商乃向儒"——张謇经济思想与儒家经济伦理之关系解析》，《前沿》2012 年第 2 期。

益之，俟有赢羡而偿其负。謇兄弟之愚以为国可亡，而地方自治不可亡；国即弱，而私人志气不可弱！故上而对于政府官厅，无一金之求助；下而对于社会人民，无一事之强同"①。可见，张謇将实业之所得利润毫不吝啬地用于公益慈善等事业，力图振兴地方，进而以强国家。

在 1923 年的《大生纱厂股东会建议书》中，张謇进一步列举了教育慈善等事业的开支情况："按南通地方教育事项，为农科大学、医学专门、女师范、图书馆、蚕桑讲习所，此五项为每年五万八千四百四十圆。慈善事项，为医院、残废院、栖流所，此三项为每年二万二千五百六十圆。公益事项，为气象台、博物苑，为每年四千零八十圆。总计为八万五千零八十圆。从前皆謇以所得于厂，与所负债，与叔兄分任者。去年农、医、女三校核减至每月五千六百圆。请三厂为任每月五千圆，供农、医校院、女师；不足之六百，仍由謇任。而气象台、博物苑、图书馆、蚕桑讲习所，每月七百余圆，亦仍謇任，不在此列，由謇他处设法。"② 张謇不仅投巨资于教育慈善事业，几乎耗尽实业所得，而且遇到经费不足时，张謇主动负责，四处筹集资金，这种"奢侈"令人肃然起敬。

大生纱厂的经营状况有高峰，也有低谷。在 1922 年前后，中国棉花业出现棉贵纱贱的现象，大生纱厂的成本急速上升，而利润骤降，仅 1922 年一年，大生一厂就亏损了 39 万余两，二厂亏损 31 万余两，借款额更是分别高达 709 万余两和 125 万余两③，生产经营可

---

① 《为南通地方自治二十五年报告会呈政府文》（1921 年夏），参见李明勋等编：《张謇全集》第 1 卷，第 524 页。

② 《大生纱厂股东会建议书》（1923 年），参见李明勋等编：《张謇全集》第 4 卷，第 572 页。

③ 唐文起：《略论张謇精神》，参见尤世玮、张廷栖主编：《张謇复兴中华的认识与实践·纪念张謇 160 周年诞辰学术研讨会论文集》，苏州大学出版社 2014 年版，第 31 页。

谓举步维艰。但张謇始终没有放弃其对教育慈善事业的"奢侈",四处筹集经费,甚至是以自己的养老和子女的未来举债应付。"俾南通之教育、慈善、公益不至中辍。謇所负之厂债,可以謇股息及相当退隐费分年偿还,謇即一旦不讳,謇子必继我负此责。謇子学殖虽薄,此等大义,尚能明晓,可望追踪我蛰先老友之子,此尤可请股东安心者也。"①

张謇的企业家精神内涵十分丰富,综而言之,就有创新理念、诚信特质、合作思想与勤俭性格。这些精神是张謇在"义利之辨"经济伦理之上的延伸,它们既指导了张謇实业活动的开展,又在实业过程中得到了丰富与完善。必须予以再次强调的是,张謇的这种企业家精神是深刻根植于其儒家文化背景之中的。应该说,张謇的道德自律、人生进取和事业忧患意识培育了其创新理念、诚信特质、合作思想和勤俭性格,正是儒家思想及文化促使张謇要有所为、做大为、为天下而为,正所谓"天下事皆吾儒分均事,吾儒不任事,谁任事"②。张謇经常以孔子为榜样,用儒家文化来强化内心世界,"儒者宗孔孟。孔子以二帝三王之道,体诸身而欲见诸行事,是以一车两马,周流其七十二君之庭,如是其惓惓于用世也,而卒不获假斧柯之尺寸,退而以删订纂修终焉。孟子私淑而踵其迹,吾欲用世之心,犹之孔子也;皇皇而不获效,亦犹孔子也"③。

张謇曾以"叫花子"武训为例说明积极作为的必要性和重要性。他首先表示,各行业都能够出"状元","天下无一类人中不可出绝

---

① 《大生纱厂股东会宣言书》(1923年3月26日),参见李明勋等编:《张謇全集》第4卷,第552页。

② 张孝若:《南通张季直先生传记》,中华书局1930年版,第319页。

③ 《致徐隽函》(1921年12月下旬),参见李明勋等编:《张謇全集》第3卷,第971页。

大人物。曾子曰'人能宏道，非道宏人。'若武训者，可谓能宏道，可当绝大人物"。然后，他指出武训成"绝大人物"之关键在于仁、智、廉、勇、信诸方面，"论其仁，则大仁；论其智，则大智；论其廉，则大廉；论其勇，则大勇；论其信，则大信。种种美德，皆其一念之颛诚造之。论品地，非特浮云朝露之大富极贵人不能望，即世所谓名人亦不能与之方驾而并轨。为其所处极低、极苦，成就极高、极卓"。①

张謇在创办实业过程中，极力希望自己的实业能够贡献于国家和社会，实现"救国"，彻底践行奋斗终生的坚强斗志，"生平耻随人世间一切浮荣虚誉，及流俗猥下之是非，向不以为轻重。徒以既生为人，当尽人职，本吾所学与吾所志，尺寸行之"②。与这种斗志相伴随的是张謇的雄心壮志和远大理想，这些壮志和理想又都内化入张謇的实业事业之中，成为其企业家精神的文化基因。"诸生勿以服从之义例流俗奴隶之说也。西儒乌阿通阿有言：服从与独立名相反，实相成。……有志气则勾践之屈身尝粪，有抱冰附火之一段精神载之，便不是奴隶；无志气则东晋、南宋之皇帝无异于奴隶。"③大生纱厂公事厅的一副对联更是直接反映了张謇的目标："枢机之发动乎天地；衣被所及遍我东南"④。该对联虽然是张謇的恩师翁同龢所题，但深受张謇之称道，隐射其致力于纺织，振兴产业的宏伟志向。张謇自己也曾表

---

① 《师范学校第一届简易科卒业演说》（1905 年 7 月 3 日），参见李明勋等编：《张謇全集》第 4 卷，第 95 页。

② 《为叔兄生日敬告父老伯叔兄弟》（1919 年 10 月），参见李明勋等编：《张謇全集》第 5 卷，第 196 页。

③ 《师范学校年假演说》（1904 年 1 月 3 日），参见李明勋等编：《张謇全集》第 4 卷，第 76 页。

④ 崔之清：《张謇与海门：早期现代化思想与实践》，南京出版社 2010 年版，第 591 页。

示："进德之积分，则在不与世界腐败顽劣之人争闲气，而力求与古今上下圣贤豪杰之人争志气"①，倾诉了希望通过实业并肩于"圣贤豪杰"的愿景。

---

① 《师范学校暑假散学演说》（1905 年 7 月 3 日），参见李明勋等编：《张謇全集》第 4 卷，第 97 页。

第三章

民国时期家国情怀对中国企业家
精神的正向激发与推动作用

民国时期的实业家们在经历了五四运动、列强更为肆虐的经济侵略、抗日战争等诸多重大事件后，受爱国主义的影响，企业家精神中的家国情怀达到了新的高度，日益高涨的家国情怀与企业家精神是否存在联系？二者间有着何种作用？本章将对有代表性的优秀实业家的社会实践及其精神世界进行探讨。

第一节　陈蝶仙与上海机联会的企业家精神

陈蝶仙（1879—1940 年），原名寿嵩，字昆叔，后改名栩，字栩园，号蝶仙，浙江钱塘人。陈蝶仙是由文从商的企业家，早年爱好文学，并曾潜心科举。后放弃科举，开始在当时上海各种刊物上发表诗词作品。著有《泪珠缘》，并在《游戏杂志》《女子世界》等杂志担任主编，在文学上具有较高的造诣。

陈蝶仙并不满足于"纸上谈兵"，1901 年，他开始了自己的实业活动，以实业经营来将自己的主张付诸实践。他起初在杭州开设了萃利公司，主营文具买卖，并辅以售卖化学仪器、留声机等舶来物品，其后还开设石印局，但维持时间都不长。1911 年他偶然发现的乌贼骨，为其实业创新带来了启示。陈蝶仙认为乌贼骨可以成为制造牙粉的原料，在征求上司拨款研发未果后，他自行投入了牙粉的研制工作之中。最后，他于 1917 年通过苦卤提炼出碳酸镁作为牙粉原料，成功制成"无敌牙粉"，并将其进行备案后创立了属于自己的实业。自此以后，陈蝶仙迎来了事业的高峰，其创办的家庭工业社股份公司不仅先后在 1919 年、1920 年和 1922 年增资 5 万、10 万以及 20 万元，更不断拓展业务品类与范围，将单纯的牙粉业务发展成涵盖印刷、玻璃、制盒等多个行业的复合型制造业。同时，他还进一步加大了设厂力度，1929 年前后，分别在无锡、太仓、杭州等地开设工厂。截至抗战前夕，其产业已发展成为具有 50 万元资本、2000 多名员工以及 400 多种产品规模的实业。可以说陈蝶仙是从零做起、通过创新实现事业转型的企业家典型。

陈蝶仙的另一重要企业家标签便是上海机制国货工厂联合会（以下简称"上海机联会"）的主导者与发起者。他不仅引领了组织的思想，更积极动用自身媒体资源，使上海机联会及其社会活动具有了更加深远的影响力，对当时提倡国货运动作出了积极的贡献。上海机联会的实践与思想，也成为陈蝶仙企业家精神中家国情怀精神特质最好的呈现途径。

一、鲜明的爱国立场与家国情怀

陈蝶仙在上海机联会及其社会活动的活跃，很好体现了其爱国主义倾向，而作为上海机联会成立宗旨的"提倡国货"，更是他家国情怀鲜明的体现。提倡国货运动可以看作是抵制外货运动的发展与升级，其中的提倡国货思想也蕴含了陈蝶仙最重要的经济主张与企业家精神特质。他主张："乘此国货年中，尽力宣传提倡，使土布丝绸，恢复其固有之用途，即面食一端，亦摒洋面粉于不用，华商纱厂及面粉厂，可以联合一起，直接自设消费于各都市间，使有购买力者，不致买错。"① 这其中蕴含了两层含义。其一，是对外货坚决的抵制立场，这与之前的抵制外货运动是一脉相承的，也因此，此次的提倡国货运动与抵制外货运动同属于爱国运动的一种，对于深度参与其中的陈蝶仙与上海机联会来说，具有鲜明的爱国主义情怀与立场。其二，是出于家国情怀的提倡国货思想，使陈蝶仙同业合作的意识逐步提升，进而推动了上海机联会内部各企业相互扶持、资源互补良好关系的形成。对于同业合作的关系，陈蝶仙更经过周密科学的思考，提出了一系列对同业合作具有保障与约束作用的措施与条款："防御外货侵入之法，亦尽可由同业共谋对策恢复从前的同行公议办法，如有违犯行规，处置他的方法，（一）伙友告发，查得实据，违犯者有重罚，告发人有重赏。（二）请求政府增高进口税率，使洋货比国货之价为昂。（三）请由当地官厅酌征销场税，对于国货，则凭公卖证书，得行免税。（四）兼营洋货之商店，其卖家由同行公议，不得贱卖。（五）凡非通商口岸，洋商本不能自行设肆，如果同行不许贩卖洋货，宜可杜其为虎添翼。（六）同行公会处置违犯行规之法颇多，例如不与往来，并与金融界商取一致对付方策。"② 可以看出，陈蝶仙在通过一系列较为详细的措施对同业合作进行约束的同

---

　　① 《防止外货侵入之我见》，载上海机制国货工厂联合会编：《机联集》第 3 册，1934 年，第 53 页。

　　② 《贡献于同业公会》，《机联集》第 3 册，第 105 页。

时，还提出了初期的激励机制。陈蝶仙虽然极力提倡国货，但依旧为同行兼营外货留有空间，对于外商也并不是一味的反对，充分顾及了所在地同行的态度，这说明陈蝶仙的家国情怀并没有使其陷入偏狭的排外主义。正如部分学者指出的，"相较于五四运动期间抵货运动'民族主义'存在的盲目性与偏执性，国货运动似乎更加注重科学改革，甚至带来了国货品质、国货竞争力、民族资本主义发展等多种深层次的潜在成果"①。

二、有的放矢的提倡国货思想

正如上文所述，陈蝶仙与上海机联会参与的国货运动，是爱国主义思想在实业经营中科学合理性的转化，正是这一转化促成了国货运动对当时社会经济的发展起到了积极推动作用。细化来看，陈蝶仙对国货运动中的实业及社会实践主要有三点具体措施：首先，注重舆论宣传的重要性。他清楚地认识到，要想真正实现国货的畅销，社会风气至关重要，他深刻批评了当时的风气，表示"现在社会方针，一味铲除旧习，斥为迷信，非用全力打倒不可，殊不知换汤不换药，不迷信于旧习，而迷信于欧化"②，这一批判不仅显示出了陈蝶仙对当时国货运动中存在的阻碍与问题的精准判读，同时也彰显了其对过度崇尚西方文化与产品的嗤之以鼻。针对这一问题，陈蝶仙将眼光与作用点放在了社会价值观上来："人心好恶，大抵相同，羞恶之心，人皆有之，假令全国学生工友，到处宣传，劝令各地农村，自纺自织，竞以服用土布为荣，而以服

---

① 王春馨：《从"抵货运动"到"国货运动"看民族主义的发展》，《南方论刊》2019年第9期。

② 《防止外货侵入之我见》，载上海机制国货工厂联合会编：《机联集》第3册，第53页。

用细纱洋布为耻，军警服装，凡需新置者，悉皆取用土布，以示表率，则上有好者，下必甚焉。"① 他甚至认为，社会价值观正是提倡国货的"根本救济之法"②，足见陈蝶仙对世道人心和价值观与国货运动的关系有自己的体认。其实，在论述社会价值观重要性的同时，陈蝶仙提出了实现积极社会价值观的可行途径，即"宣传"。曾经在媒体行业的陈蝶仙深谙舆论宣传之道，1930 年，他就以上海机联会的名义创办了《机联会刊》，定期进行国货思想的宣传，以民间的力量实现宣传效果；同时，他还注意到了政府在宣传中扮演的重要角色，其"军警服装，凡需新置者，悉皆取用土布，以示表率"的主张已经显示出他对行政力作用的认知，在此基础上，他结合时局和国民政府的施政，进一步表示："现在新的生活运动，足见上行下效，捷如影响……只要我们当局，一加考虑，毅然断然而行絜矩之道，那么，旋乾转坤，易如反掌，有什么难题？"③ 其次，对具体政策的积极争取。陈蝶仙非常重视关税对国货保护的重要效果，认为："政府一定要行倾销税和返税制度，来做国货的后盾。在那时节，真正的国货厂家方才能长足发展。"④ 在陈蝶仙看来，从事国货制造与销售的实业家们，正是国货运动中的第一实践者与先锋，而政府的积极关税政策，正是这些先锋实践活动的重要保障与坚强后盾，其重要性不言而喻。最后，国货自身质量的提升。在国货运动中，陈蝶仙就对国货的粗制滥造、以压低价格追求销量的恶性竞争方式大加批判："廉价竞争，是我们国货工厂的自杀政策。俗话说，

---

① 《防止外货侵入之我见》，载上海机制国货工厂联合会编：《机联集》第 3 册，第 52 页。

② 《防止外货侵入之我见》，载上海机制国货工厂联合会编：《机联集》第 3 册，第 52 页。

③ 《救济丝绸业之我见》，《机联集》第 3 册，第 128 页。

④ 上海机制国货工厂联合会编：《工商史料》（一），第 118 页。

打来骂去，蚀本不来，除了偷工减料之外，还有什么法子？中国人的死症，就犯在这种毛病上，所以做不出一种好货品来，代替外货……造成这种环境的，实在就是工商两界，逼迫买主不得不买外国货。"这一批判，再次证明了陈蝶仙并不是一味盲目地抵制外货，而是注意到了国货存在的严重问题而进行的针对性批判，也显示出其家国情怀作用下对国货生产的"恨铁不成钢"。在技术和资金受到严重限制的当时，虽然要求国货同外货具有相同质量不甚现实，但能够揭示其中弊端，呼吁实业家尽力提高自己国货质量，对近代民族资本主义形成良性循环有一定的积极作用，这一主张放置到当代中国社会也有着一定的现实借鉴意义。

三、上海机联会积极作用的发挥

在陈蝶仙主导下产生的上海机联会，一方面将具有爱国主义情怀的实业家们联合起来，实现资源互补，为了共同的振兴国货的目标而奋斗；另一方面，这些联合起来的实业家进一步利用组织宣传爱国以及实业救国的思想，积极向政府争取政策，有效推动了当时社会风气的转化与实业兴国思想的传播。首先，在陈蝶仙国货思想的倡导以及宏观环境的刺激下，机联会诸多成员都产生了较为一致、富有爱国情怀的实业兴邦思想。橡胶业先驱余芝卿、薛福基等人表示："鉴于各国的发达，以及我国入超的激增，感觉到欲救中国之危亡，非振兴实业不可。"① 纺织业的顾锡元认为："做一个人，对于社会多少要有些贡献，绝不单单解决了自己的生活，就算已尽了做人的责任。中国是一个贫弱的国家，大多数人穷得饭也没有吃，有饭吃的人，就该替穷人想想法

---

① 上海机制国货工厂联合会编：《工商史料》（一），第16页。

子……"① 亚浦耳电器创始人胡西园更明确指出："为办亚浦耳厂的动机根本不是要发财；我只求生活可以维持，已经是于愿已足。我的目标，是要使亚浦耳厂的出品，比外国货更好，此外就没有什么企求了。"② 机联会中拥有类似主张的实业家数不胜数，他们从事实业经营的目的都不是为了个人致富，而是表现出了与提倡国货倾向一致的价值追求，余芝卿等人有着实业救国的远大志向，顾锡元认为实业应该为改善中国穷人生活作贡献，胡西园则是为了打造超越外货的国货，追根究底，他们的目标其实都是为了国家的富强。上海机联会另一具有高度一致性的主张就是对政府政策保护的重视。他们清楚地认识到，要想达到提倡国货的目的，政府的支持不可或缺。正如陈蝶仙对关税政策的关注一样，机联会中许多成员也都结合自身行业特点，提出了对税收政策方面的诉求。棉织厂经理邹国华提出："捐税的繁重，便是振丰棉织厂目前障碍之一。因为捐税一多，会使出品的成本无形中增加……"③ 顾锡元也指出："我国的毛纺工业，实在非常幼稚，要挽回这一笔巨额的漏卮，必须要做到：（一）请求政府免除出口税，以减轻出品成本……"④ 在分别提出各自对政府税收政策的主张后，机联会更充分发挥联合与组织的力量，1930 年在全国工商会议上提交了《请议机制洋式货物应豁免一切税厘，发还原料税，以维国货工业案》，该议案不仅坚定地表达了请求免除实业捐税的诉求，更加为免除捐税方式提供了具体的参考："第一应废除一切税厘。凡属机制洋式货物，任何地方一概免予征收"，"原料税之发还，不特挽救国产，抵抗舶来，且使成本减轻，国货销行较为便

---

① 上海机制国货工厂联合会编：《工商史料》（一），第 127 页。
② 上海机制国货工厂联合会编：《工商史料》（一），第 49 页。
③ 上海机制国货工厂联合会编：《工商史料》（一），第 139 页。
④ 上海机制国货工厂联合会编：《工商史料》（一），第 132 页。

利"，"盖一切税厘豁免以后，任何出品不限于一地方一工厂，可以随地制造，随时流通，技术方面可以专精于一，而收分工合作之效益"，等等。①

不难看出，作为上海机联会的主要发起者之一，陈蝶仙企业家精神中的爱国主义精神特质对机联会及其社会实践有着巨大的影响，其一是提升了机联会宣传能力与社会影响力，二是增进了机联会各实业间的合作共赢意识，三是促成了机联会企业产品质量的保证与提升。可以说，陈蝶仙的三点主张，也是大多机联会成员一致认可并持有共同意见的，而机联会也在这些优秀企业家精神的引领下，积极发挥了组织的力量，一方面在社会助推了国货运动的开展与深入，另一方面更积极同政府争取更加利好的国货发展环境，双管齐下，这些实业家们共同践行着充满爱国主义与理性民族主义的经济主张。

第二节　范旭东的企业家精神

范旭东（1883—1945 年），原名源让，字明俊，后改名锐，字旭东，祖籍湖南湘阴，生于长沙，被称为"中国民族化学工业之父"。范旭东的祖父曾当过直隶大兴县知县，父亲以教书为业。范旭东从小就学习古籍，受到传统儒家文化的熏陶。后奋力学习日语，1908 年考入京都帝国大学化学工业系。1912 年之后，范旭东被派往欧洲考察盐政，由此对精盐制造及盐的工业用途产生浓厚兴趣。1914 年，范旭东在天津塘沽创办久大精盐公司，生产出中国本国制造的第一批精盐，范旭东更亲笔设计了一个五角形的商标，起名"海王星"。1917 年，范旭东开

---

① 实业部总务司、商业司编：《全国工商会议汇编》，1934 年，第 249 页。

始创建永利碱厂。1926 年，生产出优质纯碱。1922 年，范旭东与人合办了永裕盐业公司，组织了黄海化学工业研究社。1928 年 9 月，范旭东在天津塘沽东成立海王社，创办《海王》旬刊。1935 年，蒋介石邀其出任实业部长，范旭东婉言谢绝，在南京创设中国工业服务社，自任社长，宗旨即是"协助有志于兴办工业的团体或私人"。1937 年，在南京硫酸铵厂的基础上生产出中国第一批硫酸钲产品。1943 年，成功研究开发了联合制碱新工艺。1945 年，范旭东当选为中国化学学会理事长，同时以参政员的身份向政府建议设置经济参谋部，制定战后建设计划纲领。当年 9 月 17 日，赴重庆进行和平谈判的毛泽东接见了范旭东，他给毛泽东留下了深刻印象。

综合梳理范旭东在企业创建与管理过程中的企业家精神，可以看到范旭东深厚的家国情怀，这种家国情怀在实业中的具体呈现主要包括三个部分，即以民族为本位的爱国思想，以自强不息为核心的奋斗精神，以及以企业文化为主导的团队思想。

一、以民族为本的爱国情怀

"天下兴亡，匹夫有责"这一中国传统文化深刻影响着范旭东的创业历程。范旭东出生和成长的年代恰好是中华民族的危急存亡之秋，日益加重的亡国灭种危机促使范旭东不断学习能够救国的知识，知识分子的爱国思想随着时间的推移而被不断激发。范旭东所处的湖南地区在中国近代史上"得风气之先"，诸多湖南籍人士投身于改良与革命潮流中，创立南学会，出版《湘报》《湘学报》等，范旭东也深受此种风潮思想的影响，逐渐形成了挽救民族危机的心理。

辛亥革命之后，范旭东怀抱着报国之志，从日本返回中国，投入到办实业的活动之中，逐渐成为一名实业家。回到中国后的范旭东感慨于中国盐业生产的落后造成的盐质低劣而有害于国人身体健康，遂决心从改善盐业入手，"使人民有干净的盐吃，有便宜的盐吃"①，并为"中国化学工业奠定基础"②。1914年，范旭东创办了中国近代第一家精盐公司，即久大精盐公司。1916年8月，久大精盐公司正式投产，第一批精盐于9月11日运往天津销售，此后公司日产5吨，每年获利五六十万元。③

与此同时，范旭东利用列强忙于一战的有利时期，利用国内丰富的海盐资源，自办碱厂，以减少中国每年因输入"洋碱"而导致的大量财富外流。当年中国每年都需要进口大量"洋碱"，比如1912年就输入了30万余担。④ 从1917年开始设厂研制碱后，范旭东在专家的支持下进行多方研究和改进，到1926年终于制造出红三角牌优质纯碱。范旭东带领下的永利碱厂，不仅实现了中国在制碱上的独立，更成为当时亚洲最大最先进的碱厂，部分产品还运销日本、南洋等地，更在1926年的美国费城国际博览会上获得金奖。到全面抗战爆发前，永利碱厂每年可以烧制碱5250吨，纯碱29700吨，⑤ 支撑起了民族工业的品牌。

日军发动全面侵华之后，范旭东拒绝了日本人的利诱，以"宁为玉碎，不为瓦全"的态度组织技术人员和企业职工响应国民政府的号召，内迁到大后方，并在四川重新创办华西化工基地。面对日本侵华所带来的国破家亡和经营危机，范旭东丝毫不畏缩，始终在创办实业过程

---

① 黄汉瑞：《回忆范先生》，《海王》1945年第18卷第20期。
② 范旭东：《久大第一个三十年》，《海王》1944年第17卷第2期。
③ 天津碱厂志编修委员会编：《天津碱厂志》（1917—1992），天津人民出版社1992年版，第9页。
④ 陈真、姚洛合：《中国近代工业史资料》第四辑，生活·读书·新知三联书店1961年版，第501页。
⑤ 陈真、姚洛合：《中国近代工业史资料》第四辑，生活·读书·新知三联书店1961年版，第526页。

中秉持爱国思想，他曾在久大自贡模范制盐厂的落成仪式上公开表示："公司的生命已同祖国的命运交织在一起……简单地说，只要祖国存在一天，我们就努力苦干一天……虽然这里头，吾们实含有无限的辛酸，会遭遇无数困难，但为了中国的制盐工厂，决不消灭于敌人的侵略，决不屈服于敌人的炸弹；同时为了由工业方面培养吾们长期抵抗的力量，本公司拿出剩余的力量贡献祖国，实义不容辞。"①

可以说，范旭东心怀民族大节和国家利益，并将其渗透到创办与经营实业的过程中，以振兴中国化工行业来实现民族强盛，这种以民族为本位的爱国思想构成了范旭东企业家精神的第一个组成部分。

二、以自强不息为核心的奋斗精神

范旭东曾表示："凡事与其致力于改造，不如致力于创造，起聋振聩，打破旧圈套，惟有创造。"② 因此范旭东才决定致力于创造中国现代精盐产业，创建中国第一座现代精盐厂。在选择办厂之地的过程中，范旭东看到了塘沽海滩，但当时的海滩一片荒凉，"每一块荒地到处都是盐，不长树木也无花草……一片凄凉景状，叫你害怕"③。面对恶劣的环境，范旭东丝毫没有动摇试炼精盐的决心，在长期的日夜实验中，他试制出了含氯化钠90%以上的精盐，解决了开办企业的技术难关。

"红三角"牌纯碱被西方人誉为"中国近代工业进步之象征"④，但不为人知的是在"红三角"牌纯碱的制作过程中范旭东及其企业遭

---

① 《范旭东在久大自贡模范制盐厂落成开工大会上的致辞》（1938 年 9 月 18 日），载政协自贡市文史资料研究委员会编：《自贡文史资料选辑》第 15 辑，1985 年，第 123—124 页。

② 赵津编：《范旭东企业集团历史资料汇编》上册，天津人民出版社 2006 年版，第 313 页。

③ 范旭东：《久大第一个三十年》，《海王》1944 年第 17 卷第 2 期。

④ 张同义：《范旭东传》，湖南人民出版社 1987 年版，第 58 页。

遇了巨大危机。若非范旭东坚守初心，以自强不息的毅力克服困难，后果真的难以想象。永利碱厂生产纯碱并不是一蹴而就的，1924 年，永利碱厂生产的碱粉被鉴定为不合格，众多股东非常失望，因不能回本而对范旭东产生怨恨，非但不愿意继续对范旭东进行投资，甚至要求范旭东将公司解散。范旭东顶住压力，继续试炼产碱，1924 年底，永利碱厂的设备因为频繁操作而被烧坏，别说是合格的碱了，就是不合格的碱也无法生产，这对范旭东和永利碱厂几乎是毁灭性的打击。不过，范旭东始终没有改变为中国生产纯碱的决心，在说服金融界继续给予资金帮助后，范旭东派遣侯德榜等人远赴美国，学习西方先进的制碱技术，并重金买回先进制碱设备。1926 年再次投产的永利碱厂终于生产出了优质纯碱，即"三角牌"纯碱。

1934 年，范旭东在南京创办永利硫酸铔厂，也曾遭遇资金和设备问题，每次危机都被范旭东的自强不息精神所克服。全面抗战爆发后，范旭东将部分企业设备及职工迁移到西部，其所遭受的损失无法估计，但本着自强精神的范旭东重新在大后方树立起中国化工产业的旗帜，为抗战军民需求提供必要的支持。范旭东在久大二十周年的纪念大会上曾说："久大是普普通通为营利为目的的工厂机构，照理只要按部就班做去，就算完事，只因它多少带点革命性，而且有些国家色彩，从此多事；环境决不让我们安分守拙，人海狂澜，活活生生托了下去。"①

三、以企业文化为主导的团队思想

企业生存竞争包括多个层面的对比，除了显性的企业战略、企业资金、企业经营管理、企业人员等，隐性的企业文化是具有重要影响力的

---

① 《久大二十周年纪念述怀》，载赵津编：《范旭东企业集团历史资料汇编》上册，天津人民出版社 2006 年版，第 313 页。

软件因素。基于企业精神文化所形成的企业团队合作意识能够确保企业同心协力，既能引导企业职工实现企业文化所蕴藏的企业目标，又能激励职工与企业同命运，共同树立企业对外形象和对内信念。在塑造企业精神文化的过程中，企业家的精神和言行会直接影响这种精神文化的形成，可以说企业家精神在一定程度上可以转换为企业精神文化，企业家精神是构成企业精神文化的有机部分。范旭东一生以民族为本位，自强不息，奋斗终生，这种个人精神气质深刻影响了整个企业文化，这是个人家国情怀在企业的延续。

在企业精神文化培植中，范旭东通过个人精神引领，使整个公司形成了独具特色的企业团体文化，即"永久黄"精神，也就是"海王"精神。所谓"永久黄"，除了上文已经提及的永利碱厂、久大精盐厂之外，还有黄海化学工业研究社。1922 年，范旭东将久大精盐公司的研究室从本公司剥离，并在此基础上创立了中国第一个私立化工业科研机构——黄海化学工业研究社，其研究成果对打破当时英国的制碱垄断、发展民族化学工业起到了奠基作用。

范旭东曾专门发表题为《团体生活》的文章，详尽阐述了他对企业文化所塑造的团体意识和团体生活的看法："人类的生活，是不能离开团体的。集合若干分子构成一个团体，各分子固然借着团体的力量去维持一己的生活，他所构成的团体，从此也创生一种生命出来，靠各分子替他维持。现在我国人对于自己和团体的观念可以分做三种：顶好的人是知道各尽本分，以为本分尽了，团体的事一概可以不管；其次，连本分都不尽，更不知有团体；再其次，就是不仅不知道本分是什么，并且还要妨碍人家尽本分，或是借团体为名，专图私利"，他进而提出对"团体生活"的"最低限度的愿望"，即"第一，凡是一个团体，须要合全团体的力量去排除那妨碍人家尽本分的分子，进一步奖励各分子能尽本分。再进一步请求注重尽本分的各人都匀出一部分精神出来为团体出力，直接维持团体的生命，间接维持自己尽本分的生命"。① 范旭东的目的在于以集合个人之力，形成团队之力，以合力创造个人无法实现的价值，这也是范旭东塑造企业团队文化的目的之一。

在企业经营中，范旭东经常号召员工们努力为企业工作，从而以推动企业的进步来实现奉献服务社会。范旭东强调"现在国势阽危，世界潮流，狂冲猛击，工商业的竞争，日益趋于尖锐化"，所以"为国家计，为人类计，不能坐视……我们的团体，应该更加严密其组织，我们的意志，应该更加统一起来，集中力量，以期逐步达到发展中国实业的目的"。② 范旭东还对"久大精神"有过阐释："久大有一个简单的特性，就是久大同仁，自始至终是来久大做事，进一步说，就是久大有这许多事，我们各人分头替它去做，各人既没有自己的得失挟在心里，自然神志清明，看事做事，毫无牵挂……这好像开辟山洞似的，既有了方向，我们一面掘泥，一面防水，毒蛇猛兽逼过来，合力把它赶走打退，遇着顽石，或许用炸药轰开，一边排除障碍，一边向前一寸一尺的进展，日计不足，月计有余，积下二十年的工夫，自然不能毫无所得，这或许就是局外人所称赞的'久大精神'。"③

范旭东还为其打造的"永久黄"团队手订了四大信条："（一）我们在原则上绝对相信科学；（二）我们在事业上积极发展实业；（三）我们在行动上宁愿牺牲个人顾全团体；（四）我们在精神上以服务社会为最大光荣。"④

---

① 张同义：《范旭东传》，第 204—205 页。
② 《为征集团体信条请同人发言》（1934 年），载赵津编：《范旭东企业集团历史资料汇编》上册，第 297—298 页。
③ 《久大二十周年纪念述怀》，《海王》1935 年第 7 卷第 31 期。
④ 《本团体信条》，《海王》1934 年第 7 卷第 1 期。

在企业管理中，范旭东注重企业与职工的一体化，实现劳资一家，让员工为企业而努力，企业亦为员工而服务。这一方面增进了员工之间的了解与互助，确立了团队意识与合作意识，另一方面强化了员工对企业的归属感与使命感，激励员工为企业竭尽所能，真正实现"厂家"如一。以公司的工会为例，范旭东就牵头积极创办，真正协助解决员工问题。在 20 世纪 20 年代北伐战争前后，工人运动此起彼伏，久大精盐工厂也面临着工人运动，军阀害怕工人闹事，采取一贯监视和镇压的办法。范旭东鉴于此，既为了企业的发展，也为了员工的生存，"乃召集主持劳工，并为之代向军警声请"，要求在工厂内成立工会，"北方工厂之有工会，要以久大工厂为开端"。[1] 在工会的居中协调之下，工厂与员工之间的协调更加通畅，使范旭东一定程度上避免了劳资纠纷，"双方以协和之精神，故无所往而不利也"[2]，既使工人能够以工厂为重，也能使工厂在恶劣环境中得以持续发展。

总之，范旭东十分注重企业文化的塑造，力求以企业文化提升员工团体意识，凝聚工厂企业的向心力，使企业不仅在生产中可以保持活力和动力，而且在竞争中能够产生群合力量，一定程度上确保了范氏企业在近代特殊的环境中成长。

第三节　卢作孚的企业家精神

卢作孚（1893—1952 年），原名卢魁先，别名卢思，重庆合川人，

---

① 《久大自贡制盐厂职工福利事业》（1946 年），载赵津编：《范旭东企业集团历史资料汇编》上册，第 268—269 页。
② 《久大自贡制盐厂职工福利事业》（1946 年），载赵津编：《范旭东企业集团历史资料汇编》上册，第 269 页。

近代著名爱国实业家、教育家、社会活动家，民生公司创始人、中国航运业先驱，被誉为"中国船王""北碚之父"，其所体现的企业家精神一直影响至今。

卢作孚父亲卢茂林从事麻布生意，长年的勤俭节约、朴实勤劳的品质深刻影响了少年卢作孚，而且卢茂林非常注重子女的文化知识教育，报着"家境再苦再穷，也要自己的孩子认得几个字，识得几个数"① 的决心，将卢作孚送到私塾学校学习，使卢作孚得到中国传统文化的洗礼。卢作孚自幼好学，据说在 16 岁时已经参与编写《三角》《解析几何》《数学难题解》等教材。

辛亥革命前后，卢作孚频繁地学习国内外进步书刊，逐步形成了改革与进步思想，遂致力于"教育救国"。卢作孚的社会实践经历十分丰富，曾担任过中小学教师，也从事过记者、编辑工作，还当过政府官员。在辛亥革命、五四运动中都有卢作孚的身影，在此期间他专研教育改革，发表了《教育月刊发刊词》《教育经费与教育进行》《教育方法与暗示》《教育行政之要义》等理论文章。1916 年，卢作孚担任《群报》记者编辑，发表的文章针砭时弊，因揭露社会阴暗面而深受民众喜爱。1920 年，卢作孚经陈愚生介绍加入了"少年中国学会"，遵循了学会所确立的"奋斗、实践、坚忍、俭朴"② 四大信条。

卢作孚认为教育是立国之本，"独不思教育为国家根本大计，法治赖以兴，军备赖以裕，即为国家所赖以存"，"一政治之施，必赖教育

---

① 卢国纪：《我的父亲卢作孚》，四川人民出版社 2003 年版，第 8 页。
② 中央教育科学所编：《中国现代教育大事记》，教育科学出版社 1988 年版，第 5 页。

为之倡导；一政治之良，必得教育为之扶植”①，因此提倡教育普及和教育改革，“今后受教育者，应为人类全体，不应复为少数”②。他主张教材应该“打破教科书，即不用教本，最大限度亦是只能择教本当中一部分适当的教材，其余学生环境中选出来”③，并在四川地区开展了民众教育，创办了泸州通俗教育会、成都通俗教育馆等，还改革旧学校，新建新式学校，以及职工教育等，在教育救国中既要求传授进步的文化和科学思想，又要求不忘中国优良传统文化，培养具有健全道德和实用技术的新人才。但是由于四川军阀混乱等现实的限制，卢作孚深感教育救国不能改变社会，遂转型到实业救国的道路上。不过，前期持续的教育救国为后期实业救国奠定了思想道德方面的基础，构筑了卢作孚在实业救国过程中的家国情怀。

一、爱国主义精神

恩格斯曾说过：“主要人物是一定的阶级和倾向的代表，因而也是他们时代的一定思想的代表，他们的动机不是从琐碎的个人欲望中，而正是从他们所处的历史潮流中得来的。”④卢作孚的爱国主义精神就是从其所处的历史潮流中得来的，他的爱国主义精神形成于特殊的时代环境之中，以强烈的责任感来践行爱国主义。卢作孚身处清末民初的剧烈变革时期，国家落后挨打和人民忍饥挨饿的现实刺激卢作孚时刻

---

① 《各省教育厅之设立》（1916 年 9 月 17 日），载凌耀伦、熊甫编：《卢作孚文集》，北京大学出版社 1999 年版，第 2—3 页。
② 《教育经费与教育进行》（1922 年 1 月），载凌耀伦、熊甫编：《卢作孚文集》，第 8 页。
③ 《一段错误的经历》（1940 年 6 月），载凌耀伦、熊甫编：《卢作孚文集》，第 532 页。
④ 《马克思恩格斯选集》第 4 卷，人民出版社 1972 年版，第 343—344 页。

为国家富强而努力。1910 年，卢作孚加入中国同盟会，参加了辛亥革命，投身于救国革命事业之中。当卢作孚发现教育救国难以成功之后，他就转向经济建设。1926 年，卢作孚开办民生公司，致力于中国的航运业，民生公司从最初的 3 艘船到 1935 年增加至 44 艘，总吨位也从 230 吨增加到 16880 吨，职工从 133 名增加到 2836 名，民生公司的经营业务量占到四川江河航运总额的 61%。民生公司在卢作孚的管理下逐渐发展成为中国西南地区最大的民族资本集团和航运企业。

民生公司的经营方针被人概括为"服务社会、便利人群、开发产业、富强国家"[1]，卢作孚亦明确表示："做生产事业的目的，不是纯为赚钱，更不是分赃式的把赚来的钱分掉，乃是要将它运用到社会上去，扩大帮助社会的范围，所以我们的目标往往是超'赚钱主义'的……做事业有两重目的：第一是自己尽量地帮助事业；第二是要求事业尽量地帮助社会。"[2] 这种个人和企业的责任意识被卢作孚内化于民生公司的经营行为准则之中，即"要在社会上享幸福，便要为社会造幸福"，"我们应努力于公共福利的创造，不应留心于个人福利的享受"，"我们对人有两点美德：一是拯救人的危难；二是扶助人的事业"，"我们做事应取得利益，但应得自帮助他人，不应得自他人的损失"，"但愿人人都成园艺家，把社会布置成花园一样美丽；人人都成建筑家，把社会一切事业都建筑完成"，"做事应从进展中求兴趣，从成绩上求快慰；不应以得报酬为鹄的，争地位为能事"，[3] 等。

---

① 赵靖等：《中国近代民族实业家的经营管理思想》，云南人民出版社 1988 年版，第 173 页。
② 《"超个人成功"的事业，"超赚钱主义"的生意》，《新世界》1936 年第 85 期。
③ 卢作孚：《怎样做事——为社会做事》，《北碚月刊》1940 年第 3 卷第 6 期。

通过经营航运业，卢作孚积累了大量资本，但他并没有将利润用于自我享受，而是将资本再次转化为促进国家进步的事业。卢作孚将实业经营所得资金除了用于扩大航运业外，还投资开办了诸多中小学和中国西部科学院，继续为发展中国的教育文化事业贡献力量。

20 世纪 30 年代，随着日本不断扩大侵华，卢作孚深刻认识到中华民族的危机和日本经济侵略的危害性。1934 年，卢作孚撰写了《比武力还厉害的占据》，揭示了日本对中国的经济侵略及其控制中国的目的，"日本用武力占据了东北四省，使全国人惊心动魄，倒还不是可怕的事情，最可怕的是她的棉纱，已经占据了华北，而且已经占据了扬子江的下游直到湖北为止，棉织物则已占据到长江上游，进了四川，驱逐了一切本国的棉织物了……何至于等到日本的兵力，日本也正不必用兵力。全国每年需铁四万吨，本国只有一个六合沟厂可以供给三万吨，然而日本的生铁来了，比什么驱逐舰或驱逐机还要厉害，六合沟铁会被驱逐于一切的市场以外，日本的生铁，会将全国占据。这比武力还有权威，征服了中国，而且制着了中国人的死命"[1]。

全面抗战爆发后，卢作孚率先投身于抗战事业之中，利用航运实业在战争中的运输能力，积极配合军民行动。卢作孚表示"国家对外的战争开始了，民生公司的任务也就开始了……民生公司应该首先动员起来参加战争"[2]。卢作孚将民生公司所属所有船只集中用于协助东部地区企业、人员、器材的内迁运输工作。尽管在运输过程中存在被日军轰炸的危险，但卢作孚没有丝毫畏缩，在抢运滞留于宜昌码头的人员物资

---

[1]　《比武力还厉害的占据》（1934 年 2 月 10 日），载凌耀伦、熊甫编：《卢作孚文集》，第 271 页。

[2]　《一桩惨淡经营的事业——民生实业公司》（1943 年 10 月），载凌耀伦、熊甫编：《卢作孚文集》，第 556 页。

中，他制订严密的运输计划，以 16 艘船只被炸毁的代价换取了 4152 吨的抢运吨位，极大地避免了人员物资损失，为大后方抗战提供了有力支援。在抗战期间，卢作孚考虑到企业转移过程中的艰难，不仅投入了全部船只用于抗战运输，而且所收的运输费用也是极低："兵工器材每吨只收运费三十元到三十七元，其他公物只收四十余元，民间器材只收六十余元到八十余元，而外国船只装商品，每吨运费却收三百元到四百元，即此比较，可知中国公司尤其是民生公司牺牲之多，报效国家之大了。"① 根据相关统计，民生公司在抗战期间损失了 69 艘船、2 间厂房、1 间栈房、13 间办公室、1 座码头，以及各种机器、油料等，总价值达 205904224 元。② 鉴于民生公司的巨大贡献和对家国责任的付出，国民政府等给予诸多嘉奖，卢作孚被授予胜利勋章，冯玉祥称赞"民生公司是爱国的公司"③。

抗战胜利后，卢作孚进一步投身于发展外海贸易运输，维护中国航运利益。在卢作孚的主导下，民生公司与金城银行合作，成立了"太平洋轮船公司"，参与了中国至日本和东南亚等地的航线运输。1947 年前后，民生公司已经拥有各类轮船 120 艘，驳船 33 艘，总吨位达到了58000 余吨，职工人数 8900 余人。

二、开拓创新理念

在创办实业的过程中，卢作孚非常注重开拓进取和创新理念，不仅在实操中践行，而且通过著书立说进行思想传播。他深受近代中国社会

---

① 《一桩惨淡经营的事业——民生实业公司》（1943 年 10 月），载凌耀伦、熊甫编：《卢作孚文集》，第 557 页。
② 凌耀伦、熊甫：《民生公司史》，人民交通出版社 1990 年版，第 188 页。
③ 《冯玉祥副委员长莅临公司讲演》，《民生公司简讯》第 698 期，1944 年 6 月28 日。

现实的触动，认为没有创新就没有发展，不能发展就不能救国，因此对创新尤为重视。

在卢作孚的开拓创新理念中，以经济建设为中心和实施计划经济，是两种极具特色的经济现代化思想。尽管今天的人们已经对"以经济建设为中心"和"计划经济"非常熟悉，但是卢作孚在当时所提出的这种经济思想具有鲜明的时代烙印；更有价值的是，卢作孚在实业过程中实践了经济思想。

卢作孚的"以经济建设为中心"理念，就是将经济建设作为当务之急。在卢作孚看来，经济基础是整个社会的基础，"社会各种事业，无一不关经济。其范围至广，罄竹难当"，"一国在国际间之重要性……要视其经济地位以为断"。① 为何要强调经济建设？卢作孚分析说："第一，任何建设，政治的或文化的，皆应以经济建设为基础。政府要管理一个极大的国家，必须依赖铁路、公路、航路的运输便利，电报、电话的通讯便利。要能抵御侵略，必须有强大的陆海空军，必须有大量的大炮、坦克、军舰、飞机的装备，必要有大量制造大炮、坦克、军舰、飞机的工厂。学校要有实际的有效的教育，必须有丰富的图书、仪器、模型、标本；科学研究的实验室里，要做有结果的实验，必须有充分的图书、仪器、药品和一切实验必需的设备，必须有印行图书，制造仪器及供应一切设备的工厂。因此，必须首先着重经济建设，尤其发展工业，否则一切皆感空虚，皆成问题。第二，必须增进人民的富力，乃能增进人民对于国家完纳赋税的负担力……第三，经济活动为国家最

---

① 《四川的问题》（1931 年 6 月 2 日），载凌耀伦、熊甫编：《卢作孚文集》，第175 页。

大多数人所必须参加的活动，一个国家只需最少数人作政治活动和文化活动"①。

卢作孚的"计划经济"理念辅助于"以经济建设为中心"理念，意指不能盲目地进行经济建设，而应该有计划地进行。卢作孚能够提出"计划经济"理念，是因为他看到了欧美资本主义国家在自由经济发展框架之下的弊端："自由经济的状况之下，亦自有其供求适应的定律，但其供求适应，是随于过剩与不足之后，不能事前控制或适时应付，某种货物因供给不足而有利益，且有奇特的利益，于是人皆争趋，增加货物的产量，逐渐或竟迅速适应需要；但常由此超过需要，而降低利益，或竟陷于亏折。于是又减少产量，以逐渐或迅速适应需要，或又竟呈供给不足的现象。由此循环往复，成为波状，永是不会稳定在供求适应线上。……自由竞争，一方面诚造了若干英雄豪杰，他方面却埋葬了更多的英雄豪杰，为社会算总账，总是人力、物力莫大的损失，损失的量远比获得的力大。"②

卢作孚认为中国只有施行计划经济，才能安排秩序，"使横的各部分相互配合，纵的各步骤相互衔接，预算清楚每一部分、每一步骤需要的人力、物力和财力，而预为准备，使无等待，无遗漏，无重复，无过剩或不足，使任何复杂的事物，成为有秩序的活动"，"以最少人力最少物力最快时间获得最大结果、最好结果"。③

卢作孚的"计划经济"理念包括下述几条原则。首先，开展全国

----

① 《论中国战后建设》（1946年2月15日），载凌耀伦、熊甫编：《卢作孚文集》，第602—604页。

② 《论中国战后建设》（1946年2月15日），载凌耀伦、熊甫编：《卢作孚文集》，第606—607页。

③ 《论中国战后建设》（1946年2月15日），载凌耀伦、熊甫编：《卢作孚文集》，第605—606页。

性调查，以确定切实可行的发展战略，"以中外的专门人才总动员将全国的产业状况、交通状况、文化事业状况、国防状况，和所感觉的需要，通通调查起来，统计起来……明白自己国家是如何空虚，如何贫乏，如何恐慌"①。其次，以调查资料为依据，制订发展计划，"根据国内的目前状况作为出发点，适应整个国家的需要，定出整个国家的生存计划、文化设施的计划、国防布置的计划，定出最后的要求"②。第三，经济发展要实现总体的供求平衡，"凡是经济事业都把有关系的联成一片，使有需要便有供给，都把同样事业化零为整，使无同业间的无聊竞争，使凡生产事业都在整个策划之下生产，只许有成功者，不许有失败者。不使社会上的物质供给，时虞不足，时虞有余，在不安的波状当中转变"③。

"以经济建设为中心"和"计划经济"是卢作孚在特殊环境下实业经营中所得出的创新理念，也是卢作孚的超前性思想预判，反映了作为实业家的卢作孚在一定程度上已经认识到经济基础和上层建筑之间的关联性，直至今日，都有巨大的参考价值。

三、合作共赢意识

近代中国内忧外患，单枪匹马的行动肯定无法持久，这一点，卢作孚深刻认同。卢作孚十分注重合作精神，强调共赢意识；合作共赢，为中国实业创造新生命。

具体而言，在企业经营过程中，卢作孚意识到生产和消费之间的供

---

① 卢作孚：《中国的建设问题与人的训练》，生活·读书·新知三联书店2014年版，第118页。
② 卢作孚：《中国的建设问题与人的训练》，第119页。
③ 民生实业公司十一周年纪念刊编辑委员会编：《民生实业公司十一周年纪念刊》，1937年，第4页。

求关系对企业经营成败影响巨大："生产是适应需要的，但是在自由竞争的商业状况之下，其结果是非常惨酷，如果生产不足，则竭力压迫需要者，如果生产过剩则又为需要者所竭力压迫，永远没有供求相应的时候，如果要办到供求相应，必须作整个的生产运动。"那么如何才能实现"整个的生产运动"呢？卢作孚认为"其一是将同类的生产事业统一为一个，或为全部的联合"，这一点的意义在于"消极方面避免同类事业的惨酷竞争，积极方面，促成社会的供求适应"；"其二连带的生产事业统一为一个或谋全部的联络……其联络愈广，其帮助亦愈广"①。

在同业合并与联合经营的思想指导下，卢作孚通过民生公司，对长江航运业进行了整合，实现合并经营。1931年，民生公司"化零为整"的联合工作进展极为迅速，共有7家华商公司同民生公司合并，有10艘轮船先后加入民生公司，除2艘不能立即投入使用外，其余8艘的吨位总和为1000吨。这样就使民生公司的轮船总数由4艘一下增加到12艘，吨位总和由500吨增加到1500吨，公司职工人数也由前一年的164人，猛增到518人。从1932年初开始，民生公司又展开了与重庆下游各轮船公司联合的行动，进展顺利。仅半年时间，就合并了4个华商轮船公司，接收了1个英国轮船公司，共增加了7艘轮船。这使民生公司的轮船总数扩大到19艘，吨位总和增至7000吨，职工人数翻了一番，猛增到1071人。到1934年，重庆上游至宜宾一线的所有中国轮船公司都并入了民生公司。一年后，重庆下游至宜昌一线也合并完毕。这样，整个长江上游的数十家分散的中国轮船公司，终于得以联合起来，组成一个整体。

---

① 《民生公司的三个运动》（1933年4月1日），载张守广、项锦熙编：《卢作孚全集》第1卷，人民日报出版社2014年版，第437页。

通过同业合并与联合经营，卢作孚将民生公司逐步带上事业的顶峰，他还从多个层面指出合作共赢的优势。首先，联合经营可以降低开支，方便调度，将国内航运"联成整个的，若干轮船只有一个公司，开支应较经济。何条航线需有几只轮船，或某线需要大船，某线需要小船，或有时需要大船，有时需要小船，应看需要分配，更较经济。可以设备比较完备的工厂，担任修理。……这些利益，不是从社会上去取得的，是从航业一经联成整个的时候产生的"①。

其次，同业合并可以减少互损竞争，抵制列强的压榨，"公司要求航业化零为整，合并许多公司，同时把航业以外与有关系的事业都办起来，正是要求省略了先进国家产业失败的历程，一脚踏到成功的阶段上去……不需要惨酷的同业竞争，不需要先进国家的重重压迫"②。

再次，同业合并与联合经营使公司更加安全，有利于协作，实现共赢。一方面是民生公司将航运业联成整体，"不但对航业界是好意，是帮助的意义，对社会尤其是好意，是帮助的意义。民生公司之合并任何轮船公司，在事实上都曾经证明是帮助了他们，同时亦是自己吃亏……自与民生公司合作起，直至今日止，是事实上证明有赢余的"③。另一方面是"航业联成整个的以后，公司利益更是安全。一只轮船发生问题，尚有他轮可以替代；一条航线发生问题，尚有他线可以行驶。可以增加救船的设备，或安设在各个船上的，或准备在工

①《航业为什么要联成整个的》（1933年1月15日），载张守广、项锦熙编：《卢作孚全集》第1卷，第416页。

②《一桩事业的几个要求》（1936年10月10日），载张守广、项锦熙编：《卢作孚全集》第1卷，第845—846页。

③《航业为什么要联成整个的》（1933年1月15日），载张守广、项锦熙编：《卢作孚全集》第1卷，第415页。

厂的。……轮船公司太多的时候，大家尔虞我诈，竞争营业，水脚时涨时落，轮船的营业太不安定，商人亦太不安定。一经联成整个的以后，则轮船公司间易于协定水脚，与商人间亦易于协定水脚，大家都入了安全的境地"①。

①《航业为什么要联成整个的》（1933 年 1 月 15 日），载张守广、项锦熙编：《卢作孚全集》第 1 卷，第 417 页。

第四章

新中国时期家国情怀对中国企业家精神的正向激发与推动作用

相较险象环生、动荡不安的民国时期,新中国成立后的社会要显得平缓得多,此时企业家的经济活动也不再围绕着爱国主义活动以及战争支撑等方面展开,成为了真正的建设祖国。在相对平和的社会环境中,企业家精神如何最大化发挥作用?随着祖国实力的日益强大,加之现今波涛暗涌的国际经济局势,也再一次将企业家精神推向了关键位置,当代企业家精神是否承继并发展了中国企业家精神特质?本章沿新中国发展的时间线,选取活跃于新中国成立初期的荣毅仁、高速发展时期的曹德旺以及现当代的知名企业家任正非,从三人的企业家精神中挖掘中华民族企业家的独有基因。

第一节 荣毅仁的企业家精神

荣毅仁(1916—2005 年),民建成员,中国工商业杰出代表,荣德生的第四子。可以说，由于时代、形势的原因，荣毅仁的企业家身份是多变的，他是荣氏企业的"少东家"，也曾是 20 世纪 30 年代上海著名实业家，更是后来享誉国际的中国国家副主席，他波澜壮阔的一生，不仅饱含了一位中国企业家丰富且特殊的经历，更能够浓缩出一种始终如一、贯穿始终的企业家精神。

一、始终如一的爱国主义精神

荣毅仁的父亲是著名的爱国主义实业家荣德生，也正因如此，荣毅仁的爱国主义精神应该说自小便打下了坚实的基础。荣毅仁的伯父荣宗敬和父亲荣德生都深受中国传统儒家文化熏陶，两人都熟读《论语》《孟子》《大学》等儒家著作。据荣毅仁回忆其伯父与父亲关系时就说过："兄弟俩在认识上、经营上碰到矛盾时，往往用封建的伦理道德加以调和"①，这也从侧面说明了传统儒家文化对荣氏家族的深刻影响。而传统文化中鲜明的爱国主义精神，自然也在荣氏家族中根深蒂固，可以说，荣氏兄弟开办各种实业的初衷，也与当时盛行的"实业救国"思想密不可分。在这样的家庭中长大的荣毅仁，其爱国主义情怀可以说扎根于童年、不断耳濡目染而形成。

荣毅仁的爱国情怀，称得上是有着先天的优势，加上中国当时动荡的时局，更加激发了他鲜明的爱国主义情怀。1931 年"九一八"事变后，东北三省的纱布市场遭日本侵占，荣氏产业受到打击，1932年的"一·二八"事变，再一次对荣氏家族的企业造成重创，战事使申新在上海 7 处工厂关停 200 至 700 多小时不等②。日军的侵略行动，使荣氏企业的经营状况每况日下，截至 1934 年 6 月底，申新公

① 计泓赓：《荣毅仁》，中央文献出版社 1999 年版，第 6 页。
② 计泓赓：《荣毅仁》，中央文献出版社 1999 年版，第 46 页。

司的总负债已与总资产数额相近，更有多家债权人存在，荣氏企业岌
岌可危。抗日战争期间，荣氏企业继续遭受不同程度的严重打击：日
本强力的经济侵略，日军对上海租界外工厂的焚烧，勾结汪伪政府强
买纱布等行径，从多方面对荣氏企业进行了摧残。经后人测算，荣氏
企业在战后剩余总资产仅为战前的 35%，① 无疑是一种破坏性的打
击。这些来自日军的不当行径，都激发了荣毅仁的愤怒，他曾在上海
《新民报》的撰文中写道："凡是中国人民，回忆起日寇过去对我侵
略的滔天罪行，都抑止不了心底的愤怒。"② 此时荣毅仁的爱国主义
情怀借由愤怒而被进一步放大，这也表现在抗战胜利后，他和三哥
"扯着国旗出去兜风"，这既是他长期以来愤怒的宣泄，也是祖国取
得胜利的自豪。③

　　解放前夕，出于对时局的不确定与恐慌，许多企业家都纷纷将自
己的产业迁往海外，唯有荣德生坚决留守国内，更号召大家也勿离
沪，要为中国战后本土资本打下基础。而与荣德生一道，在祖国坚守
中国资本与产业的，正是荣毅仁。其实，解放前夕决定去留之时，荣
毅仁的内心是矛盾的：一方面，当时他的家人很多已经去往香港；另
一方面，留下便意味着要面对当时一个完全不熟悉的政党。在去留的
犹豫与对新政党的不安中，固然有父亲荣德生坚守国内对他产生的积
极影响，但同样也是对祖国的热爱之情驱使并坚定了荣毅仁留下的
决心。

　　新中国成立后，通过同共产党的逐步深入接触，荣毅仁开始熟悉这
个新政党，也认为共产党是真的为了国家的发展在办实事。1950 年，

①　许维雍、黄汉民：《荣家企业发展史》，人民出版社 1985 年版。
②　计泓赓：《荣毅仁》，中央文献出版社 1999 年版，第 61 页。
③　计泓赓：《荣毅仁》，第 63 页。

为了恢复国家经济、促进生产力，国家拟发行人民胜利折实公债，并动员上海工商界的企业家积极购买，支持国家经济建设。荣毅仁鼎力支持，认购了大量公债，就连当时上海的报刊都形容荣毅仁的认购是"一马当先"。但其实，荣毅仁的企业在彼时已是困难重重，在不利市场形势、"二六"轰炸等多重负面影响下，申新实已难以周转。许多人质疑荣毅仁为何认购如此多的公债，他才道出真实想法："发行公债是国家的需要，每个人都应该积极认购，我荣毅仁不认购多一些，别人还会认购多少呢？"① 这不仅是荣毅仁为了国家在所不惜、不惜一切的爱国主义独白，也是他爱国情怀在社会责任上的表现，他深知自己在当时上海商界还颇具影响力，因此希望通过自己的实践引领商界更多认购公债。新中国成立后，另一具有中国特色的经济建设方式就是对资本主义工商业的社会主义改造，这一改造在解放后的上海运行良好。到 1955 年 10 月，公私合营工厂达 396 家，其产值占到私营工业总产值的 45%，棉纺、毛纺等 23 个工业行业甚至达到了公私合营全覆盖。在这场公私合营的运动中，荣毅仁依旧"一马当先"，以自己的实际行动为上海工商界树立了积极的榜样。在庆祝社会主义改造完成的游行上，他就表示："社会主义改造对于我失去的是属于我个人的一些剥削所得，得到的却是一个人人富裕繁荣强盛的社会主义国家。"② 他更指出，"把我国建成一个伟大、繁荣、幸福的社会主义，这就是我现在的'志'"③，足见荣毅仁的爱国情怀已然超越个人得失，国家的富强繁荣才是他追求的终极目标。

---

① 计泓赓：《荣毅仁》，中央文献出版社 1999 年版。
② 马国川：《荣毅仁，一位企业家和中国百年》，《财经》2016 年第 13 期。
③ 上海市纺织工业局编：《申新纺织企业的社会主义改造》，载《中国资本主义工商业的社会主义改造》上海卷（上），中共党史出版社 1993 年版。

不难看出，荣毅仁的爱国情怀始于童年的家庭背景，在外敌侵略中得到激发而进一步发展壮大，接着在新中国得以发挥与施展，找到了"用武之地"。他的爱国主义精神，是一直延续、始终如一的。

二、国家经济建设层面的创新实践

熊彼特认为企业家精神中的关键特质就是创新，这对于荣毅仁这位"资深"企业家也不例外。如果说申新是继承于父辈的家族产业，那么中信集团绝对是荣毅仁受托于国家的创新硕果。中信集团这一连续12年进入《财富》杂志"世界500强"的中国名片式企业，其前身为中国国际信托投资公司（CITIC），正是由邓小平鼎力支持、荣毅仁于1979年10月4日创立的国务院直属投资机构。[1] 荣毅仁担任了CITIC的第一任董事长兼总经理，搭建了这一日后世界500强公司的制度框架，将西方的管理经验与经济规律引入其中，并充分与中国实际相结合，使中外经济合作初具雏形，并不断发展成熟。可以说，CITIC是以金融调剂并支持实业发展的典型。1981年，CITIC就通过发行海外债券的方式解决了江苏仪征化纤工厂资金不足的困境，支撑了国家重点项目的顺利推进。这一模式不仅解决了当时的难题，也以实例开创、证明了国内企业上市融资的先例。[2] 在这之后，CITIC也将这一海外债券业务模式继续拓展，多次以海外债券发行的形式为中国工业化发展筹到了宝贵的资金。

其后，荣毅仁与CITIC又开始尝试股权投资，1987年，CITIC收购国泰航空12.5%的股权，接着又取得了港龙航空38.3%以及香港电信

---

[1]　李史：《创建中信集团的"红色资本家"荣毅仁》，《百年金融》2016年第10期。

[2]　李史：《创建中信集团的"红色资本家"荣毅仁》，《百年金融》2016年第10期。

20%的股权，不仅创新了业务模式，更拓宽了业务地域范围。① 在
CITIC 日益频繁的中外经济合作中，荣毅仁也意识到合作中涉及的法律
法规的重要性，他积极参与相关法律的制定，以自己的专业能力为中外
经济合作贡献力量、充当先锋。② 可以说，CITIC 创立之初，是计划经
济向市场经济过渡转型的关键时期，虽有国家政策支持，却财力不足，
饱受"体制内"的区别对待，创业环境可谓极为艰辛。就是在这样的
逆境下，荣毅仁不负国家重托，披荆斩棘，创新探索，在 20 世纪 80 年
代创造了多个中国第一，成功架起了中国与世界的桥梁，为跻身世界一
流企业铺好了道路。无论是从临危受命创立 CITIC 的初衷，还是从
CITIC 取得的辉煌成就，都是其初代董事长兼总经理荣毅仁作为企业家
出色创新能力的体现，也是他浓厚爱国情怀通过创新实践作用于新中国
建设的累累硕果。

三、不同角色中的企业家精神

相较于大多数典型企业家，荣毅仁的经历是丰富而别致的。在上海
市第二届人民代表大会上当选上海副市长，他分管轻纺工业，转而在政
府岗位上发挥自己企业家的专业能力与优势，为国家经济发展贡献力
量。1959 年，他又被调任国家纺织部副部长，被赋予了更加重要的职
责，使他的企业家精神有了更加广阔的施展空间。1993 年，荣毅仁又
被选举为国家副主席，可以说时隔多年后又重新开始了政治家的角色。
作为国家副主席的他，身上不再只肩负单个企业的发展，更加背负了带
领中国更多企业茁壮成长、支撑经济发展、推动中国市场化改革的历史

---

① 李史：《创建中信集团的"红色资本家"荣毅仁》，《百年金融》2016 年第 10 期。
② 文晖：《中信的气魄》，《英才》2016 年第 6 期。

使命①，这也是企业家精神直接作用于区域经济发展的最好诠释。作为企业家，荣毅仁的经历是典型又特殊的，他一度接手企业，参与政治，重新创业，又回到政治，在不同的时期扮演了各种各业与企业家、国家经济息息相关的重要角色，他的企业家精神能够在不同角色间切换自如，在不同的岗位上发挥着应有的作用，其中饱含了创新这一企业家精神中的经济特质，但更透露出浓烈的爱国主义情怀。

第二节　曹德旺的企业家精神

曹德旺，1946 年 5 月生，福建省福州市福清人，中国第一、世界第二大汽车玻璃供应商福耀玻璃集团的创始人、董事长，中国杰出民营企业家，人称中国"玻璃大王"。曹德旺商业的开始，其实是符合柯兹纳观点的较为典型的机会型企业家，他起初通过汽车玻璃行业中的信息不对称，较为合理地压低了自己生产玻璃的售价，获取了可观的利润。虽然他的发家来源于企业家套利行为，但他逐渐将这种套利转变为富有社会属性、利于国家经济发展的实践，则更加值得研究，在这一正向转化过程中，曹德旺企业家精神所起到的作用，正是本节要重点探讨的。

一、目标明确的社会担当与责任

曹德旺在回顾自己的企业家生涯时说道："回望 40 年的艰辛历程，我觉得一个成功的企业家必须要有担当，有家国情怀。同时，干事创业还要培养和建立自信。首先要建立文化上的自信。中国文化教会我们义利相济，'义'就是要承担责任，做应该做的事情，把应该做的事情做

---

① 马国川：《荣毅仁，一位企业家和中国百年》，《财经》2016 年第 13 期。

到位；'利'就是要让大家都得到利益，共同富裕。"① 正如他自己所总结的，曹德旺的企业家精神中最重要的特质便是充满爱国主义精神的责任担当。在接受《中外管理》的采访时，曹德旺明确表示了企业家行为不应该单纯以营利为目的，而应该首先为自己的行为负责。对此，他认为企业家的首要责任就应该是"国家因为有你而强大，社会因为有你而进步，人民因为你而富足"②，这正是来自于曹德旺本人最直白的爱国情怀抒发与表述。曹德旺的爱国主义精神并不浮于口号，而是根植于他的企业经营活动之中，他正是用自己的商业活动在不断履行着自己作为企业家应尽的责任。圣戈班是曹德旺长期以来一直希望建立合作的国际企业，在圣戈班代表团来到中国时，曹德旺为示尊重，特意邀请了当地的政府官员一同参与接待，不料却起到了反效果，圣戈班在交谈中表现出了对中国政府的轻蔑与傲慢之情。这激起了曹德旺强烈的不满，在接待结束后送圣戈班的人到酒店时，他毫不客气地指出："你懂中国人吗？中国人把当官的比作父母，你若想与我合作，当着我的面讲我'父母'的不对，请你回去，我们不谈了。"③ 曹德旺用自己的行动告诉世人，建立合作扩大盈利并不是我唯一的目的，作为中国人的尊严要远远高于企业家的逐利属性。经此一事，圣戈班也改变态度，通过更加尊重国家的方式进行谈判。现在，越来越多的海外企业陆续与中国企业建立合作，共同开创局面，在与中国合作的过程中，他们也越发理解中国、尊重中国，这与曹德旺这样的富有爱国主义责任心的优秀企业家的合作实践的引领是密不可分的。

曹德旺对国家的担当更表现在对外的商业斗争上，堪称中国对美贸

---

① 曹德旺：《实业家不应该仅仅是为了钱》，《全球商业经典》2020 年第 6 期。
② 陶小然：《曹德旺：我们最缺的一种精神》，《中外管理》2018 年第 1 期。
③ 叶月草：《玻璃大王曹德旺》，浙江人民出版社 2010 年版，第 170 页。

易战的先驱。2002 年，超 6000 亿美元的中国巨大出口总额使美国倍感压力，美国人以倾销为名，将含福耀玻璃在内的多家中国企业无端告上法庭，要求加征关税。在美国的不公行为前，许多企业选择忍气吞声或是退出美国市场，唯有曹德旺的福耀玻璃，不惜重金，以美国的法律，同美国人打起了官司，并最终战胜了美国商务部，成为中国加入 WTO 后第一家胜诉美国商务部反倾销案的中国企业。[1] 这一胜利不仅属于福耀玻璃一家企业，更为千千万万同样受到美国商务部压迫的中国企业树立了榜样，给了他们反抗不公待遇的勇气与底气。据统计，此次福耀战胜美国商务部耗时 3 年，花费近 1 亿元，可谓耗尽人力物力与时间，曹德旺则对此表示："如果我们不应诉，对福耀影响不大。不能卖到这个国家，我可以卖给别的国家，还可以转内销。但如果我们的案子不诉而败，吃亏的是整个中国汽车玻璃行业。"[2] 可以看到，在这场与美国商务部的贸易斗争中，曹德旺看到的不仅仅是自己企业的得失与未来，他将眼光落在了中国的汽车玻璃行业，坚定地履行了其作为中国汽车玻璃行业巨头对国家肩负的巨大责任。

二、以创新坚守制造业

可以说，曹德旺的创业之路始于对汽车玻璃行业信息不对称的机会把握，但不同于大部分"投机"型企业家，曹德旺坚信制造业才是对国家履行责任的正确途径，他将"实体经济"视为其企业发展的根本。在谈及李嘉诚时，曹德旺曾明确表示过与李嘉诚间的区别："别拿我和李嘉诚比，我不做房地产，我不为钱……我是实业家！"他的产业，从

---

[1]　曹德旺：《实业家不应该仅仅是为了钱》，《全球商业经典》2020 年第 6 期。
[2]　曹德旺：《实业家不应该仅仅是为了钱》，《全球商业经典》2020 年第 6 期。

不涉及金融、房地产、互联网、煤矿，而是"死心塌地地做制造业"①。同时，他也深谙做好制造业的门道，认为创新才是企业可持续发展的源动力。他提出"精进"的概念，认为"精进就是精益求精，就是持续创新"②。即使对于引进技术，他也表示要在引进的基础上转化并创新，形成属于自己的制造能力。2008 年，福耀集团对企业内的 104 个项目以资金的形式进行了大规模的创新奖励，这是对广大员工多年来劳动成果的肯定，更是为了更大程度激发员工的创新激情，也足见曹德旺对企业创新能力的重视程度与发展力度。福耀玻璃作为汽车行业的玻璃制造商，必须适应更新快速的汽车市场与行业，"5 年一换代，年年有改型"，这些汽车行业的"约定俗成"，都要求福耀要始终保持创新，不断以新技术适应行业新需求。多年来，在曹德旺的带领下，福耀集团取得了多项行业领先的创新成果：2008 年，福耀获得连续钢化炉的"一种玻璃成型机钢化用的风栅机构""一种汽车玻璃弯曲成型钢化装备"专利审核通过；2008 年，通过 3 年的不懈努力，福耀玻璃基本完成了防霉玻璃的研发与制造，为后续的业务发展打下了基础；自 2000 年起，福耀成立包边项目组，2001 年即研发出了第一片包边配件产品，2007 年创造出独特的前后挡包边解决方案，以此成为了沃尔沃的供应商；致力优化汽车钢化玻璃制造工序，使制作在满足用户需求的情况下，有效降低了钢化综合成品率、钢化工序成品率等主要小号指标。③

　　作为企业家，曹德旺所具备的创新特质是鲜明的且独具成效的，这种对创新的重视使福耀玻璃日渐掌握了国内外领先的技术，使福耀在业

---

　　① 昌之路：《谋求发展，兼济天下——记福耀玻璃集团创始人、董事长曹德旺》，《商业文化》2020 年第 20 期。

　　② 昌之路：《谋求发展，兼济天下——记福耀玻璃集团创始人、董事长曹德旺》，《商业文化》2020 年第 20 期。

　　③ 叶月草：《玻璃大王曹德旺》，浙江人民出版社 2010 年版，第 125—129 页。

内的竞争力不断提升。但是，看到曹德旺对实体经济的坚持，看到他对国家责任履行的执念，与其说创新是曹德旺发展壮大自己企业的手段，不如说是他坚守实业制造业的筹码，是履行、承担国家富强责任的基石。

三、回馈国家与社会的慈善实践

有人评价曹德旺说："曹德旺的人生分为两个不可分割的部分：一个是企业，一个是慈善。两者构成了曹德旺完美的一生。"[①] 作为知名企业家，足见慈善在曹德旺生涯中的重要性。他的慈善捐款覆盖面广、频率高、金额客观。据统计，曹德旺1996年捐资300万元作为厦门大学教育发展基金，1998年先后捐出400万元支援长江抗洪；2004—2005年，又屡次出资捐助乡村公路建设超1600万元；[②] 2008年汶川地震，他亲赴灾区，先后捐助金额达2000万元；2010年青海玉树地震，曹德旺父子捐赠了1亿元；2011年5月5日，曹德旺又发起成立了"河仁慈善基金会"，并将福耀集团3亿元的股份捐赠给该基金……新冠肺炎疫情暴发后，福耀集团也遭受重创，月亏损额达1.5亿元之多，但依然不能阻挡他的慈善事业，他又为抗疫捐赠了1亿元的款项。多年的慈善捐赠，累计金额竟达上百亿元，多年蝉联中国慈善排行榜"首善"。[③]

在谈及自己的慈善行为时，曹德旺解释说："做慈善对我来说是减肥割肉，我捐了很多钱，加起来有110多亿，已经花掉30多亿，我有气魄做这件事。钱对你们来说是钱，对我来说我是在做减肥，是在消除

---

① 曹德旺：《实业家不应该仅仅是为了钱》，《全球商业经典》2020年第6期。
② 叶月草：《玻璃大王曹德旺》，浙江人民出版社2010年版，第166页。
③ 曹德旺：《实业家不应该仅仅是为了钱》，《全球商业经典》2020年第6期。

赘肉"。他将这种"减肥"行为看作是做企业的一种修行,并认为这种修行能够让自己修得"自尊、自重、自爱、自律"①。其实,这只是曹德旺对自己做慈善个人所得的论述,由于他认为企业家并不应该纯粹的逐利,所以钱对他来说也显得不是那么重要,所以以慈善的形式来为自己做修行。更深一步看,正如他自己说的:"企业家若没有责任感,充其量是富豪。"② 对曹德旺来说,作为一名企业家,无论是做企业,还是做慈善,都离不开责任,在一次演讲中,他清楚地道出了自己的责任:"我理解企业家应该以国家为己任。第一,国家因你而强大。第二,社会会因你而进步。第三,人民会因你而富足。"③ 这三点中,国家与社会的强大与进步,与企业家的经济活动息息相关、紧密挂钩,人民因你富足,则是曹德旺的慈善行为所能出一份力的。

第三节　任正非的企业家精神

当代中国在经历改革开放后,经济水平已不可同日而语,造就这一成绩离不开企业家群体多年来的创新与奋斗。

"中国是一个大国,我们要像当年搞两弹一星那样,拿出伟大的气魄来,在经济上、科技上站起来。"④ 任正非在《我们向美国人学什么?》一文中如此发出感慨,它不仅道出了任正非经营华为的目的是助力中国在经济上、科技上站起来,更是其家国情怀的个人自白。美国以举国之力压制华为,恰恰说明华为已经成为我国科技创新的企业典型。

---

① 陶小然、刘奔:《曹德旺　我们最缺的一种精神》,《中外管理》2018 年第 1 期。
② 《曹德旺:实业家不应该仅仅是为了钱》,《全球商业经典》2020 年第 6 期。
③ 曹德旺:《曹德旺　企业家应该以国家为己任》,《经营者(汽车商业评论)》2020 年第 8 期。
④ 任正非:《我们向美国人学什么?》,《华为人报》1998 年第 23 期。

而在辉煌的成绩背后，任正非的家国情怀如何推动华为取得如此成就，正是我们要深入讨论的。

一、任正非的家庭背景与军旅生涯

家庭总是能给人以无形却深入骨髓的熏陶，任正非的家国情怀也毫不例外地能够追溯到其家庭背景。任正非的父亲任摩逊，作为任店村的首位大学生，求学时就展露出鲜明的家国情怀。时逢抗日战争，任摩逊积极投身抗日救亡运动之中。[1] 1937年，任摩逊通过朋友介绍供职于国民政府412军工厂[2]，在这个生产防毒面具的工厂中，为抗日救国出一份力。其间，他十分赞同共产党的主张，并时常组织宣传与讨论。后为了摆脱国民党特务的迫害，任摩逊从浙江来到贵州，虽地处偏僻、生活贫苦，但他在这邂逅了爱情，也有了任正非。新中国成立后，任摩逊成为一所专科学校的校长，继续在自己的岗位上为国家贡献力量，培养了不少优秀干部。[3] 在任正非的教育方面，任摩逊一有空闲便讲一些科学家与名人为国家作出积极贡献的事迹，以此激励任正非努力学习，这也在一定程度上为任正非日后华为的经营初衷埋下伏笔。

怀着"为国家作出贡献"这一抱负，任正非克服贫困，通过自身的努力，考取了重庆建筑工程学院。这所中国老牌建筑名校优质的教育资源，赋予任正非以报效祖国必不可少的知识资本。虽然在大学期间，任正非经历了父亲"文革"中被批斗的惨剧，但此时父亲的教诲反而激励了他对知识更加执着地追求与学习。"记住知识就是力量，别人不

① 李洪文：《任正非：九死一生的坚持》，中国言实出版社2014年版，第3页。
② 李洪文：《任正非：九死一生的坚持》，第3页。
③ 肖丹生：《传奇任正非》，现代出版社2009年版，第16页。

学，你要学，不要随大流。"① 父亲的教诲，使任正非一生都重视知识、追求知识，他深知知识将是他拯救家庭、报效祖国的基础。大学时代的努力追求，使任正非对中国建设需要的科技及教育产生了独到深入的理解，其身上浓重的爱国主义价值取向，也深深吸引了他的第一任妻子孟军。②

响应国家号召，孟军与任正非先后入伍，任正非加入了基建工程兵部队。基建工程兵虽然是中国解放军存在时间最短的兵种，但其存在的短短16年间，却肩负了中国各种重要的建设任务，正如《工程兵之歌》传唱的："我们是光荣的基建工程兵，毛主席的教导牢牢记心上，劳武结合，能工能战，以工为主是方向，开矿山，建工厂，筑公路，架桥梁，开发资源，拦江筑坝，祖国处处披新装，建设祖国贡献力量。"任正非作为工程兵队伍的一员，参与了总装厂、飞机洞库、试验场地等几十个项目的建设，以工程兵的身份，在自己的岗位上作出了贡献。③在部队期间，任正非凭借着出众的科技研发能力，开展了多项技术发明创造，其中更有两项填补了国家空白。由于父亲被批斗的政治原因，任正非并没有因为这些成绩而获得嘉奖，未能被接纳为一名共产党员。但是，他没有心存怨念，而是一如既往地在自己的岗位上充实自己的知识与经验，体现出了对祖国默默无闻的奉献精神。

"文化大革命"结束后，中国社会开始发生变化，对科学技术的重视与需求空前高涨，任正非两项填补国家空白的技术发明终于得到认可，1978年他更受邀出席全国科学大会。在其父亲得到平反后，他也

---

① 王育琨：《苦难英雄任正非》，江苏凤凰文艺出版社2019年版，第11页。
② 王育琨：《苦难英雄任正非》，第12页。
③ 王育琨：《苦难英雄任正非》，第14页。

如愿加入了中国共产党，并出席了第十二次全国人民代表大会。① 多年来的默默奉献终于得到国家的认可，这对任正非是一种激励，其家国情怀得到充分肯定。在评价其父亲与岳父被平反后继续奉献国家时，任正非说："我为老一辈的政治品行自豪……他们不以物喜，不以己悲，不计荣辱，爱国爱党，忠于事业的精神值得我们这一代人、下一代人、下下一代人学习。生活中不可能没有挫折，但一个人为人民奋斗的意志不能动摇。"②

1982 年，《关于撤销基建工程兵的决定》给任正非的事业带来了突如其来的转折，经多方考虑，任正非离开部队，转业到深圳南油集团工作。虽然任正非最后离开了部队，但军旅生涯在他的身上留下了深刻的烙印，军人以报国为己任，这一军旅口号，早已深深地印在任正非的脑海中。③ 这一信念，不仅使任正非在其后的企业经营中时刻将国家利益摆在首位，同时不断推动他以自主科技创新为宗旨开创事业。

二、华为的创立与研发之路

任正非在南油集团的工作并不顺利，初来乍到的他虽踌躇满志，但始终得不到机会，他向公司申请管理集团旗下一家公司，始终未果。他转而自己尝试电子贸易，却由于不谙商场黑暗，被人骗去 100 万元。之后他又尝试创业，都不尽如人意，挫折与失败伴随着他这段人生。在历经了商场的沉浮与洗礼后，任正非于 1987 年与人合伙创立了"深圳华为技术有限公司"，开始了他新一阶段的创业尝试。华为的创立，可以说从字面上就显示出了任正非创业的目的："华为，华为，中华有为！"

---

① 王育琨：《苦难英雄任正非》，第 15 页。
② 王育琨：《苦难英雄任正非》，第 16 页。
③ 李洪文：《任正非：九死一生的坚持》，第 3 页。

华为最为根本的目的是为了振兴中华，让中华民族在世界舞台上有所作为，这也正是其创办者任正非家国情怀的体现。

虽然"中华有为"的理想十分美好，但现实情况却不容乐观。早期的华为由于现实因素的制约，起初只能做些初级的贸易维生，甚至还做过"卖墓碑"这样与技术毫不相关的买卖。就在这时，任正非接触到了香港鸿年公司的小型交换机，这种交换机不仅在国内有着一定的需求量，任正非更凭借着与众不同的气质与谈吐成功与鸿年公司的老板建立了良好的合作关系，获得授信额度的同时，更取得了具有优势的价格差，为华为带来了可观的利润。但是，这种来源于价格差的盈利无法持久，一方面由于产品本身的畅销导致香港方面供货不足，华为虽收取了客户的定金，但却无法按期交货，这使华为的信誉度严重受损；另一方面，这种价格差的盈利方式其实准入门槛较低，随着发现这种交换机商机的商家越来越多，同质竞争越发激烈，使得华为这一早期交换机代销业务举步维艰。不断显现的企业危机促使任正非思考破解之道，为华为的转型与蜕变埋下了伏笔。

紧接着，中国电话市场迎来了高峰，这也再一次凸显了交换机业务的良好前景，中国交换机虽处于起步阶段，但市场需求十分可观，国外进口的交换机往往供不应求，许多客户买不到交换机。① 当时国外交换机生产商不愿分享核心技术，这也保证了单纯的低成本代理没有来自国内其他商业模式的竞争，"倒买倒卖"成了当时国内交换机市场的主流商业模式。

然而，这种商业模式却不具备可持续发展性。首先，这种商业模式下的交换机技术掌握在国外交换机生产商手里，虽然在一段时间内国内

---

① 肖丹生：《传奇任正非》，第 29 页。

代理能够通过一定的买卖差价实现巨额利润，但由于核心技术的欠缺导致对产品的购买价格不具备话语权与可控性，国外生产商随时可能调整价格，利润大小甚至能否盈利完全取决于国外生产商。其次，在当时交换机巨大市场潜力的诱导下，国内已经出现了低端的交换机组装企业，他们虽处在产业链的不利位置、对国外生产商有着较强的依赖性，但也是我国民营企业交换机生产的早期尝试。然而，面对核心技术的缺乏，这些组装厂也备受压力，只要国外生产商切断组件的供应，国内组装企业将面临停产甚至消亡的巨大风险，国内企业的命运完全掌握在国外巨头的手中。最后，在纷纷意识到中国交换机的巨大市场前景后，国外通信巨头开始大量向中国输送产品，而国内各省市县级电信局都具有采购交换机的权利与资质，他们可能会选择五花八门的品牌，这就导致了中国通信市场在发展数年后出现了"七国八制"的现象①，不仅通信制式无法统一，国内市场也被日本、美国、瑞典、德国等外国电信运营商垄断。

这一情况激发了任正非的家国情怀，"他拍案而起，对华为的技术人员说，华为一定要生产出自己品牌的程控交换机！"为了改变国内交换机市场落后被动的局面，任正非聚焦核心科技，在努力实现交换机业务可持续发展、做大华为的同时，更尝试以科技创新扭转中国在交换机领域"落后挨打"的局面。商场如战场，在当时的时代背景下，任正非和他的前辈一样，走上了"实业救国"的道路。

以科技创新为导向，任正非不惜投入成本，将之前贸易赚得的资金大量投入到了交换机研发工作之中。在任正非与华为团队的共同努力下，1992 年开始研制 C&C08 交换机的当年，华为就自主开发出了第一

---

① 李洪文：《任正非：九死一生的坚持》，第 33 页。

台小型交换机，3 年后则开发出了第一台程控交换机。① 自主研发使华为掌握了核心竞争力，其各种产品不断在中国市场崭露头角，这为华为带来了丰厚的利润，并一定程度上扭转了中国交换机市场被外国人垄断的局面。

在华为最高层以创新为核心的战略引领下，华为公司上下团结一致，重视自主研发与科技创新，创造了一个又一个辉煌的成绩。1998年开始，依托自主研发的核心科技，华为成功将业务开拓至了中国的主要城市。华为时刻都在超越，当然不满足于中国市场，1999 年华为成功将业务延伸至海外，在印度加罗尔设立研发中心，次年又在瑞典斯德哥尔摩建立研发中心，同年，其海外市场销售额达到了 1 亿美元。自此之后的十几年间，华为不仅稳步推进着国内各项业务，更在海外市场高歌猛进，与西门子、Telfort、3com 等多家跨国企业建立合作。2008 年还被《商业周刊》评为全球十大最有影响力的公司，2009 年获英国《金融时报》颁发的"业务新锐奖"，并入选美国 *Fast Company* 杂志评选的最具创新力公司前五强，可以说是全球化的优秀践行者与典范。近几年来，华为的智能手机业务也逐渐抬头，销售量甚至可以与苹果、三星等国际知名手机品牌同台竞技。2013 年，华为发布了 5G 白皮书，开始致力于构建 5G 全球生态圈，并立即投身于 5G 的研发工作之中。在创新研发的战略引领与科研团队的不懈努力下，华为在 5G 领域不断取得突破，2017 年 5G 技术已全面超越国际电信联盟（ITU）要求，2018年 5G 技术已具备商业化能力，到了 2019 年，华为已能够帮助全球 35家运营商打造 5G 精品网，成为了 5G 领域的技术引领者。② 现在，华为

---

① 肖丹生：《传奇任正非》，第 29 页。
② 华为公司官网"发展历程"，2020 年 12 月，见 https：//www. huawei. com/cn/corporate-information。

正积极履行着其创立的初衷，在自己的领域同美国进行着激烈的斗争。

科技创新使华为尝到了甜头，自此坚持科技创新成了华为的杀手锏与发展的根本方针。华为对科研创新的支持首先体现在了充足的资金支持上。很多企业吝啬于将资源大量配置到研发工作，华为则反其道而行之，始终保证研发费用的高投入，这也是华为能够长期在产品与技术上保有优势的原因。[1] 为了保证足够的研发经费投入，华为坚持按10%左右的销售收入划拨研发经费，虽然牺牲了一定的利润，却可以保证企业的可持续发展，在盈利与创新上找到了平衡点。此外，华为更有着一项与众不同的制度，规定每年要将预算的研发经费用完，用不完则要对相关领导进行问责，这便从制度层面对研发的经费支持提出了硬性要求。据统计，1996—2003年间，华为累计研发投入费用近100亿元，[2] 近十年来的累计研发费用更高达6000亿元以上。华为年报显示，2017年华为营业收入6036亿元，研发投入达897亿元[3]；2018年，营业收入7212亿元，研发费用支出达1015亿元[4]；2019年，营业收入继续增长至8588亿元，研发费用达1317亿元[5]。近三年来，研发费用占比均达到14%以上，足见华为对自主创新研发的支持力度。其次，是对科研创新人才的培养力度。华为对研发人才的重视与培养是多方面的，被外界所熟知的"高薪"，与其说是一种对人才的吸引要素，不如说是一个基础。在这一基础上，良好的培训体系似乎对人才更具吸引力。著名人力资源与管理咨询专家彭剑锋认为，在他接触过的中国企业中，华为对

① 景元利：《华为本质：高速成长背后不可复制的十大逻辑》，金城出版社2016年版，第192页。
② 成海清：《华为傻创新：持续成功创新企业的中国典范》，企业管理出版社2016年版，第136页。
③ 华为投资控股有限公司：《华为投资控股有限公司2017年年度报告》，2018年。
④ 华为投资控股有限公司：《华为投资控股有限公司2018年年度报告》，2019年。
⑤ 华为投资控股有限公司：《华为投资控股有限公司2019年年度报告》，2020年。

人力资源培训开发方面倾注的热情最大、资金投入也最多。① 为了更高效培育人才，华为甚至于 2005 年注册成立了华为大学，对其员工进行全方位的教育培训，使得华为员工在进入华为前就具备了较高水平的技术与能力，华为大学的培训成为进一步提高员工各项能力的有效手段，这对研发人才队伍的建设起到了强大的提质增效作用，不断成长的专业团队也进一步巩固并推动了华为科技创新的发展。

最后，也是最为重要的，是来自华为总裁任正非以创新为核心的战略引领。在 2016 年全国科技创新大会上，任正非就向中央汇报过自己关于创新的一些想法："从科技的角度来看，未来二三十年人类社会将演变成一个智能社会，其深度和广度我们还想象不到。越是前途不确定，越需要创造。……如果不能扛起重大的社会责任，坚持创新，迟早会被颠覆。"② 任正非始终以辩证、发展的眼光看待并引领华为，他认为科技创新正是华为得以盈利、创造各种业绩的核心竞争力。他也对华为所处的时代背景与未来做出判断："华为正在本行业逐步攻入无人区，处在无人领航、无既定规则、无人跟随的困境。华为跟着人跑的机会主义，会逐步慢下来，创立引导理论的责任已经到来。"③ 任正非清楚地意识到当前华为存在的不足，为了实现自我突破，必须要以创新引领。

通过战略引领、资金支持以及科学的培训体系，华为在科技创新领域取得了傲人的成绩。截至 2019 年，华为研发团队已壮大至 96000 多

---

① 张笑恒：《华为批判：从基本法到以奋斗者为本》，江西教育出版社 2017 年版，第 138 页。
② 引自任正非：《以创新为核心竞争力，为祖国百年科技振兴而奋斗》，《办公自动化》2018 年第 23 期。
③ 引自任正非：《以创新为核心竞争力，为祖国百年科技振兴而奋斗》，《办公自动化》2018 年第 23 期。

人，占总人数的49%，这一庞大的研发团队在任正非以科技创新为核心竞争力的战略思想引领下，在近十年累计4650亿元的研发费用的支撑下，为华为创造了傲人的成果，不仅实现了营收利润的年度递增，业务范围也拓展至美洲、亚太、欧洲、中东等世界各地，华为更是成为了全球最大的专利持有者之一。截至2019年底，其在全球累计获得授权专利达85000件以上。华为从成立初期靠"倒买倒卖"维生的"小贩"，已成长为能够独当一面、具备强大核心竞争力的真正科技创新型企业，彰显了"中国创造"的领先品质，这也与任正非"中华有为"的初衷与目标越来越近。

三、从华为的企业活动中探寻任正非的企业家精神特质

任正非是华为的创始人及总裁，虽然其个人持股仅1.01%，但他自华为成立之初便带领团队研发，明确公司以创新为核心，带领公司不断创造辉煌，其个人精神特质早已融入了华为企业之中。"工匠精神""中国精造"的首提者聂圣哲说，华为就是任正非的日常生活，① 可想而知任正非个人的企业家精神对华为潜移默化的影响之大，而任正非企业家精神中最为鲜明的部分就是浓重的家国情怀。

1. 充满家国情怀的企业家精神

任正非作为一名企业家，社会责任感非常强烈。《华为公司基本法》第七条明确指出："华为以产业报国和科教兴国为己任，以公司的发展为所在社区作出贡献。为伟大祖国的繁荣昌盛，为中华民族的振兴，为自己和家人的幸福而努力。"在基本法中，这一条被定义为了"社会责任"。这句话既指出了华为人应有的工作目的，将"爱祖国、

---

① 王育琨：《苦难英雄：任正非》，"序"第6页。

爱人民、爱党"作为华为的企业文化。更为重要的是，他要求华为人
把国家前途、民族命运、企业兴衰、个人得失、家庭幸福看成一条生命
链。①"家国同构"的思想如此清晰，华为公司关于国家民族与家庭个
人荣辱与共的要求正是家国情怀信仰的精髓。对此，《华为公司基本
法》中的第四条"精神"为社会责任的履行进行了内在的保障与推动，
第四条指出："爱祖国、爱人民、爱事业和爱生活是我们凝聚力的源
泉。责任意识、创新精神、敬业精神与团结合作精神是我们企业文化的
精髓。实事求是是我们行为的准则。"能够促使并保证员工履行社会责
任的正是其思想源泉，因此从源泉上要求员工爱祖国、爱人民无疑是为
其建立了出发点，这也是信仰通过设定目标感来激励个体行为的绝佳表
现。正如任正非对此解释的："必须使员工的目标远大化，使员工感到
他的奋斗与祖国的前途、民族的命运是连在一起的。为伟大祖国的繁荣
昌盛，为中华民族的振兴，为自己与家人的幸福而努力奋斗。……这就
是我们说的两部发动机，一部为国家，一部为自己。"②

华为的新进员工在入职公司之初都会收到一份《致新员工书》，其
中明确指出："公司要求每一个员工，要热爱自己的祖国，热爱我们这
个多灾多难、刚刚开始振兴的民族。只有背负着他们的希望，才可进行
艰苦的搏击，而无怨言。我们总有一天，会在世界通信的舞台上，占据
一席位子。任何时候、任何地点都不要做对不起祖国、对不起民族的事
情。要严格遵守公司的各项制度与管理。对不合理的制度，只有修改以
后才可以不遵守。不贪污、不盗窃、不腐化。严于律己，宽以待人。坚
持真理，善于利用批评和自我批评的方法，提高自己，帮助别人。"
"要关心时事，关心国家与民族的前途命运。提高自己的觉悟。但不要

① 任正非：《创新是华为发展的不竭动力》，《华为人报》2000 年第 107 期。
② 任正非：《我们向美国人学什么?》，《华为人报》1998 年第 23 期。

卷入任何政治旋涡，指点江山。公司不支持您，也不会保护您。公司坚持员工必须跟着社会潮流走。当前，要承认只有共产党才能领导中国，否则就会陷入无政府主义。一个高速发展的经济社会，没有稳定，没有强有力的领导，陷入无政府主义状态是不可想象的。"华为是热爱自己国家与民族的华为，在任正非看来，华为是为了实现"中华有为"而成立的富有社会责任担当的中国企业，其员工也应当树立正确积极的目标，这一目标应当与国家与民族的目标相统一。任正非具有鲜明家国情怀特征的企业家精神，通过华为内部的制度进行了传递，被层层传导并渗透至了全体华为人的精神之中。

　　可以说，华为公司成立的初衷便是为了中华民族的振兴，这不仅是字面上的"口号"，更来源于其创始人个人深层的思想世界与价值观。任正非心目中有两位来自 IBM 公司的"英雄"，他不仅十分赞赏这两位英雄的工作能力与成绩，更加为他们的内在气质所吸引与折服。任正非心目中的第一位"英雄"是"棒子杰克"。这位杰克以严厉著称，对下属的工作苛刻严厉，时常棍棒相交，"棒子杰克"一名也由此而来。同时，他对自己也十分严格，每天只睡三四个小时就投身于工作，可以说是将一切奉献给工作的典型。这样一位传奇管理者在 56 岁病重卧在病床上时，心中所想的竟是 IBM 的改革工作，他甚至在临死前还在为公司选贤举能，直到生命的尽头。

　　任正非心目中的第二位"英雄"是伯兰。伯兰是 IBM 企业联盟概念的首提者，这一企业联盟的体系重视先行了解客户的需求，相较于对现有产品的直接推销，公司首先派遣程序员充分了解客户的需求，在对产品进行针对性优化后才开始销售，这也为 IBM 创造了良好的品牌与企业形象，为公司贡献了不小的利润。50 岁时，伯兰罹患脑癌病倒了，在病床上，他依旧以电子邮件的方式追踪工作进度，保持着相当的工作强度，临死前，他说"我动弹不得了，就像 IBM 一样"，说明他早已将自身与公司看成了一条生命链，公司已然成为其生命中的重要组成部分。

任正非心目中的两位英雄，都是将自己的生命献给了公司与事业的奋斗者，具有鲜明的忘我奉献精神，与任正非早年军旅生涯中无私奉献的经历产生了共鸣。任正非从心底认同并钦佩这种忘我的奋斗精神。他在《我们向美国人学什么?》一文中就列举了许多美国人忘我奋斗的例子，他表示美国的许多科技人员都十分敬业，具有十分鲜明的奋斗精神。美国科技工作者的奋斗可能得益于私人风险投资基金等奖励机制的推动，但像"棒子杰克"与伯兰奋斗精神的背后，必然蕴含着更深层次的内在驱动力。任正非说过："如果以狭隘的金钱观来认识资本主义世界的一些奋斗者，就理解不了比尔·盖茨每天还工作十四五小时的不间歇的努力。"① 在任正非看来，这些美国奋斗者的内在驱动力是不同于财富与利润的更深层次的因素。

马斯洛的需求六层次论为这些美国奋斗者内在驱动力的探寻提供了启示。在需求六层次论中，第一层也是人最为基础的需求是维持生存的状态，中间层则是"活出自己"，获得社会的尊重、认可与需要，最上层是个人的"自我超越"，实现生命觉醒"自我实现"的需求。② 细化来看，单纯的财富追求就是第一层次的需求。在满足了最基础的维持生存的需求后，人通过奋斗创造出成绩，不断获得公司、集体乃至社会的认同，这就好比杰克独特的管理模式虽褒贬不一，但也得到 IBM 公司的认可；伯兰对企业联盟体系构建的提出，为公司带来了利润与效益。这两位任正非心目中的英雄都身患重病，但他们对公司发展、改革的美好愿景与执着的追求，都在临死前表现得淋漓尽致，他们都是在为实现

---

① 任正非：《我们向美国人学什么?》，《华为人报》1998 年第 23 期。
② 王育琨：《苦难英雄：任正非》，第 267 页。

"生命觉醒"这一层次的需求而奋斗，虽然都未能实现，但却都是将其看得比生命分量更重。

将这一理论放置到任正非的经历中来讨论，可以看出：华为初创时期对贸易的摸索、对交换机的自主研发等尝试，都是任正非为了实现最基本层次的需求，即维持华为的生存。随着以创新科技为核心思想的建立与实践，华为的业务也逐渐稳定，进而在不懈奋斗中取得了积极的成果，持续增长的利润收入与越发强大的企业实力使华为逐步被中国乃至世界认可，作为华为总裁的任正非实现了中间层次"活出自己"的需求，获得了社会的广泛认可。在已经取得一定成绩的基础上，任正非还是继续发扬忘我的奋斗精神，这就是为了追求最上层的"生命觉醒"。任正非在《我们向美国人学什么？》一文中还特别强调了邓稼先的奋斗精神，他表示："我们国家不乏有许多如两弹元勋邓稼先那样优秀的艰苦奋斗者，只要我们一代一代的优秀青年继承他们的传统，发扬他们的精神，承先启后，继往开来，中国是有希望的。"[1] 邓稼先的工作是为国家而奋斗，这也正是任正非所暗示的忘我奋斗精神背后的精神支撑。"中国是有希望的"这一落脚点，也更加明确地阐明了发扬并继承邓稼先艰苦奋斗精神的最终目标，是为了中国的希望与富强。任正非在公司研究试验系统先进事迹汇报大会上呼吁："历史呼唤英雄，当代中国更迫切地呼唤英雄的群体，华为青年应该成为这样的英雄。谁能说今天的土博士，不会是明日的世界英才。我国只有在教育、文化、科技方面领先，才能走出让人欺辱的低谷。有志的中华儿女，应该献身于祖国的事业。"[2] 任正非对当代中国的需求做出了回应，他提倡中华儿女以忘我

---

① 任正非：《我们向美国人学什么？》，《华为人报》1998 年第 23 期。

② 任正非：《呼唤英雄——在公司研究试验系统先进事迹汇报大会上的讲话》，《华为人报》1997 年第 54 期。

的奋斗精神报效祖国，争当当代中国呼唤的英雄。对任正非而言，回应当代中国的需求，振兴中华的历史使命，就是他的"生命觉醒"，不同于美国科技工作者希望以公司的发展实现生命觉醒，任正非将"自我超越"的需求落脚于更加崇高的国家层面，始终与其创立华为的初衷相吻合。

2. 来自家国情怀的创新激励

今天的华为拥有数万件专利技术，更加引领了5G时代的到来。回顾华为的发展历程，不难发现"创新"已经成为其发展中的关键词。30多年来，华为的创新贯穿始终，它倡导开放的、合作的、世界视野的"自主创新"，这也正是其此次受到美国打压却屹立不倒的根本原因。① 任正非在上海世博工作组座谈会上解释说："华为长期坚持的战略，是基于'鲜花插在牛粪上'战略，从不离开传统去盲目创新，而是基于原有的存在去开放，去创新。鲜花长好后，又成为新的牛粪，我们永远基于存在的基础上去创新。在云平台前进的过程中，我们一直强调鲜花要插在牛粪上，绑定电信运营商去创新，否则我们的云就不能生存。"② 华为虽高度重视技术的创新，但也秉承着"鲜花插在牛粪上"的原则，在已有技术的基础上，力求实现将自己的技术推向世界最前沿。同时，在管理创新上，华为则更加突出了世界视野。华为特别注重中国传统文化在企业管理中可能发挥的积极作用，在其不断发展壮大后，任正非开始意识到与庞大团队沟通的不畅以及不可能性，于是转而使用《华为基本法》这样的法规制度文件来与员工进行交流与精神传递。从《华为基本法》中可以看出，虽然其中有着目标利润、客户满意、市场需求等西方管理体系中的指标，但这部基本法的措辞与其他法

---

① 王永昌：《华为的启示》，《浙江经济》2019年第12期。
② 任正非：《五彩云霞 飞遍天涯》，《华为人报》2011年第231期。

规与制度都不其相同，它不再是一条条生硬的规章，而是蕴含了任正非及华为管理层情感上寄予全体员工的希望，① 这也正是为什么从《华为基本法》中能够看出诸多对爱国主义、对家国情怀的阐述与寄望的原因，这是大部分公司法所不具有的。华为这种创新模式保证了创新活动的高效性，相比于封闭式的、从头开始的自我创新，华为的开放式创新大大缩短了创新周期，也有效提升了成功率。在公司管理方面，华为将中西方的精髓有机融合进行创新，不仅使华为的管理具备了西方先进的管理优势，同时也兼具了中国传统文化中特有的人文主义情怀，使管理更加符合中国国情。任正非对自主创新的观点十分明确："自主创新就陷入熵死里面，这是一个封闭系统。我们为什么要排外？我们能什么都做得比别人好吗？为什么一定要自主，自主就是封建的闭关自守，我们反对自主。第二，我们在创新的过程中强调只做我们有优势的部分，别的部分我们应该更多加强开放与合作，只有这样我们才可能构建真正的战略力量。"②

相较于其他中国企业，华为开放的、合作的、世界视野的"自主创新"显得十分独特，是什么样的精神特质造就了华为这一独特的创新模式呢？一是对市场话语权的渴望。任正非在《创新是华为发展的不竭动力》一文中表示："回顾华为十年的发展历程，我们体会到，没有创新，要在高科技行业中生存下去几乎是不可能的。在这个领域，没有喘气的机会，哪怕只落后一点点，就意味着逐渐死亡。"③ 在早年经历了交换机市场的混乱状况后，任正非越发清楚地认识到掌握市场话语权的重要性，尤其是在技术领域，来自跨国公司的竞争压力更加巨大，

---

① 肖丹生：《传奇任正非》，第 145 页。
② 引自《任总与 2012 实验室座谈会纪要》（电邮文号〔2012〕35 号）。
③ 任正非：《创新是华为发展的不竭动力》，《华为人报》2000 年第 107 期。

唯有通过自主创新才能在市场中获取自主权来确保生存并发展。二是对敌我优势的知晓。"知己知彼，百战百胜"，大学阶段知识的积累以及长期在商场的磨炼，加之多次海外考察，使任正非对中西方文化及其与企业管理的关系有着独到的理解。对中国文化，他指出"中国的宗教是玄学，玄学是模糊科学，对创造发明有好处，但对做可靠的产品不一定有好处"①。他对西方管理学中值得借鉴的方面也了如指掌："西方的管理哲学其内涵有很多非常好的地方值得我们学习。比如西门子，它的机器虽比我们落后但比我们稳定，所以很好卖。我们一定要努力地去认识一点——什么叫伟大的科研成果？一定要认识！就比如唱歌，我想不管是什么歌曲，不管其作者是多么伟大的作曲家、歌唱家，只有那些流传下来的被人们广为传唱的歌才是真正的好歌，至于那些得奖却未能流传下来的根本不是什么好歌。我讲的道理很清楚，产品最终只有长久地被人们得到承认，才能算是真正的商品，否则不是。"② 任正非这一组对中西管理经营的见解，对企业管理无疑是有着积极指导意义的。

华为初期在交换机市场遭遇的种种挫折主要来源于国外公司的核心技术垄断，这固然会激发任正非对核心技术的渴求，但由于国外公司"混战"导致的国内通信市场的混乱局面，也激发起了任正非作为中国人的家国情怀。爱国主义情结与家国情怀信仰引导任正非以科技创新为核心，努力以创新夺取国外电信巨头在中国市场的份额。但是，一味的技术创新并不一定能够确保市场占有率。任正非以现有技术为基础，将了解并结合中西方实际情况作为夺取市场份额的具体实

---

① 引自《任总与 2012 实验室座谈会纪要》（电邮文号〔2012〕35 号）。
② 任正非：《希望寄托在你们身上——任总在中研部"品格的成熟铸就产品的成熟"交流会上的讲话》，《管理优化》2015 年第 45 期。

践方式。在现有的技术基础上，潜心进行技术创新，进而引领这一领域的技术。可以说，华为开放的、合作的、世界视野的"自主创新"模式是源于任正非对市场话语权及其对中西方文化、技术、管理的深入了解，而究其根本成因，都可以追溯到其深埋心中的家国情怀信仰。

3. 企业家忧患意识

"生于忧患，死于安乐"，是儒家经典语句，其中蕴含的忧患意识也是家国情怀信仰的重要组成部分。任正非是一位富有忧患意识的企业家，时常会延伸思考华为乃至中国存在的一些值得注意的现状。在《我们向美国人学什么?》一文中，任正非时常将中国和美国两国的方方面面进行对比，进而对改进我们存在的不足提出建议。他曾表示："中国的农民主要是缺少教育，文化低，不会种地。如果电子业向他们提供充足、理想的网络服务。通过网络，使他们得到各种培训与商业交流（例如：养牛、种地，假设有数十万种……），使九亿农民的素质提高，劳动力获得解放。一是种好现在的地，并进行产品的深度加工，大幅度地提高农产品的附加价值；二是多余的劳动力及资金找不到出路就会去开发荒山，绿化荒山。绿化的荒山提高了人的生存质量，人们又要向更高层次进取。那时中国大量过剩的优质劳动力在相当长的时期内，仍然比较便宜，中国在加工业上会永远有较强的国际竞争力。"[1] 足见任正非对中国发展的忧患意识，在对美国进行研究时心系祖国，对我国相较美国的不足提出了担忧。不仅如此，他给出了进一步的思考，也对我国的科教兴国政策大加支持，认为这是中国走向富强的必然之路。在美国考察期间，任正非见到成群的美国儿童走进博物馆参观学习科学知

---

① 任正非:《我们向美国人学什么?》,《华为人报》1998 年第 23 期。

识，感慨中国还有许多农村学校仍处于危房之中，希望工程也没有得到人们的足够重视，其对中国下一代人才培养的担忧油然而生。在拉斯韦加斯的国际电脑展上，他更发出感慨说："中国人不出去看一看，闭门造车，不仅不可能赶上别人，而且可能从时代的列车上摔下来。"① 任正非作为一名具有家国情怀的中国企业家，不仅企业经营上借鉴在美国看到的种种先进办法，美国更引发了他对中国现状的深入思考，表现出了其忧国忧民的家国情怀。

在企业管理方面，任正非也表现出了强烈的忧患与危机意识。在华为业务不断壮大、营收利润连年增长的情况下，他就在内部发布过《华为的冬天》《北国之春》等富有忧患意识的讲话。这些讲话中，任正非都对华为势头正盛以及公司创造的丰硕成果"大谈危机和失败"②。在《华为的冬天》中，他说："我们的公司太平时间太长了，在和平时期升的官多了，这也许就是我们的灾难。"③ 在《北国之春》中，他将一些日本企业面临的困难类比到华为的身上，告诫公司上下要早做准备，避免困难到来时处于被动状态。他更指出："在这瞬息万变的信息社会，唯有惶者才能生存。"④ 在应对这些隐性的可能到来的危机上，任正非强调"自我批判"，他将自我批判定义为员工及干部进步的有力武器，甚至提出"还不能掌握这个武器的员工，希望各级部门不要对他们再提拔。两年后，还不能掌握和使用这个武器的干部要降低使

① 任正非：《赴美考察散记》，《华为人报》1994年第5期。
② 任正非：《华为的冬天——任总在科以上干部大会上讲解〈2001年十大管理工作要点〉》，《管理优化》2005年第148期。
③ 任正非：《华为的冬天——任总在科以上干部大会上讲解〈2001年十大管理工作要点〉》，《管理优化》2005年第148期。
④ 任正非：《北国之春》，《华为人报》2001年第118期。

用"①。可见，任正非不仅自己具有高度的忧患意识，更试图在公司治理与经营中将这种忧患意识传导至整个华为，这也成为了其家国情怀无形中渗透至华为企业的方式之一。

四、中美贸易摩擦中华为家国情怀的积极作用

2018 年，中国迎来了新一波的"中国威胁论"，这一波威胁论基本覆盖了西方世界与他们的盟友，包括了美国、欧洲、澳大利亚、日本、印度等多个国家和地区。② 这次威胁论浪潮远超以往，逐渐升级为中美贸易摩擦，美国开始了一系列针对我国的制裁政策。虽然华为实现了技术引领的愿景，但也使其成为众矢之的。中美贸易摩擦背景下，一方面华为 5G 技术的核心竞争力撼动了美国在通信行业的优势地位；另一方面，当前的华为已逐渐成为中国通信行业的中流砥柱。据统计，"华为作为一家民营企业，为中国纳税 337 亿元，可以相当于中国互联网最挣钱的 BAT 的总和"③。在这样的条件下，美国理所当然地将制裁的标靶定向了华为。

在 2018 年，美国便以禁售令等手法对中兴进行了制裁，中兴公司受到制裁，完全处于被动挨打的状态，最终向美国政府缴纳 10 亿美元罚款、4 亿美元保证金、30 天内撤换领导层，并无条件接受美国政府监管，可以算得上是当代商场上的不平等条约了。然而，当美国想故技重施在华为身上时，华为却顶住了打压，甚至在这样的逆境中愈挫愈勇，

---

①　任正非：《华为的冬天——任总在科以上干部大会上讲解〈2001 年十大管理工作要点〉》，《管理优化》2005 年第 148 期。

②　《人民日报》（海外版）编著：《中美贸易摩擦：怎么看怎么办》，东方出版社 2018 年版，第 25 页。

③　齐莹、石婧烨、于千然、靳悦青、李琳、蓝星池：《中美贸易摩擦背景下国产手机品牌营销策略分析——以华为为例》，《现代营销（下旬刊）》2020 年第 1 期。

这是美国始料未及的。①

中美贸易摩擦中受到美国打压的两家科技企业——中兴与华为，它们遭受的打压方式是类似的，却展现出了截然不同的结果，是什么样的力量支撑华为在中美贸易摩擦中依旧可以维持自己的业务？是什么样的精神特质确保了华为在中美贸易摩擦中立于不败之地？

首要的自然是华为强大的自主创新能力。华为自主研发出的5G技术，一方面没有依靠国外势力的力量，完全是自己研发团队的研究成果，保证了其核心竞争力的独立性与稳定性；另一方面，华为的5G技术可以说在世界范围内"独领风骚"。资料显示，5G设备领域目前只有华为、诺基亚和爱立信具备能力研发，而在这三家公司中华为的技术又领先了另外两家2至3年，可以说是独占鳌头②，这也保证了华为在5G产品上拥有一定程度的市场垄断地位。华为对5G技术的研发创新是全方位的，任正非在上研所5G业务汇报会上表示，"针对5G技术的研发，华为采取多梯次研发，A梯队只搞科学样机，不管样机赚不赚钱，不以成败论英雄，要大胆探索；B梯队负责在科学样机的基础上发展商业样机，要研究它的适用性，高质量、易生产、易交付、好维护；C梯队要面向多场景化，按客户需求多场景化的产品是合理适用节约的产品，有利于用户的建造成本、运维成本的降低；D梯队研究用容差设计和普通的零部件，做出最好的产品来。我们要多梯次，保持战略的领先地位，保持长久的人力迭代，前仆后继。"③ 这就保证了华为对5G技

---

① 周新民：《华为事件对践行习近平"坚定不移把自己的事情办好"深邃思想的启示》，《当代石油石化》2020年第1期。

② 周新民：《华为事件对践行习近平"坚定不移把自己的事情办好"深邃思想的启示》，《当代石油石化》2020年第1期。

③ 引自《坚持多路径、多梯次、多场景化的研发路线，攻上"上甘岭"，实现5G战略领先——任总在上研所5G业务汇报会上的讲话》（电邮讲话〔2018〕118号）。

术研发的全面性与科学性，在这一研发模式的保驾护航下，华为的5G技术突飞猛进，持续保持着领先地位。技术的完全自有及其市场的相对垄断地位，使得美国在贸易摩擦中的"故技重施"无法如愿以偿。华为凭借着科技创新这一核心竞争力使其即使在充满贸易不对等的市场中也能立于不败之地。

其实，华为对自主创新的执着可以追溯到其成立之初，当时国内电信市场的五花八门与混乱的局面一定程度将任正非引向了自主研发创新的道路之上，并且在这一道路上坚持走了下来。在贸易摩擦的背景下，任正非对华为团队提出了要求，明确了"两个极端活法"，其中的第二个极端就指出，"没有生产要素，我们自己上！"① 他也将这句话带入了贸易摩擦的时代背景中去，进一步解释其为："如果美国不给我们科技制造的要素，哪怕是从零开始，我们都需要自己去创造要素！"② 从零开始，虽然与华为一贯的以已有技术为基础创新的原则不符，但在特殊的环境中，任正非明确了自主创新将是根本原则。

类似于华为初创时期面临的情形，此次华为遭遇的贸易摩擦中的不公待遇，同样涉及了来自国外的恶意压力。危难时刻总是家国情怀最大限度发挥作用的时刻，犹如近代"实业救国"运动的目的，华为当前一方面是为了自我的生存与发展；另一方面，更是家国情怀发挥推动作用，激发华为通过独立自主的创新研发抗击美国强权的体现。华为对美国贸易制裁的坚决抵抗，正是任正非及全体华为人家国情怀信仰发挥正向作用的最好体现。

此外，在面对来自美国的压力中，任正非的忧患危机意识再一次发

---

① 王育琨：《苦难英雄：任正非》，第295页。
② 王育琨：《苦难英雄：任正非》，第295页。

挥了重要作用，这也从另一方面凸显了其家国情怀信仰对企业起到的积极作用。某种程度上可以说，来自美国的压力是任正非早已预见的，他曾说过："我们的理想，是站在世界最高点。为了这个理想，迟早要与美国相遇，那我们就要为了和美国在山顶上交锋，做好一切准备。"①2018 年，任正非敏感地意识到了中美贸易摩擦可能会波及华为，他在内部发表了《励精图治 十年振兴》《2018 年 IRB 战略务虚研讨会讲话》两篇关于提供灵活应变突发情况的讲话，并将中美贸易摩擦的预估期限拉长至 10 年，为华为上下敲响了警钟的同时，还深入剖析了其中的不确定性，这也一定程度上为 2019 年华为积极应对贸易摩擦打好了前期基础与准备。在忧患意识的提示与引导下，任正非未雨绸缪，提前谋划"备胎计划"，于 1991 年成立 ASIC 设计中心，2004 年成立海思。当美国正式开始对华为施压后，"备胎计划"立即启动，华为的海思芯片和鸿蒙系统随之公布，美国的制裁由于任正非的忧患意识和提前布局，未能达到其预期的效果。任正非也认识到，即使华为目前握有 5G 的核心科技，但与美国的差距还是巨大的，可能在未来 20 至 30 年，甚至 50 至 60 年间都无法抹消。这一认识也督促任正非与全体华为人时刻保持奋斗状态，时刻认清中美间的差距，奋发努力，为缩小中国与美国间差距甚至超越美国作出贡献。这既是华为企业生存的要求，也是出于家国情怀对振兴祖国的夙愿。

最后，美国倾全国之力对华为公司施加的压力，早已不是华为一家民营企业的事，华为作为一家中国民营企业站在中美贸易摩擦的风口浪尖之上，代表的正是中国与中华民族的尊严。在贸易摩擦中，西方媒体曾引用任正非的语录来炮制"华为威胁要让西方血流成河"的误导性

---

① 王永昌：《华为的启示》，《浙江经济》2019 年第 12 期。

言论。然而，这些误导性的引用虽然针对的是华为，但其真正目的更是"误读、抹黑、构陷中国"①，表面上是华为与美国的较劲，实际上是中国与美国之间的较量，华为的斗争正是中美贸易摩擦的缩影。有着这样的背景，任正非与华为在贸易摩擦中的成败，便不是单纯的公司生存问题，作为中国企业中流砥柱的华为在贸易摩擦中的表现必然在社会上造成较大影响。2019 年 5 月 21 日，任正非在回答记者关于应对中美贸易摩擦对华为带来影响时就提到："忠诚于国家的事业"②，这一言简意赅的回答也再一次体现了任正非的家国情怀。虽然形势严峻，但唯有忠诚于国家的事业，带领华为积极应对才是任正非认为的在贸易摩擦中的生存之道。正如习近平总书记在多地考察时提出的，"最重要的还是做好我们自己的事情"，"坚定不移把自己的事情办好"。③ 华为在中美贸易摩擦中的英勇斗争，正是对习近平总书记"办好自己事情"指示的有力践行。在这次采访中，也有记者对当前华为的爱国主义色彩提出了质疑，任正非的解读显示出，华为的爱国不是民粹主义的，而是以中国的"开放"为抓手，主张开放的爱国主义。这不仅体现出任正非对国家政策的关注与践行，同时也显示出其家国情怀信仰对爱国主义实践正确科学的指导。

当代中国的企业家群体正日渐壮大，虽然该群体具备一定的复杂性，但队伍中也有很多像任正非一样具有家国情怀信仰的杰出企业家。这些企业家不仅为中国经济提供了巨大推动力，同时更积极发挥了道德维度上的正向作用，为中华民族的富强做着不懈的努力。可以说，任正

①　姚遥：《西方"黑翻译"陷害的不止华为》，《环球时报》2020 年第 15 期。
②　任正非：《任总接受中国媒体采访纪要》，《华为人报》2019 年第 343 期。
③　周新民：《华为事件对践行习近平"坚定不移把自己的事情办好"深邃思想的启示》，《当代石油石化》2020 年第 1 期。

非是中国杰出企业家的典型代表，他们的存在、实践以及企业家精神，赋予了"家国情怀信仰能够强烈激发积极的企业家精神"这一理论以现实与时代意义。

第五章

家国情怀与企业家精神的传承及演进

第一节　中国优秀企业家精神的共通性

将晚清、民国以及新中国成立后对中国经济发展产生影响的数名优秀企业家的精神内涵进行对比，我们不难发现其中存在着众多相似之处，这与中国文化的熏陶密不可分。在这些交集之中，从张謇、张之洞的"义利结合"主张与从商动机，到陈蝶仙等人明显的爱国主义倾向，再到范旭东、卢作孚在抗日救亡中的舍身表现，然后到荣毅仁对国家政策的响应与推动，曹德旺充满爱国情怀的社会责任担当，最后到任正非在中美贸易摩擦中表现出的坚忍不拔。结合中华民族传统文化背景来看，这些企业家精神的共通性均指向了家国情怀。

源于儒家思想的家国情怀极具延续性。以张謇等近代实业家的早年儒家教育背景为例，这种家国情怀深入文化基因之中，无疑对本书提及的众多近代实业家的企业家精神产生了潜移默化的影响，甚至在任正非等当代企业家身上也有体现。这一家国情怀的文化基因，借由这些企业家的实践被表现得淋漓尽致。在家国情怀的作用下，这些企（实）业家都在经济与道德维度上有着双重积极表现，这也成为了家国情怀对企业家精神激发与推动作用的最好证明。

一、优秀企（实）业家鲜明的家国情怀体现

前文具体论述的企业家们，虽然所处时代背景不同，从事行业更千差万别，但都表现出了高度一致的实践目的，他们最终都是为了追求国家富强，这也正是优秀企业家精神中最为鲜明的家国情怀的作用成果。

首先，许多优秀企业家的家国情怀表现在他们的"从商"动机中。张謇从商源于《马关条约》的刺激，这也促成了他"立国自强"与"实业救国"思想的形成，而自强的具体实践形式便是发展实业。张之洞作为从事"洋务"的封疆大吏，直面列强对中国的欺凌，这使他更加清楚地意识到国家富强的重要性，对西方先进思想与技术的接纳与学习，使他萌生了实业强国的思想。范旭东起初考入日本冈山第六高等学堂，希望能够"习兵救国"，但学堂主事者酒井佐保轻蔑地表示"俟君学成，中国早亡矣"，范旭东深受刺激，"公闻而愤甚，盖本洞燭日本处心积虑以谋亡我，至是报国之心志益坚"，于是转变救国途径，"乃决定循工业救国之途"，转向了实业救国的道路，"以化学为出发点"①，希望通过创办化工实业来提升中国的化工水平。发现教育救国难以成功之后，卢作孚转向经济建设、从事实业发展。任正非则是出于"中华有为"的初衷创办了华为，展现了具有当代特征的强国动机。不

---

① 李金沂：《范公旭东生平事略》，《海王》1945 年第 18 卷第 17—19 期。

难看出，他们都处在中国近代动荡的或是当代重大的历史变革时期。就前者来说，当时中国备受列强欺凌的情形，很大程度地激发了企业家们的家国情怀，发现原有途径无法实现国家富强的目标时，家国情怀便激发他们寻求改变，这也成为他们从事实业的根本动机。而就后者而言，中华民族伟大复兴对企业发展提出了更高的要求，调动升华了任正非的家国情怀，进而激励其进一步开拓创新，实现高质量发展。毫无疑问，家国情怀激发了杰出企业家们思考改善或改变现状的方式，引导他们用更加适应时代要求的方法推动国家发展，最终实现国家富强的目标。

其次，家国情怀的作用体现在企业家义利观的改变上。封建时代"重农抑商"的价值观根深蒂固，义利观的转变对促使当时为官之人从事实业显得格外重要。论及张謇与张之洞时，他们对义利观的再解读都被摆在了重要位置。在重新解读后的义利观中，他们通过对"义利"关系的再理解，辩证地论述私利与公利的关系，将私利与公利统一到了义的层面，具有"义利统一"的价值取向。这种不谋而合的义利观来源于以国家富强为目标的家国情怀。这种家国情怀一方面强调良好的社会风尚、人伦关系和信义价值能够重塑民心，另一方面提倡建功立业，通过实业经济来振兴国家、富裕人民，无疑将企业家精神激发并引导到利于国家利益层面上了，这种立足于国家利益的"义"也使得"利"有了高尚的目标，义与利得以统一并升华，从事商业活动也获得了正当性，正是家国情怀中"家国同构"这一关系的时代解读。这一义利观的再解读，在曹德旺身上同样适用。他关于"义"是社会责任担当、"利"是共同富裕的论述，也体现了义利统一的企业家义利观。可以看出，曹德旺的义与利都已经过家国情怀的洗礼被升华到了国家公利层面，这与张謇、张之洞等人国家层面义利结合的境界异曲同工。

最后，优秀企业家的家国情怀更体现在他们各自企（实）业活动

的成果之中。作为中国最早的民营资本集团，张謇创办的大生企业集团
在当时为中国创造了大量的财富，提供了可观的工作岗位。其所开创的
通州师范学校、公立通州女子师范学校等，更为我国培养了大批专业技
术人才，影响深远。张謇的实业发展为中国提升国力、以商强国提供了
坚强的动力，彰显了家国情怀的出发点及其促成的成果。张之洞督办修
建卢汉铁路（卢沟桥——武汉，即后来大名鼎鼎的京汉铁路），并把内
陆武汉打造为当时中国最大的重工业基地。主政武汉 18 年间，张之洞
大力推行"湖北新政"，兴实业、办教育、练新军、应商战、劝农桑、
兴城市，兴办了湖北枪炮厂，汉阳铁厂和布、纱、丝、麻四纺织官局
等。可以说张之洞引领了近代中国工业的发展，为中国近代工业化做了
铺垫。陈蝶仙与上海机联会提倡的国货运动，不仅着眼于本土产业获得
更大的销售额与利润，更强调爱国之心的培育。中国盐业生产落后，造
成盐质低劣而有害于国人身体健康，范旭东深感于此，遂决心从改善盐
业入手，"使人民有干净的盐吃，有便宜的盐吃"[1]，并为"中国化学
工业奠定基础"[2]，创办了中国近代第一家精盐公司，每年获利五六十
万元,[3] 不仅为国家贡献了财富，更为人民健康提供了保障。卢作孚创
办的民生公司，在航运业取得了不少成就，也使中国在该领域掌握了一
定的话语权与自主权，"服务社会、便利人群、开发产业、富强国家"[4]
的经营方针也充分体现了他富有家国情怀的企业家精神。荣毅仁主导开
办的 CITIC，引领经济体制过渡与改革，为中国与世界经济架起桥梁，

---

[1] 黄汉瑞：《回忆范先生》，《海王》1945 年第 18 卷第 20 期。

[2] 范旭东：《久大第一个三十年》，《海王》1944 年第 17 卷第 2 期。

[3] 天津碱厂志编修委员会：《天津碱厂志》（1917—1992），天津人民出版社 1992
年版，第 9 页。

[4] 赵靖：《中国近代民族实业家的经营管理思想》，云南人民出版社 1988 年版，第
173 页。

展现了中国经济的崛起。曹德旺的玻璃产业，拿下了多家国际汽车品牌的供应权，成为世界范围内的行业领跑者。在家国情怀的持续影响下，任正非领导的华为公司在利润与创新成果上都有着不俗的表现，在中美贸易摩擦中的不屈不挠更堪称表率。在家国情怀的激励下，中国优秀企（实）业家们积极投身实践，为国家创造了财富，并回馈社会，其贡献是全方位的。

二、家国情怀作用下企业家个体的积极表现

家国情怀赋予了企（实）业家自强不息与创新担当的动力。在近代中国的社会环境下，实现国家富强实为不易。面对不利的外部环境，通常的手段别说是实现国家富强，可能连维持企业生存都将成为难题。但就在这样的逆境中，近代实业家们不断尝试不寻常的手段、寻找突破，获得了阶段性成果。新中国成立后，严峻的挑战依旧层出不穷，初期较为薄弱的经济基础、高速发展期对技术与市场的陌生，再到当代来自国际多个经济体的贸易竞争等，企业家实现国家富强的目标任重而道远。也正是这些巨大的挑战，使近代以来中国企（实）业家的成果与正面行为异常闪耀，而这些闪光点背后的动力亦深具研究价值。

"天行健，君子以自强不息"，出自儒家经典《易经》，激励其信奉者自强奋斗，刚毅坚卓，发愤图强。这句话在不同的历史环境中，被各类优秀企（实）业家们赋予了新的内涵。首先，就其本身内涵而言，自然是要求企（实）业家不畏艰险，为了自己的目标而始终奋斗，在此基础上，家国情怀赋予的"国家富强"这一目标更为重要，激励着他们努力为实现国家富强而自强不息。在近代以来优秀企（实）业家们的实践活动中，又演变成根据具体情况与环境不断进行创新的内涵。张謇根据实业经营情况，对经营、管理以及用人模式进行创新，最初模

仿洋人工厂创办的企业有了"国情"特色，成为真正适合当时中国发展的企业，是"西学东渐"的应用典型。张之洞则放眼于内部合作与外部竞争之间的关系平衡，组建商工会，构建具有凝聚力的国内商会组织，既可以通过内部协调实现资源优化，又能有效避免内部的恶性竞争。同时，通过对外资的"同仇敌忾"，实现了内部的高度统一与团结。陈蝶仙等人充分借用五四运动、五卅运动等爱国运动的契机，大力提倡国货运动，在社会上掀起了爱国主义实业热潮。范旭东落脚于企业文化对实业发展的引领这一突破口，通过塑造团体意识和团体生活的价值观，使得企业延续了他个人实业报国的经营思维和实践目的，在近代的内忧外患之中实现了生存与发展，从而为民族和国家作出贡献。卢作孚进行的是理论创新，他立足于国家经济层面，提出"以经济建设为中心"和"实施计划经济"的思想，不仅分析指出当时实现中国富强的首要任务，同时充分细化两个创新理念，在当下仍有重要的参考价值。荣毅仁紧跟政策导向、用足用好政策，为国家作出了国际性的贡献。曹德旺深谙行业变化之迅速，不断研究并针对性创新，推动企业成为行业领先。任正非更是将科技创新作为企业发展的核心，始终顺应中国的时代要求开展企业活动。

中国优秀企（实）业家们的创新活动立足于时代背景，不仅使企业在不利环境中得以生存，且都形成了各自的特色，在各个阶段中发挥着振兴中国经济的重要作用。虽然创新是熊彼特对企业家精神论述中最重要也是最基本的一项特质，但其背后的推动力却因地域、时代、文化而异。在中国的文化背景下，延续千年的儒家思想很自然地被联系起来，其中家国情怀赋予了逆境中的企（实）业家们极其巨大的奋斗、创新动力，这些动力贯穿他们的整个生涯，时刻督促他们自强不息、创新担当。

其次，家国情怀作用下企（实）业家表现出了道德意识。家国情怀与儒家文化相互交织，不仅强化了"国家富强"的目标意识，也对企业家精神产生了道德约束，这使得优秀企（实）业家们不仅能够在商业上有所成功，同时也改变了他们"唯利是图"的形象。

张謇的企业家诚信特质，很大程度上来源于其儒家教育背景。儒家思想不仅使张謇个人在实业活动中坚持诚信原则，同时也引导他将诚信教育融入人才培养，使这种道德约束的社会范围得以扩大，产生了更为深远的影响。张之洞更是利用政界高层的身份，以政府行为在实业中大力推行诚信经营，弘扬传统儒学道德精神，培养诚信商业人才，建立近代信用制度，通过完善制度规范来提升道德约束的社会作用。

张謇企业家精神中的勤俭特质也同样深受道德约束的影响，这一影响集中表现在了他的"私俭"上。一方面，这种精神约束张謇不会将实业中得到的财富用于个人享乐；另一方面，这种精神更超越了约束作用，进而将"私俭"的动机提升到了"公奢"之上，即为社区、为社会、为国家投入与贡献的"奢侈"。这种道德维度上的勤俭特质，依旧显示出了家国同构的思想主张，无疑是家国情怀驱使下道德约束的典型升华表现。

此外，中国近代实业家们在实践过程中都恪守诚信，以信用征得海内外市场的认可，这种精神的背后也存在着家国情怀乃至整个儒家文化体系的道德约束，这种约束不仅塑造了实业家个人诚信、勤俭的特质，更加驱使他们将这种约束效应在社会上进一步放大，推进中国经济在道德维度上的健康发展。

最后，家国情怀促成了企（实）业家合作共赢的意识。在张謇及卢作孚的实业活动中，我们可以看出他们各自的合作思想。张謇的"资本互助"，不仅帮助许多困难企业逐步走向正轨，更通过资源共享等方式有效开拓了自己的实业发展。上海机联会通过实业联合实现资源共享，共同推进提倡国货运动。卢作孚则主张同业合并与联合经营，通过合作成功壮大了航运事业。合作共赢的意识，既是当时实业家大胆创新的表现，也更加显示出家国情怀树立共同目标的重要作用。实业家们从事行业各有不同，各自也有着对利润与发展的需求，在这样的背景下，能够促使他们形成并深化合作共赢思想的因素只有共同的目标，这也正好与家国情怀的作用相吻合。家国情怀为实业家们树立了"国家富强"的共同目标，为了实现这一共同目标，资源共享、资本互助、同业合并等一系列具有合作性质的商业行为才成为可能并得以实现。

综上所述，以儒家文化为根基的家国情怀，深植于中国优秀企（实）业家的文化基因之中。从这些企（实）业家们的从商动机、义利观以及各自的阶段性成果中，都能明显看出家国情怀在他们企业家精神中发挥的积极作用。同时，以家国情怀及其目标树立功能为核心，进一步激发了企业家精神中的创新特质，产生了道德约束，促进了合作共赢机制的形成，这些都印证了家国情怀对企业家精神经济与道德维度的双重激发与引导作用。

进一步说，家国情怀首先通过为实业家的自强不息确立了最终目标，明确了创新方向。其次，通过文化基因进行道德约束，使约束力更加坚定。最后，以共同的目标为合作共赢保驾护航。可以看出，优秀企（实）业家许多共通的行为基础都来自家国情怀。家国情怀为实业活动搭建了一个实践框架，在这个框架下，优秀企（实）业家们结合各自领域与所处时代的特点，发展出了不同的实践经历与轨迹。如果没有家国情怀这一精神特质，这些企（实）业家的努力与创新方向将变得模糊，道德约束力会逐渐流失，商业合作更因失去共同目标而失去意义。因此，对中国杰出企（实）业家来说，家国情怀无疑对他们的企业家精神有着巨大的激发作用，是他们在经济与道德维度发挥双重正面效用的精神力量。

第二节　家国情怀形塑中国企业家精神的道德维度

近代以来多位代表性企业家的相关研究显示，中国各时期的优秀企业家都表现出了明显的家国情怀。因此，对家国情怀这一中国企业家群体关键性道德因素进行深究，尝试探索其本质，进而更加明确它对企业家精神的作用机制很有必要。家国情怀如何为企业家精神塑造思想与行为的统一目标感？家国情怀又是通过何种机制实现企业家精神正外部性的内源性制约？本节通过对案例的总结提炼来揭示家国情怀对企业家精神的规范性作用。

一、家国情怀是中国企业家精神的道德主核与信仰

通过既有文献对家国情怀的溯源可以得知，家国情怀是儒家思想发展与传承的重要内核。与西方社会强调个人主义不同，中国社会自古以来的主流价值观均围绕集体主义展开建构。中国以农耕为主的传统社会一直保持着稳定的大一统结构，形成了不同于西方的家国同构发展格局，与家国同构结构匹配的正是中国文化特有的家国情怀。春秋战国百家争鸣，出现了多个思想流派，其中儒家所倡导的基本价值观经过统治集团的刻意强化，繁杂的理论体系被简化为"修身齐家治国平天下"的十分契合家国同构的社会结构。儒家通过提升个人道德素养来实现天下大同的追求，内化成了儒生群体的家国情怀。自明中期以来，南方商业经济逐渐活跃，儒家经典在潜移默化中影响着市井与市民文化的基本

价值取向，同时也奠定了中国近现代社会商人群体以家国情怀为主的主导型价值取向。

与欧洲围绕如何忠于上帝构建道德系统不同，儒家文化不关注超验的宗教而更关注世俗的秩序，这也使儒家思想生来便具备了更强的"入世"特性，作为儒家思想内核的家国情怀也不例外。家国情怀为广大儒生们塑造的忠诚对象，不是不存在于世俗世界的神明。在中国封建社会，其忠诚对象是封建统治者及其国家、臣民，放之当代，则应更直接地指向国家。近代以来，随着工业化的推进，经济领域中的个体与集体矛盾变得更加突出。个人利益并不是时时刻刻与集体利益保持一致，当个人利益与集体利益出现矛盾冲突时，如何确保个人利益服从集体利益便成为现代商业社会经济伦理所需要解决的关键问题。如果无法有效统筹个人利益与集体利益的矛盾，在具有极大自由裁量权与选择权的企业家群体中就会造成大量的失信、违约行为，继而损害整个商业生态。在经济高速发展、个体财富得到快速扩张的时期，如何确保个人对私利的追求服务于集体利益？借助儒家文化培养的家国情怀这一价值取向可以有效实现个体与集体矛盾的调和。

家国情怀从道德约束角度为集体利益的优先性提供了保障。个体的利益依赖于集体，个体在对自己所处集体有着基本认同的同时，更要将集体的需求放在首位，将集体利益置于个人需求之上。在家庭中，个体利益服务于家庭利益，当出现冲突时，家庭利益具有更高的优先级。国作为家的更高层级，则具有更高的优先级，家的需求必须服从于国。①

---

① 在此，我们需要清醒地认识到，儒家伦理也有其缺陷。比如，儒家强调次级利益要服从于上位利益，基于儒家道德规范在治理天下时就需要将天下利益放在首位。然而，当前全球治理中，全球利益与国家利益有时是冲突的，按照儒家的推理路径，就需要将天下利益置于首位，但这会损害国家利益。这一点是儒家思想现代化过程中亟须解决的难题。当然，其他思想也有同类的难题。

这种思想理念是中华民族数千年来"类意识"的体现，同一区域的个体通过对集体的认同而形成凝聚力，进而导致国家的产生及对国家的服从。这一"类意识"是中国人家国情怀信仰产生的基础性条件之一。[①]虽然儒家思想有着诸多不合时宜性，但不得不承认的是，儒家思想所建构的家国情怀信仰根深蒂固，对中国企业家有着极为深远的影响。

在不同时代，由于社会结构与意识形态的差异，家国情怀体现出完全不同的表现形式。信仰的张力场理论认为，处于特定文化环境中的信仰是社会文化的组成部分，信仰会与政治、经济等其他文化要素互为张力对子，处于对子两极的变量会相互制衡并产生影响。[②] 由于信仰与政治、经济等社会元素互成张力对子，信仰不仅对政治、经济等社会元素的发展产生影响，同时也受到这些元素的作用，进而促进信仰在内容上进化。儒家思想在不同时代有着不尽相同的体现，在统治阶级的刻意塑造与大力支持下，逐渐成为适应各朝各代的主流思想与价值观，而这一主流思想也潜移默化地熏陶并影响着处于各个时代中的个体。从儒家思想基础的血缘观念衍生出的"家国同构"概念以及由此而来的家国情怀也体现出一定的演进特性，最为明显的体现就是，近代以来各时期企业家的家国情怀外在表现形式也存在着一定的差异性。

虽然家国情怀在不同时期有着不同的表现形式，但其功能始终如一。家国情怀为个体提供了目标感，使个体在思想内核、观念、行为上具备了统一性。具体到企业家群体，家国情怀降低了企业家精神世界的内在冲突，使得企业家在思想上、行为上都能够将个体私利归并集体公利。在个人利益与集体利益产生冲突时，企业家能够自觉遵循内心深处的道德规约来主动放弃个人利益以实现集体利益。家国情怀使

---

① 荆学民：《现代信仰学导引》，中国传媒大学出版社 2012 年版，第 56 页。
② 荆学民：《现代信仰学导引》，第 62 页。

得企业家能够在商业社会中进一步践行儒家关于"修身齐家治国平天下"的主张，也会因为遵循较高的社会道德规范而得到大众的认可与遵奉。

家国情怀的功能使得企业家有了极为强烈的目标意识，经商办企业的主要目的成为最终实现国家富强太平。细分来看，"修身，齐家，治国"其实是对个体而言需要分阶段完成的子目标，而"平天下"则是儒家倡导的最终目标。对"平天下"这一终极目标进行分解，为个体设置许多阶段性目标，驱使人们在不同的人生阶段以不同的身份为阶段性目标努力奋斗，并朝着"平天下"这一终极目标进发，这与信仰在目标统一上的表现与功能高度一致。在信仰驱使下，人们坚定目标，并通过实践不断完成这一目标。在家国情怀的引导下，企业家以国家富强为"平天下"的终极目标，在实践中通过参与商业竞争来一步步实现修身、齐家、治国的阶段性目标。遵循儒家的道德规约与目标设定，企业家能够以较高的道德准则约束自己，以儒家特有的实践方式助力整个国家实现富强的目标。因为有着"平天下"这一长远目标，企业家便具备了源源不断的内生动力，不会因为财富积累到达一定程度就蜕化成完全物质主义的资本家、买办，也不会停留在小富即安的状态止步不前。家国情怀能提供韦伯所谓的精神层面的"功能等价物"，还能有效纠正熊彼特最为担心的"企业家蜕化"问题，这是家国情怀作为一种特有信仰的绝佳证明，也是其能够绵延至现代的重要原因。

家国情怀使得企业家在思想、行为上都有了统一性，它所设定的目标感使得中国近代以来的企业家精神有了内源性的道德约束。家国情怀提供的伦理依据极大地释放了企业家的个体活力，使得他们能够打破陈规、开展破坏性创造而不用有太多心理负担与心理包袱。近代以来的家国情怀作为一种信仰，使企业家群体获得了莫大的勇气，对自己从事的事业有了道德上的感召力与自信心。以儒家思想为基础的家国情怀是源于中华民族传统文化特有的信仰，在延续数千年、不断演进的过程中，已成为了中华民族文化信仰中的关键部分。在内外环境动荡的近代中国，面对西方列强的压迫及国家改革的迫切需求，家国情怀信仰召唤了一代又一代的企业家投身到兴业富国的实践中，也使得企业家在缺乏外部规则、急剧动荡的环境中依然能自发组织起来维护国家利益。

从家国情怀的功能来看，它是中国企业家群体在群体无意识状态下所尊奉的信仰，是塑造企业家精神道德维度的关键质料。儒家文化的家国情怀在演变轨迹、作用于个体与群体的功能上就是一种典型的信仰。有人据此明确阐述了中华民族的信仰正是融于中国人骨血之中的"家国情怀"这一观点。① 上文对近代以来中国企业家的案例分析显示，指引中国企业家的关键信仰就是家国情怀。当前，中国社会发展最为关键的便是经济增长，而企业家作为参与经济领域的关键群体，其所尊奉的价值观念对整个社会的价值体系会产生关键性影响。家国情怀作为企业家精神道德维度的关键标尺，塑造了中国企业家群体独特的行为特征与牺牲奉献精神，不仅影响着中国经济发展、商业社会基本生态，还从经济领域外溢塑造着中国社会的基本规范。企业家群体的道德规范会形成标杆作用影响整个社会的道德准则，如果企业家能够遵循内源性道德约束，整个商业社会就会形成较高程度的市场秩序，并培育出更具创造力的企业家群体。

二、家国情怀信仰对企业家精神的塑造

中欧企业家所彰显的企业家精神有着极大的文化差异，即便是与

---

① 刘哲昕：《家国情怀：中国人的信仰》，第55页。

同属东亚文化圈的日本企业家相比，中国企业家也有着明显不同的精神气质。与欧洲企业家从宗教中寻找伦理依据不同，中国企业家更看重家国事业的成功，家国情怀是其独特的精神信仰，为其在创新等特质之外提供了更为底层的道德约束，使得企业家精神的创新等特质被导向有利于经济发展的一面。本节从信仰的功能出发，通过对既有案例的总结性讨论来探讨家国情怀信仰对企业家精神的塑造及其功能的发挥。

信仰通过塑造目标感来使得个体的观念和行为具备统一性，减少了精神损耗与行为反复，确保了企业家精神的稳定性。信仰这一更为底层的道德维度特质所展现的约束统筹作用，使得企业家精神中的创新、冒险、机会识别等众多特质得以有机结合，形成有效合力、发挥最大作用。家国情怀这一信仰使得近代以来的企业家们有了内源性的约束与规范，企业家群体在动机、观念、行为上有了一致性，企业家精神得以发挥最大效用。对近代以来代表性企业家进行研究，我们可以发现，家国情怀作为一种内源性信仰不受外部环境制约，而危机四伏的外部环境还会激活企业家群体的家国情怀，促使他们自我奉献、自发保护国家利益。在和平年代，家国情怀则能使企业家行为发挥更大的经济正面效应，带领人民群众致富。

上文对中国近代以来众多杰出企（实）业家代表的多案例研究表明，在不同发展阶段、面临不同的外部环境挑战时，家国情怀作为一种内源性道德动力，极大地释放了企业家的主动性，使得企业家自发将集体利益置于个体利益之上。上文的企业家案例研究涵盖了近代以来各个时期的代表性企业家，这些代表性企业家的行为表现与精神气质，都体现出了家国情怀这一信仰的积极作用。

表 5-1　杰出企业家在宏观环境中的正向表现

有家国情怀的 杰出企业家	宏观环境	家国情怀的正向表现
张之洞	时局动荡、内忧外患，中国逐渐沦为半殖民地半封建社会	发展重工业，既是为了强国，也是为了维护清廷统治
张謇	经济政策好转；第一次世界大战期间列强无暇进行经济侵略，环境继续好转	提倡并践行"实业救国"，在"一战"期间取得了突出成绩
陈蝶仙与上海机联会	政策继续支持态度，五四、五卅等爱国运动相继爆发	主张并积极参与提倡国货运动，促进经济发展
卢作孚、范旭东	经济遭受破坏性打击，连年战乱	不计个人得失与安危，大力支持抗战
荣毅仁	初期政策不利于荣氏产业发展；后期得到了政策的大力扶持	尽管不利于自身企业发展，但站在国家经济建设的角度，推动公司合营；后期在政策支持下，创设 CITIC，为世界展示了中国企业风采
曹德旺	市场与机遇并存，国际环境持续打压	顶住国际竞争者的压力，带领企业成为行业领先
任正非	政策进一步支持，宏观环境更加复杂，对企业家要求更高	重视科技创新，在中美贸易摩擦中与美国正面交锋，树立了正面的中国企业家形象

　　通过对近代以来具有家国情怀的企业家展开的多案例研究，本书认为家国情怀通过内源性的规范约束，确保企业家精神产生了积极的表现与社会影响。在家国情怀的感召下，企业家在开展创新、冒险、机会识别、合作等行为时能够自发做出符合道义与国家利益的选择，甚至能够主动放弃眼前的利益来维护国家利益。比如，公私合营的政策对荣毅仁的家族企业实则不利，但为了更好建设战后初愈的新中国，他转而主动带领推动公私合营。通过对多个案例的综合比对，本书认为，近代以来的优秀企业家表现出的明显的家国情怀，使得他们在理想信念和企业日常经营中都以国家利益为重，彰显出家国情怀具有极强的内源性道德约

束功能。

第一，作为信仰的家国情怀通过为中国企业家树立明确的目标来激活企业家精神并引导正向发展，使得企业家的创新、冒险、合作等特质均可以服务于国家发展与富强。首先，中国企业家的家国情怀与儒家文化的熏陶密切相关，而近代以来最先推进改革的是深受儒家文化影响的洋务派，家国情怀对这一群体产生了极为深远的影响。清末及民国时期的优秀企业家同样也深受儒家文化熏陶。及至现代，儒家文化对个体道德规范的影响也十分明显。虽然现代教育与过去相比已完全不同，但儒家文化深植于中国社会之中，通过文化熏染塑造了企业家精神的道德底色，形成了更加稳定有效的道德约束作用。其次，家国情怀指导企业家做出符合国家利益的选择。近代以来的杰出企业家在商业实践中都体现出浓重的家国情怀倾向。以陈蝶仙、卢作孚、范旭东等人为例，上海机联会提倡的国货运动自然具备了浓烈的家国情怀性质，是企业实践与爱国运动高度结合的产物。范旭东、卢作孚在商业社会中的实践更是体现出舍小我、成大我的精神气质，是舍弃自身利益成就国家利益的表率，他们的家国情怀信仰也影响了自己创办的企业。再次，家国情怀信仰使企业家将国家富强作为首要目标，杰出企业家的商业经营都服务于国家利益。对这些杰出企业家从事经济活动的目的进行细致考察后，不难发现各自目标存在些许的不同，但不同时期的杰出企业家在开办企业、经营业务时的最根本目标与出发点仍是"国家富强"。无论是张謇的实业救国思想、陈蝶仙等人的提倡国货主张，还是任正非的独立研发思想，其最终目的都是国家富强这一落脚点，这就是家国情怀对企业家精神正向引导的体现。

第二，企业家精神能否带来积极的社会成果，需要家国情怀信仰与宏观环境的共同作用。既有研究将企业家活动的区域看成是创新创业生态系统这一特有的环境。基于此，中国近代实业家们所活跃的历史舞台，其实也是一种特殊的全国范围内的创新创业生态体系，这一作为特有宏观环境的生态体系，也印证了创新创业生态体系对企业家绩效出现的反面引导。清朝末年，列强环伺，中国的内外发展环境都极为复杂，可谓内忧外患，这与欧洲新教改革和日本明治维新的宏观环境形成了鲜明对比。欧洲新教改革使资产阶级相继在多个国家及地区成为了执政者，这些由企业家参与并组成的资产阶级政府，自然为欧洲经济活动提供了积极的政策支持。日本明治维新时期，维护资产阶级利益的日本政府也为日本企业家提供了一个相对稳定的内部发展环境。对资本主义后起之秀日本而言，政府确保了稳定的内部发展环境，可预期的、稳定的宏观政策对日本社会的资本主义转型尤为重要。明治政府的殖产兴业政策正是其中最为典型的政府推动力，加之西方化的外交政策，历史上的不平等条约逐步修改，日本企业家得以在一个相对稳定的环境中实现发展。相比于欧洲和日本，中国近代以来的环境一直较为动荡。从清末到民国，近代化步伐踉跄，社会失范，国内政治腐败，国外列强压制，再加之随时遭受的战争创伤，当时中国企业家的发展面临极为严峻的双重挑战，这也是新中国成立前各时期的企业家活动未能带来真正持久性积极成果的重要背景。改革开放以后，经济活动有了稳定的外部环境，一批具有家国情怀的中国企业家展现出了对国家经济的推动作用，中国经济很快实现了腾飞，"中国制造"创下了全球经济发展的奇迹，表现出了积极宏观环境与正向企业家精神共同作用下带来的经济成果，同时也再次证明了积极宏观环境对企业家精神提升的不可或缺性。

第三，国家危难时，家国情怀的显性特征更明显。通过对优秀企业家代表的案例比较不难看出，他们虽然都体现出家国情怀的信仰，但和平年代的家国情怀相对隐性，动荡时期、国家危难时期的家国情怀表现得更加显性。比如，在抗战时期，范旭东、卢作孚表现出的为国家利益牺牲私人利益的无私奉献精神，成为抗战历史的显性层面。他们通过发展实业来支持抗战事业，展现出浓重的家国情怀。他们企业所体现的爱国主义、坚韧不屈，都是企业家家国情怀信仰的外显。再比如，经受中美贸易摩擦考验的任正非也体现出强烈的家国情怀，其在中美贸易摩擦下彰显出极大的爱国热忱和理性，体现了新时代企业家家国情怀的新高度。在和平年间，家国情怀就变得比较隐性，此时的家国情怀不再是为国牺牲，而是通过创办企业带动人民群众走上富裕道路。如在荣毅仁身上就明确体现出家国情怀的作用，但这种作用机理并不以激烈的方式出现。荣毅仁后期的创业正值改革开放的上升阶段，不像范旭东等人所处战乱乃至民族存亡的历史环境，也没有像任正非一样身处中美贸易争端的风口浪尖，但其树立的榜样，同样有利于改革开放的整体事业，甚至可以说，他带领 CITIC 所做的尝试，以实践证明了计划经济向市场经济转变的切实可行性。

第四，家国情怀信仰在中国企业家群体中呈现出稳定的代际传递特性。近代以来的优秀企业家一直以家国情怀为信仰，虽然不同阶段有着不尽相同的表现形式，或内隐，或外显，但家国情怀作为企业家精神的道德核心与信仰一直绵延不绝，在不同代际的企业家之间传承演进。本书对历代杰出企业家的案例比较显示，家国情怀存在于各阶段的杰出企业家的理念与行为之中。家国情怀塑造了中国企业家精神独特的道德规范，这种道德规范随时代变迁而不断演进。在与时代的共同演化过程中，企业家精神在行为、实践结果上有着不同的时代特征，但在道德规范层面却一直遵循着基于儒家文化的家国情怀。历代的杰出企业家都体现出较高的自我道德约束能力，能将个人、企业的小利益放置到国家发展的大利益中进行考量，使个人、企业的发展最终服务于国家繁荣这一总目标。在个人利益与国家利益产生冲突时，毫不犹豫地放弃个人私利，一心一意服务国家利益。显然，恰是家国情怀使得中国企业家将创新、冒险、合作、机会识别等企业家精神特质配置到有利于国家繁荣富强的方向上，使得企业家的经营活动对国家、社会的发展带来正面积极的作用，确保企业家精神在实践中的正向表现与功效发挥。

综上所述，家国情怀发挥着信仰的功能，塑造了企业家精神的道德维度，使企业家精神中的创新、冒险等特质有了统一性，同样也限制了企业家精神的负面效应，使企业家在思想、行为上都能实现个人利益与集体利益的统一。为此，本书特别提出了家国情怀信仰对企业家精神的上述四点作用机理。

继而，本书将个案比对得出的结论置于近代以来的历史进程中进行再考察，进一步分析企业家群体性特质来验证既有结论。

第三节　历史的变迁与企业家精神的演进

对中国近代以来各时期的优秀企业家代表个案进行的长时段的历史分析，显示出基于中国传统文化的家国情怀是根植于中国企业家群体中最核心的特质。不同于欧洲、日本企业家精神道德维度对基督、天皇的尊奉，基于儒家文化的家国天下观念塑造了中国企业家独特的精神内核，是中国企业家群体最根深蒂固的信仰，也是塑造中国企业家群体精神世界最底层的质料。脱胎于中国传统文化的家国情怀使得中国企业家群体在深层动机、表层观念及外在行为上有了一致性，同时作为一种最底层的道德约束着企业家在开展创造性破坏时所可能产生的经济社会负外部性。

在最为底层的动机层面，家国情怀信仰使企业家的创新、合作等特质有了统一的目标指向。企业家的创造性破坏行为也都指向国家的发展与富强，这给企业家在开展创造性破坏行为时提供了最为基础的精神合法性。治产、兴业乃至打破陈规的创业都是为了国家利益，而非一己私利。

在思想观念层面，家国情怀使得企业家群体避免了不必要的精神损耗。近代以来，中国面临极为复杂的内外部环境，在不断变动的商业、法律、社会环境中，企业家常常面对行为是否具备合法性的挑战。任何一次对既有规范的突破都会带来不必要的精神折磨，精神折磨会降低企业家的行为稳定性。家国情怀则给了中国企业家类似于欧洲企业家"因信称义"的自由裁量权，将企业家从精神困境中解放出来。只要行为符合家国天下的利益，就是合乎逻辑、合乎规范的。这也是近代以来的企业家能够突破陈规、勇于创新的关键。

同样地，家国情怀确保了企业家行为的正外部性。近代以来的企业家之所以享有一定规则外特权，概因其殖产兴业有利于国家。这是近代以来的爱国企业家在事业成功之后会积极回馈社会的原因。企业家在家国情怀这一规范性约束的指引下会自觉地将国家、社会的利益置于个人利益之上，使个体的小利、私利服从于社会、国家的大利、公利，实现小私为大公的根本目的。

细数近代以来中国出现的杰出企业家代表，不难看出，这些优秀企业家体现出超越历史、地域与时空且极为相似的人格特质，各时期的企业家在思想、作风上具有高度的统一性。虽然在不同历史时期，各企业家在具体行为表现上风格差异较为明显，但从企业家精神的外部性来看，本书所列举的代表性企业家均追求个人、集体与国家利益的一致性，通过企业的成功来实现报效国家的目的。这是中国企业家群体所独有的精神特质，体现出家国情怀对中国企业家精神世界的塑造作用。家国情怀构成了中国企业家的信仰主核，也恰是家国情怀所塑造的集体主义目标感使得中国近代以来的企业家精神具有了明显的正外部性。

综上不难看出，上文关于家国情怀信仰对企业家精神作用的结论，主要基于对个体企业家案例的比对研究，关注的是家国情怀信仰在个体企业家实践上的体现。本节则将企业家个体的案例置于时代背景中进行观察，通过对不同时代企业家精神演进更替的梳理，进一步论证家国情怀信仰在代际传递间的稳定性。进而，本书认为，要发扬企业家精神以实现中华民族伟大复兴，不仅应释放企业家精神中的创新、冒险、机会识别、合作等多种特质，更应该关注借助家国情怀信仰来提升企业家的道德规范，将创新等特质统筹在道德规范制约之下，以使企业家精神能服务于中华民族伟大复兴这一总目标。本节以时代背景的发展主线为依据，将中国近代以来的历史阶段划分为三个时期，共有七个不同阶段。在这七个不同阶段中，企业家群体面临不同的外部环境、发展使命，但在各个历史时期中，企业家群体均体现出明显的家国情怀，家国情怀贯穿近代以来各时段的企业家群体，塑造了不同时段下企业家群体行为的外在表现。

一、社会变革时期

（一）晚清的历史变迁与企业家精神演进

虽然中国封建社会各王朝以重农抑商为主要国策，但中国商人的商业活动并未完全停滞。明朝中晚期，长三角城镇经济与市民消费崛起，中国出现了资本主义萌芽状态下的商人群体。但这部分商人并未发展成具有独立意识的企业家群体，企业家精神也未能形成气候。清朝末年，中国受西方工业文明冲击后，以鸦片战争为标志性事件，群体范畴的企业家开始形成。当时，清廷内部的洋务派积极开办实业。这一时期的实业家以救亡图存为己任,体现出较为明显的家国情怀。

第一次鸦片战争后,中国逐渐沦为半殖民地半封建社会。西方列强与清政府签订了一系列不平等条约,使中国成为西方工业发展的廉价原料提供地与商品倾销地,中国被锁定在最低端的经济结构上备受欺凌。与此同时,列强猛烈的经济侵略迅速打破了中国封建社会长期以来自给自足的小农经济,破坏了中国经济的内在平衡,原有经济模式开始一步步走向崩溃边缘。长期处于自给自足自然经济的中国,拥有丰富的初级原材料等资源及庞大的消费人口,成为西方列强经济侵略的重点对象。列强纷纷将"工业自己、农业中国"作为对华经济侵略的一项基本政策,① 这导致中国国内农产资源不断流向外部,农产品在出口总值中所占的比例也越来越高,1893 年为 15.6%,1910 年为 39.1%,到了 1912 年已达到 36.4%。② 同时,农产品商品化趋势也逐步明显,自农产品开始,市场化进程已势不可当,列强开始大规模向中国倾销廉价产品。

面对列强的经济剥削,清政府并无还手之力。甲午战争中北洋海军的全军覆没使周边各国意识到清政府的腐败无能,③ 加速了列强对中国的剥削。中国在经济上进一步丧失话语权,继而引发了列强在中国投资设厂的高潮。外资的大举入侵加剧国内资源流出,与此同时,资本主义生产关系也随着西方各国资本的进入而逐步渗透进来。

面对西方工业国的竞争冲击,晚清政府中深受儒家文化熏陶的部分官僚以及民间有识之士开始将"自强"意愿付诸实践。自给自足的小农经济濒临崩溃,这一变化使国内出现了对重农抑商的质疑,在一定程度上为当时开办实业提供了较为宽松的思想舆论环境。率先在国内掀起

---

① 董书城:《中国商品经济史》,安徽教育出版社 1990 年版,第 311 页。
② 董书城:《中国商品经济史》,第 311 页。
③ 《中国近现代史纲要》,高等教育出版社 2013 年版,第 51 页。

实业救国热潮的是晚清政府中的洋务派官员。在与西方列强的来往中，洋务派官员接触到了西方先进的生产方式，提出了"师夷长技以制夷"的发展策略。洋务派官员最为关注的是军事工业、制造业，主张以"西方先进的科学技术发展军工生产"① 来实现自强。这一时期，具有代表性的企业家就是张之洞、郑观应等官僚实业家，他们与政府联系紧密，借助官僚体系的支持，在经商办企业上享有一定的便利，借助国家政策给予的资源倾斜能够实现快速发展。虽然官商结合一直被现代学者质疑腐败、效率不高等问题，但在国家孱弱、备受列强欺凌的时代，只有获得官僚体系支持的企业家才能实现实业救国的抱负。

积极投身实业救国的企业家都有儒家文化的教育背景，他们在推动实业救国的同时也积极对儒家思想进行革新。他们当中的一些人，吸收了西方关于重商与民权的观念，并着手对重农抑商的儒家文化进行思想改良以求推动社会变革，一定程度上从价值观上改变了传统观念中不利于经济发展的部分。② 以张之洞为代表的官僚实业家，就十分提倡"以义取利"的新儒学义利观。他们对儒家义利观念的重新阐释建立了符合时代要求的义利观体系，旧观念中的支点有了许多改进。比如，新儒家观念强调以义取利，由实业取得的利必须归于国家的义。再比如，实业家们强调的儒家新观念赋予了当时实业家更高的改革自由度，也激励了当时的企业家。义利观的转变，是大胆创新，这一创新指向受到了家国情怀的影响，实业家们通过将个人利益统一到国家利益中为自己突破传统、创业创新行为提供合法性。晚清实业家们将自身商业活动的逐利特点服务于国家利益，这使他们有别于一般唯利是图的商人。晚清官僚

---

① 钟祥财：《中国近代民族企业家经济思想史》，上海社会科学院出版社 1992 年版，第 4 页。

② 钟祥财：《中国近代民族企业家经济思想史》，第 9 页。

实业家之所以开办企业，都是基于家国情怀信仰感召下对国家利益的追求。打破传统、积极创新，甚至违背长期以来被视为天经地义的儒家教义，如"君子喻于义，小人喻于利"之类，凡此种种行为以"自强"为目标，继而维护国家主权，抵御列强对中华民族在武力、经济等各方面的侵略。可见，晚清时期中国出现了办实业的热潮，这正是深具家国情怀信仰的实业家们回应时代挑战的结果。家国情怀为当时深受封建文化束缚的企业家们提供了创新创业、积极进取的巨大精神动力。他们对传统的儒家文化进行的改良，也为后继企业家的家国情怀提供了榜样性指引。

西方国家资产阶级革命的历史及西方民主思想的快速传入，还增强了当时中国企业家群体的参政议政主动性。他们认识到了立宪制度相较于封建专制制度所具备的优越性，在 1906 年清政府发布"预备立宪"后，立即投身其中，通过商会、教育会等各组织的运作，先后 3 次发起立宪请愿活动。虽然这些活动无疾而终，却体现了这些企业家对革新中国的强烈意愿。

当然，必须要承认的一点是，以张之洞、郑观应等人为代表的实业家来自晚清政府的官僚阶层，他们维护的始终是已经落后的晚清政府，这也是当时实业家"戴着镣铐跳舞"的原因。这一时期的优秀企业家虽然有着家国情怀，也追求国家富强，但主要还是在维护晚清政府腐朽的旧统治，并非全体中华人民根本利益。到了辛亥革命之后，这一状况才得以改变。

（二）辛亥革命至五四运动前夕的历史变迁与企业家精神演进

晚清实业家虽然通过积极开办实业来尝试挽救清政府的命运，但清政府不可避免地走向衰亡。1911 年爆发的辛亥革命，终结了 2000 多年的封建统治，同时也开启了中国近代工业发展的新篇章。

晚清实业家的努力奠定了民国初期工商业的快速发展，这是晚清实业家对儒家义利观改良革新的成果，企业家不再被视为"四民之末"，政府对商业活动不仅不予打击，还积极鼓励国民。民国成立之初，临时政府对工商业的扶持态度更加明显，出台了多项政策以保护工商业发展。首先，通过《临时约法》中第 6 条"人民保有财产，及营业之自由"①，将商业行为合法化，极大地鼓励了当时的经营活动。其次，颁布《公司条例》《商人通例》《矿业条例》等细分制度，进一步明确了公司构成、经营以及法人权益归属，为真正意义上的近代化企业的出现与发展奠定了基础。其中，《矿业条例》《矿业注册条例》等更详细规定："凡与中华民国有约之外国人民，得与中华民国人民合股取得矿业权，但须遵守本条例及其他关系诸法律。外国人所占股份不得逾全股十分之五。"② 晚清时期逐步发展起来的经济民族主义，促使民国政府提高了对经济主导权的重视，除加大对本土关键产业和涉及国家安全的战略性产业的保护力度外，政府还对参与市场竞争的国货给予特殊支持政策。民国初年，农商部提出："凡日用品向由外国供给，而为本国所能仿制者，此类工厂，尤应特别保护"③，并由其督促下属主管部门推行"限购洋货"措施。虽然很多政策并未落实到位，但其对国内工商业的支持态度比较明确。

值得一提的是，当时我国的外部环境也相对较为宽松。1914 年至1918 年，西方列强忙于第一次世界大战，无暇东顾，客观上给予中国较为宽松的发展机遇期，国内工商业得到较好发展，企业家群体得以实

---

① 史全生主编：《中华民国经济史》，江苏人民出版社 1989 年版，第 67—68 页。
② 《矿业条例》《矿业注册条例》，《政府公报》1914 年 2 月 7 日，第 630 号。
③ 沈家五编：《张謇农商总长任期经济资料选编》，南京大学出版社 1987 年版，第274 页。

现较快成长。

较为宽松的国内外经济大环境使得中国企业家群体迎来了短暂的黄金发展期，企业家群体的家国情怀再一次得到彰显，并推动中国经济实现短暂的繁荣，中国民族资本迎来了发展的春天。从清末到民国初期，不仅投资额由年均 768 万元增长到约 2000 万元，[①] 纺织业、火柴业、采矿业、卷烟业等各行各业都实现了企业数量的迅速增长。

这一时期也出现了以张謇为代表的民族企业家，他们身上体现出极强的家国情怀信仰，其实业实践不仅仅是为了创造辉煌的经济数据，更蕴含了更高层次的目标，即"实业救国"。虽然张謇也曾是晚清官僚的一员，但他不拘泥于维护封建统治，在政治上主张革新："法久必弊，弊则变亦变，不变亦变，不变而变者亡其精，变而变者去其腐，其理固然"[②]，早年更是积极参与立宪运动。家国情怀信仰使张謇可以将国家利益置于王朝利益、阶级利益和个人利益之上，他的言行体现了其为中国富强不惜舍弃本阶级利益的爱国决心。张謇认为，要富国必须要发展实业，提出了实业救国、实业报国的理念。他认识到了中国与西方列强在发展上的差距，阐述了实业救国的重要性："外洋富民强国之本实在于工。"[③]

除张謇之外，当时还有许多爱国民族企业家自发成立了如中华民国工业建设会、中华实业团、经济协会等多个实业团体，他们不仅联合起来谋求所在行业的发展壮大，更提出了与张謇类似的主张，旨在以实业推动国家经济的发展。中华实业团明确表示："谋国民经济之发达，助

---

① 沈家五编：《张謇农商总长任期经济资料选编》，第 59 页。
② 《变法评议》，《张季子九录·政闻录》卷二，中华书局聚珍（宋版）本，1931 年，第 25 页。
③ 《代鄂督条陈立国自强疏》，《张季子九录. 政闻录》卷一，中华书局聚珍（宋版）本，1931 年，第 20 页。

共和政治之进行"，提出提倡实业，厚利民生，普及全国。① 经济协会提出了较为具体的方针："一、调查全国经济状态，以确定整理财政之方针；二、研究各种财务利弊，应如何改良统一，于国计民生两有裨益之办法……"②

随着企业家团体活动的持续发展，实业救国的思想在全社会备受重视，大大提升了实业家们在当时社会经济中的地位与话语权。民国政府召集的全国临时工商会议、全国商会联合会第一次会议等国家级会议，都邀请了许多具有影响力的实业家代表，集中听取他们关于经济建设的意见。③ 这些实业家们在某种意义上确实参与了当时的政策制定。不断提升的社会地位，使得这些实业家能够有力推动政策朝向实业救国的方向发展。这是家国情怀这一信仰在民国企业家群体中的外显。

辛亥革命之后，积极投身实业救国的企业家们所追求的目标依然是"救国"。辛亥事起，民国建立，这一时期的企业家们所救之"国"已经不再是政府，而是拯救全中国。爱国企业家们希望通过开办企业、发展经济最终实现国家强盛。这时的企业家们已经抛开执政者利益，追求更加纯粹的国家利益。也正是家国情怀，为此时的企业家们树立了崇高的目标感，使得他们超越党派纷争、超越私利而追求国家强盛、民族富强。

在家国情怀的指引下，张謇以及社会上诸多实业团体都将社会实践的目标放在了通过经济发展实现国家富强上来。相较于晚清时期杂糅多种目标的官僚企业家所彰显的企业家精神，此时的优秀企业家精神无疑

---

① 汪敬虞主编：《中国近代工业史资料》第2辑（下册），科学出版社1957年版，第863页。
② 汪敬虞主编：《中国近代工业史资料》第2辑（下册），第864页。
③ 钟祥财：《中国近代民族企业家经济思想史》，第64页。

更加纯粹。企业家们明确了救国这一主目标后，在相对较为宽松的外部环境中取得了前所未有的经济成果。这一段历史不仅显示出家国情怀的稳定性，也体现出家国情怀在企业家群体之间的代际传递。民国时期的实业家继承了晚清实业家的遗志，并超越了晚清官僚实业家群体狭隘的目标，转而追求整个国家的繁荣富强。

（三）五四运动至抗战前夕的历史变迁与企业家精神演进

不幸的是，中国工商业迎来短暂繁荣之际，第一次世界大战结束了，列强们将目光转回中国，他们一方面恢复对中国的商品倾销，另一方面加大了在中国的投资设厂力度。与此同时，日本加剧了对中国的侵略剥削，中国国内反日情绪高涨。由于民国政府在第一次世界大战后的谈判中未能有效维护本国利益，国内爆发了五四运动，并掀开了新民主主义革命的序幕。

虽然五四运动之后外部环境趋于恶化，但越是危难时刻越体现出家国情怀信仰对企业家群体的感召力。当时，在爱国民族企业家的号召下全国上下团结一心，在经济领域掀起了抵制外货运动。[1]

此时，晚清以来几代实业家长期奔走呼号的实业兴国、工商富国已成为全国共识。1927年，南京国民政府正式成立，对国内工商业实施一定程度的保护主义，以保护脆弱的民族工商业。《国民政府宣言》中明确提到"提倡保护国内之实业"[2]，随后召开的经济会议上更集中研讨了发展民族实业的具体问题[3]，民族工商业的发展被摆在了更加重要的位置。同时，在发展实业的框架下，国民政府出台一系列具体法律法

---

① 钟祥财：《中国近代民族企业家经济思想史》，第132页。
② 黄美真、郝盛潮：《中华民国史事件人物录》，上海人民出版社1987年版，第136页。
③ 钟祥财：《中国近代民族企业家经济思想史》，第207页。

规与政策文件，以谋求在多个方面推动经济发展。首先是推动税制改革。国民政府对外加强了关税主动权，对内则增强本国盐税、消费税、印花税等各种税务的规范管理，内外双管齐下，建立更加健全的财税体系以推动国内经济发展。其次是进行货币改革，为商业贸易提供更好的经济环境。国民政府先后在国内施行了"废两改元"与"法币改革"两项政策，最终使货币得以统一，并成功推行了纸币在市面的流通，为经济活动提供了更加便利的流通交易手段。最后，以提倡国货运动推动国家经济，通过社会上爱国主义氛围的渲染，使民族实业占据了更大的市场份额。三方面的政策支持使国民政府成立之初的经济稳步上升，各行各业无论是在设厂数量还是其产量上，都呈正向发展趋势。

1930 年以后，国际形势趋于恶化，外部大环境变得不利于中国工商业发展。此时的西方国家迎来了经济危机，列强们纷纷加大对中国的商品输入力度以缓解本国的经济压力，美国等还大量收购白银，致使中国财富进一步流失。但外部环境恶化并未动摇企业家实业强国的决心。中国工商业虽然失去了外部资金的支撑，经营与发展受到一定程度阻碍，但工商业各界人士积极上书吁请政府给予政策支持。1935 年，《法币政策》的颁布在一定程度上缓解了中国经济的一蹶不振，政策有效激活了市场活力，国内工商业抓住机遇，再一次实现了正向增长。

越是在国家危难时越能体现出中国企业家的家国情怀。1919 年和 1925 年爆发的五四运动、五卅运动两场爱国运动，对中国优秀企业家精神作用的发挥起到了推动作用，家国情怀在此时展现得淋漓尽致。一是两场爱国运动在客观上对中国实业活动的支持。两场爱国运动在社会上掀起了反帝国主义爱国热潮的同时，还引发了全社会抵制外货运动，这就大大增加了中国本土实业的市场竞争力。据统计，五四运动后，日本商品对中国的输入受到严重打击，拿日纱来说，从 1919 年到 1921 年

间，输货值由 8106 万元骤降至 4711 万日元。① 日纱销量的下滑为中国
纱业带来了可观的利润增长，据记载，当时"地无分南北、厂无论大
小，大都全获得意外的厚利"②；五卅运动之后，也出现了类似的局面：
"五卅案后，抵制日、英货甚盛，国纱市情乃大俏。"③ 可以说，具有家
国情怀的企业家精神与爱国运动合流，迸发出极强的生命力。二是实业
家们积极支持并参与爱国主义运动。五四运动爆发后，在参加这场伟大
爱国运动的人群中，不乏许多民族企业家的身影，他们不仅参加游行活
动，更发挥自己作为企业家的力量，组织罢工进行抗议。比如，当时纱
厂联合会在五四运动爆发后就针对时局召开董事会，并作出如下决定：
"一、自今日起，各批发所停止买卖；惟华商纱厂与贫民生计有关，仍
宜照旧进行。二、急电北京政府，请释放被捕学生，并免曹、陆、章之
职。俟学生放出后，应即还市。"④ 纱厂联合会对五四运动持明显支持
态度，在发声及罢工支持的同时，更不忘以实业维持民生的重要作用。
当时支持学生运动会的罢工行为会损害企业家利润，但在家国情怀的感
召下，爱国企业家们纷纷以行动支持爱国运动，体现了为国为民的大无
畏精神。

1930 年前后，抵制外货运动进一步发酵升级。先前的运动中，社
会上已先后成立了"上海市民提倡国货会""上海国货团""上海机制
国货工厂联合会"等爱国组织；到了 1931 年，这些组织又进一步组成
联盟，成立"国货大同盟委员会"，集中各方力量开展提倡国货运动，

---

① 钟祥财：《中国近代民族企业家经济思想史》，第 132 页。
② 张仲礼：《中国近代资本主义在二十世纪二十年代的发展问题》，载复旦大学历
史系编：《近代中国资产阶级研究》，复旦大学出版社 1986 年版，第 163 页。
③ 迪先：《民国十四年之棉业》，《银业周报》1926 年第 10 卷第 7 号。
④ 转引自《华商纱厂联合会议案、议事录》，《荣家企业史料》上册，上海人民出
版社 1962 年版，第 63 页。

进一步扩大了爱国运动的范围。次年，又成立中华国货产销协会以增强抵制外货的团体实力，该协会集中了金融、实业、贸易等多方资源，尝试建立全国性的国货销售网，使国货提倡运动真正具备了实际的操作意义。由陈蝶仙、项松茂等人发起成立的上海机联会，在对当时中国实业存在的诸多问题进行审视的基础上，向国民政府提出了 10 条请愿，请愿内容涵盖税收、激励、基础建设、劳资关系以及金融等多个方面①，这体现了陈蝶仙等优秀实业家们试图改善国家的苦心，同时也显示出提倡国货运动已不单纯是一种对中国制造与销售的崇尚，其范畴更加延伸到了整个社会经济的发展。

这一阶段企业家面临着持续恶化的外部宏观环境，但企业家精神中的家国情怀反而得到了彰显。正如史料显示，此时本该竭蹶的中国经济反而继续维持了一段时间的原有水平，这很大程度要归功于爱国运动引发的抵制外货运动。这一时期，企业家的目标感更加明确，家国情怀在爱国运动中得到了进一步强化与提升，在五四运动、五卅运动引发的抵制外货运动中，家国情怀的目标更加注重眼前的时局，此时的目标定在了较为短期的"抵制外货"上，以表现自身的爱国立场。随着事件的继续推进，抵制外货运动发展为提倡国货运动，优秀企业家们不再只追求眼前短期利益，而是将目标放在了更加宏观的中国经济的长远发展上，通过国货运动来服务于国家富强的长远目标。这再一次论证了家国情怀在企业家群体中的稳定性。

可以看出，这个时期不利的社会宏观环境并没有阻碍家国情怀的强力推动作用，五四运动以来渐形不利的外部发展条件反而激活了家国情怀的强度，显示出家国情怀在国家危难时刻的巨大作用力。企业家在无

---

① 钟祥财：《中国近代民族企业家经济思想史》，第 217 页。

人引导的自发状态下，主动投入到支持学生运动、救亡图存的行动中去，这体现出家国情怀是一种内驱力极强的作用机制。正是家国情怀的存在，才给了实业家、企业家以勇气反抗时局，自发组织起来，抵抗宏观环境的不利影响对中国经济的负面作用。

二、战争革命时期

（一）抗战时期的历史变迁与企业家精神演进

1931 年，日本关东军以武力入侵东北，自此之后不断侵占中国领土。1937 年 7 月 7 日，日本发动卢沟桥事变，中国奋起反抗，抗日战争全面爆发，战争给中国经济造成重创，这一历史转折影响了中国经济发展与中国企业家群体的发展走向。

日本的侵略，给当时刚有起色的民族工业造成沉重打击。日本侵略者从两个层面对中国经济造成巨大破坏。一是对中国东北、华北地区进行经济入侵，大肆掠夺资源，强行投资工业。据统计，1937 年 6 月，日本在华北地区的投资总额已经占到当时华北全部工业总额的 60%。[1]二是以战争手段对中国经济进行直接破坏。据统计，"八一三"淞沪会战后，被炸毁的上海企业达 905 家，损失近 15576 万元[2]，除上海外，沿海地区的其他企业也都不同程度地受到战火摧残，硬件严重受损，企业危在旦夕。在此基础上，日本侵略者趁势以军事手段对残存的实业进行接管，遭到掠夺的企业不计其数，遍布国内各行各业。有学者估计，抗战时期中国商业的损失约为 36 亿元。[3]

面对战争带来的破坏性挑战，当时企业家们纷纷开展自救行动。一

---

[1] 钟祥财：《中国近代民族企业家经济思想史》，第 381 页。
[2] 钟祥财：《中国近代民族企业家经济思想史》，第 381 页。
[3] 钟祥财：《中国近代民族企业家经济思想史》，第 382 页。

是内迁谋求生存与发展，这造就了 1942 年以前上海租界以及西南后方经济的短暂繁荣。① 二是坚决的御敌举动。深植于中国传统儒家文化中的家国情怀信仰在中华民族处于危亡时迸发出强大的精神感召力，指引着企业家们自发参与救国运动。这体现出家国情怀所具有的强大内源性约束与推动力。在国家危亡、秩序崩塌的乱世，爱国企业家们在没有任何外在法律、规范约束与监督之下，无私奉献、自发维护国家利益。"九一八"事变后，上海银行等呼吁："朝野一心，以挽危局。"② 大部分民族企业家都发声表示应停止内战、共同抗日。在日本企图垄断东北市场时，范旭东毅然将国货产品销往东北，继续践行着实业救国的主张。同时，对与日本有合作关系的他国企业，他也表示"因有辱国权，不再买察"③，相较于自己的企业利益，他将国权与国家尊严看得更重。全面抗战中，卢作孚不顾自身安危与经济损失，带领民生公司船只参与人员与物资配送，损失的船只不计其数。

　　"破坏"与"无序"是对该阶段企业家所处社会宏观环境最为贴切的词汇，战争对中国经济及身处其中的企业家造成了巨大的负面影响，环境的消极程度远超之前列强经济侵略的不利程度。但恰如本书所论，越是危难时刻越能表现出企业家的家国情怀。之所以有企业家能够舍弃企业乃至生命，将国家利益置于一切利益之上，就是源于长久以来中国企业家群体中存在的家国情怀。在极端危难的历史转折时段，家国情怀的外显性更加突出。企业家们在家国情怀的感召下为抗日战争的成功作出了巨大贡献，也保存了我国工商业发展的火种，为抗战胜利后我国的

---

① 钟祥财：《中国近代民族企业家经济思想史》，第 383 页。
② 黄逸峰等：《旧中国民族资产阶级》，江苏古籍出版社 1990 年版，第 439 页。
③ 陈歆文：《祖国 事业 科学 人才——纪念实业家范旭东诞生一百周年》，《工商经济史料丛刊》第 2 辑。

经济发展奠定了基础。

（二）抗战胜利至新中国成立前夕的历史变迁与企业家精神演进

1945 年，中国迎来了抗日战争的胜利，本该逐渐好转、实现复苏的中国经济，却遭遇了内外压力：国民政府陷入系统腐败，不仅无力为企业家提供良好的发展环境，反而因为战争损耗加剧了官僚资本对民营经济的侵蚀与掠夺；还有来自美国的商品倾销。双重压迫使民族企业家们陷入窘境，实业经营中呈现出"进退维谷不知所措者十之八九"① 的现象。在这样的双重压力下，有不少企业开始向海外转移。

但即便企业家们的实业经营都处于低谷，仍有部分富有家国情怀的企业家坚守实业、坚决抵抗官僚资本，在国内外恶劣形势下毅然留守中国，以身作则制止中国资本外流。此时最有代表性的企业家是荣毅仁的父亲荣德生。即使对当时国民政府彻底失望，他依然反对将自己的实业迁往海外，坚持要将实业留在中国，他更明确表示"余非但决不离沪，并决不离乡，希望大家也万勿离国他往"。同时，由于投资、经营环境的恶化，企业家们无法正常进行实业活动，但他们并没有灰心丧气，而是转向理论工作。这一时期，中国的经济理论创新实现了突飞猛进的发展，企业家们在实业领域受到重创，但在思想领域却硕果累累。许多人开始思考中国经济与未来发展问题，这正是儒家文化中修身齐家治国平天下的体现，也是家国情怀信仰在思想领域里发挥作用的表现。陈嘉庚在此时提出了陆路交通发展论。荣德生也在这个时期提出国家工业化的主张："中国要富强，非急速变成一个工业化国家不可。"②

① 黄逸峰等：《旧中国民族资产阶级》，第 567 页。
② 《乐农自订行年纪事续编》（1944 年），《申新系统企业史料》（油印本），第 6编，第 2 期，第 224—225 页。

此时的企业家经营活动受限于政府与美国的双重掣肘，在国内普遍无用武之地，但像荣德生、陈嘉庚这样的爱国主义企业家，虽然受到当局政府的经济压迫，依旧放眼未来、从国家整体利益出发，坚守国内以避免资产流失海外。在极端恶劣的环境下，企业家没有因为逐利而抛弃自己的国家，这体现出家国情怀信仰对企业家精神的约束，使得企业家能够在危难之时自觉维护国家利益。同时，在经营实践上的停歇并没有让他们的企业家精神沉睡，取而代之的是在经济理论上的发力。纵观这些创新的经济理论，大多都是聚焦国家层面的经济建设事项，都是思考国家如何实现富强的论述。这不仅显示出家国情怀的稳定性，也体现出家国情怀对企业家个体全方位的影响约束。

三、新中国时期

（一）新中国成立至改革开放前夕的历史变迁与企业家精神演进

1949 年新中国成立之初，百废待兴。党和政府对资本主义工商业实施和平改造，推出了"利用、限制、改造"的政策。1953 年，社会主义过渡时期总路线公布，明确了资本主义工商业的社会主义改造方式。在经济上，对晚清至民国以来的资本主义工商业生产资料采取"赎买"政策，逐步收归国有。在改造初期，部分资本主义工商业消极经营、疑虑观望情绪较重，使得市场一度发展停滞。但这一时期，优秀企业家依然抱着浓厚的家国情怀，将国家利益放在第一位，率先接受改造，这本身也是新的历史条件下家国情怀在企业家群体中的体现。比如，新中国成立之初推行公私合营时，上海、江浙一带的部分民族工商业企业家开始举家外迁，荣毅仁非但没有逃离，反而主动与中国共产党加强交流，积极带头实现公私合营。

这一时期，为了集中资源发展工业，国家实行计划经济，在国内推行经济改造工作。虽然计划经济因其具有的多种弊端遭到了现代经济学者的批判，但不得不承认的是，在新中国成立初期，要快速从一个农业国进化成工业国并参与全球竞争，必须要用强力手段将国内资源集中起来。民国时代勉强维持的实业逐渐被改造为社会主义经济的组成部分。其后，我国开始推行高度统一的计划经济模式。这一体制虽然符合当时经济落后情况下恢复经济并维持民生的实际需求①，但本身却与市场存在对立性，导致了经济社会渐渐与市场脱节，最终定格为缺少市场的经济环境。

当然，我们也应注意到，计划经济体制虽然适合战后初愈的中国国情，但也抑制了市场的存在与发展，市场的缺失进而压抑了企业家精神的施展与继续发展，既不利于市场机制的建立，也不利于社会经济的活力。这一时期，由于配置偏差，经济领域中的企业家精神进入了长达近30年的休眠期。虽然家国情怀依然存在，但这一时期拥有家国情怀的企业家并未能获得充分的机会，施展其在经商办企业领域的才能。虽然我国在计划经济时代实现了从农业国向工业国的转型，但企业家精神并未完全配置到经济领域中，也未能激发经济体系活力。直到改革开放后，企业家精神才得到了充分的发展机遇与发展空间。

（二）改革开放至今的历史变迁与企业家精神演进

1978 年，市场机制活力不足的中国经济环境迎来了重要转折。党的十一届三中全会作出决定："实现四个现代化，要求大幅度地提高生产力，也就必然要求多方面地改变同生产力发展不相适应的生产关系和上层建筑，改变一切不适应的管理方式、活动方式和思想方式"②，自

---

① 李观来：《中国企业家研究》，中共中央党校出版社 1998 年版，第 20 页。
② 《十一届三中全会以来历次党代会、中央全会报告公报决议决定》，中国方正出版社 2008 年版，第 14 页。

此拉开了中国改革开放和社会主义现代化建设的序幕。改革开放倡导"多种经济形式和经营方式的共同发展"，以政策为基础奠定了中国特色社会主义市场经济的形成，经济环境由原先的远离市场逐渐转为了依靠市场、利用市场、开拓市场。时至今日，改革开放已历时 40 余年，中国创造了比过去所有时代的总和还多的财富。

改革开放的政策环境使得企业家精神再一次被配置到经济领域和产业领域，扭转了当时企业家精神被分散到非生产领域中的局面。在改革开放政策东风的感召下，企业家精神再一次被唤醒，演进过程中又衍生出冒险型、探索型、创新型等多种企业家精神。① 在这些企业家的共同努力下，中国实现了快速发展的奇迹，中国进入到前所未有的经济腾飞新阶段。改革开放以来，活跃在经济领域的企业家们同样受家国情怀的感召，将个人利益、企业发展时刻与国家利益绑定在一起，通过创新创业来实现国家富强这一目标。毫无疑问，这其实还是儒家"修身齐家治国平天下"在现代社会的体现，家国情怀这一内在道德维度特质使得中国的优秀企业家能时刻将国家利益放在首位。

改革开放以来，出现了曹德旺、柳传志、张瑞敏、任正非等各式各样的企业家。他们在不同行业，以不同的创新与经营方式，为中国的经济奇迹贡献了不容忽视的力量。他们都是将个人、企业的利益服务于国家利益，通过经商办企业来实现国家经济腾飞的典型。改革开放以来，无论是经济政策还是国际形势，相较于近代以来各个时代都有了明显的正向提升，日渐好转的宏观环境给了企业家精神充分发挥的空间。曹德旺、任正非等优秀企业家精神在家国情怀的作用下，推进中国的企业家精神兼具经济功能与道德感召功能，中国企业家在经济与道德双重维度

---

① 刘志阳：《改革开放四十年企业家精神的演进》，《人民论坛》2018 年第 35 期。

上堪称表率、样板，不仅促进国家经济发展，还通过其言行举止感召其他企业家共同为国内经济生态的好转作出贡献。

到了现在，改革开放已逾40年，国家对经济发展的需求更加强烈，日益激烈的全球竞争对企业家的各项要求也不断提高。值得注意的是，随着经济快速发展，我国区域间的发展不平衡、不充分等矛盾也逐渐变得突出。海外资产阶级的腐朽生活方式也随着国内外经济交往传入国内，产品造假、商业欺诈、金融违约等问题屡见不鲜。同时，改革开放以来对经济建设的重视也遭到一部分商业人士的误读，他们片面地强调其中的逐利属性，认可唯利是图的价值观，不断侵蚀、污染着当前的商业生态。

面对中华民族伟大复兴的历史任务，为了确保经济高质量发展的迫切需求，我们更加需要像任正非这样具有家国情怀的企业家，以确保经济发展的成果能提升中国国力、能惠及全体人民。这样的企业家精神不仅在创新维度发挥了应有的作用，在当代贸易摩擦中更是发挥了重要作用，其正面的企业家形象引领了社会的爱国热潮，更彰显了中国企业家特有的精神面貌，而这些正面表现的背后，都有着其企业家精神中家国情怀的坚定支撑，"中华有为"的创业初衷也显露出了"国家富强"这一目标在任正非等优秀企业家精神中的传承与坚定。

总而言之，改革开放发展到今天，企业家精神中的家国情怀信仰在显性、力度上均不算削弱。但目前来说，中华民族伟大复兴的历史使命仍在路上，只看重创新、冒险、机会识别等经济维度，而不关注家国情怀这一道德维度的企业家精神特质取向为我们奔向星辰大海的事业增添了一定的不确定性。源自传统文化的家国情怀信仰并未消逝，但尚需加强，以有效规范企业家精神在行为和结果上的单纯逐利行为。

至此，本书已将四点结论置于近代以来宏观环境与企业家精神的发展轨迹中进行了较为翔实的探讨，为了使相关结论的确切性更加明显，根据上面的讨论梳理成了以下表格。

	晚清	辛亥革命至五四运动前夕	五四运动至抗战前夕	抗战期间	抗战胜利至新中国成立前夕	新中国成立至改革开放前夕	改革开放至今与中华民族伟大复兴
宏观环境	消极	积极	消极	消极	消极	—	积极
企业家精神与家国情怀	存在	存在	存在	存在	存在	不外显	存在
社会发展成果	成果不显著	短暂的春天	未恶化	小范围畸形发展，最终恶化	继续恶化	外显不足	阶段性成果显著，长期成果可期

　　不难看出，家国情怀具有信仰稳定性、代际传递稳定性。所谓天时地利人和，家国情怀对企业家精神的积极社会影响的引导还受到宏观环境的作用。亦可看出，宏观环境积极且企业家富有家国情怀之时，往往能有较为积极的社会发展成果。在宏观环境与家国情怀的双重积极推动下，企业家精神会带来积极的社会成果，这是宏观环境的支持，也是家国情怀的推动，更是两者共同正向推动的产物。而上表中新中国成立后、计划经济体制时期，企业家精神由于缺乏市场呈现出不外显或沉睡的状态，普遍在社会上无用武之地，宏观环境中市场的缺失，以及企业家精神无法发挥功效，共同导致了此时社会发展成果的外显不足，这也再一次说明了企业家精神对区域经济提升的不可或缺性。

　　相较上述两种情况，如上表所示，宏观环境消极与企业家富有家国情怀这两个要素并存时，分析要显得相对复杂：这一类情况存在两种明显的社会成果倾向，一类是较为中立平稳的经济停滞，另一类则是明显的经济倒退与恶化。这其实同家国情怀与宏观环境间的平衡密不可分。细化来说，如果家国情怀信仰强烈，宏观环境消极程度一般，则就结果而言会呈现中立与停滞态势；若家国情怀信仰存在，宏观环境消极程度更甚，则会造成社会经济倒退的后果；若家国情怀高涨，宏观环境极度恶劣，则社会成果也相对复杂，呈一定的动态状态，在某一时点停滞，在其他时点则可能倒退。这再一次印证了上文的论点：在危难之时，家国情怀具有更为明确的外显性，其所产生的群体感召力会对既有环境造成极大的修正作用。这也是五四运动、抗日战争时期，虽然外部发展环境恶劣，但企业家精神仍能对当时经济产生维持甚至推动作用的原因。

综上，本书认为，企业家精神受宏观环境影响，家国情怀信仰对企业家精神社会积极效应有着明确的引导作用，这种正面效应会在宏观环境较好时推动经济的整体发展。同时，宏观环境与家国情怀之间的综合交替影响会限制企业家精神在区域经济层面的外在表现。最后，可以看出的是，上面表格中几乎所有时期都存在企业家精神的家国情怀信仰，计划经济时代也是由于企业家精神配置到非生产领域，在市场领域载体的缺失导致企业家精神不外显，而非家国情怀信仰的消逝。因此可以说，近代以来优秀企业家精神中广泛存在的共有逻辑红线就是家国情怀信仰，家国情怀是近代以来企业家群体最根深蒂固的信仰，也是中国企业家代代相传的独特精神气质，是中国企业家推动中国经济走出泥沼、实现腾飞与经济奇迹的文化密码。在近代以来宏观环境变迁与企业家精神发展轨迹这一大数据库中，历史条件、企业家精神的具体表现，以及家国情怀信仰的广泛存在与作用，都印证了本章开头所阐述结论的历史实践性与确切性。经过大历史与长时段考察后，本书认为，要实现当前中华民族伟大复兴这一重任，就需要强化企业家精神中的家国情怀信仰，借助家国情怀信仰的内源性约束与驱动，推动经济整体繁荣。

启示与展望

一、中华民族伟大复兴呼唤有信仰的企业家

当代中国正处于中华民族伟大复兴的重要变革时期，习近平总书记提出"以经济建设为中心是兴国之要"[①]，这是中国最高层对经济发展的肯定。可以说，当代中国比历史上任何时期都更重视经济的发展。为了践行经济建设这一兴国之要，中央不仅明确了当今推动经济高质量发展的核心思路，更加明确了要以经济政策、实施宏观调控等一系列的政策手段来推动"经济发展质量变革、效率变革、动力变革，不断增强经济创新力和竞争力"[②]，国家的政策环境对经济建设的支持与配套已确定无疑。与此同时，中国社会主义基本经济制度不断得到完善，持续

[①]　中共中央宣传部：《习近平新时代中国特色社会主义思想学习纲要》，学习出版社、人民出版社 2019 年版，第 111 页。

[②]　中共中央宣传部：《习近平新时代中国特色社会主义思想学习纲要》，第 113 页。

发挥了政府在社会主义经济建设中的重要作用，社会上的公有制经济同非公有制经济正不断趋于相辅相成，共同推进国家的兴盛繁荣，可以说当代中国的宏观政策环境是经济发展的最佳土壤之一。

企业家作为经济建设中不可或缺的实际践行者，其重要性对于当代中国不言而喻。不仅如此，一系列激励企业家更好发挥经济建设功能的政策不断出台：2017 年 4 月 18 日，中央全面深化改革领导小组第三十四次会议通过了《关于进一步激发和保护企业家精神的意见》，在呼吁并弘扬当代企业家精神的同时，从制度层面为企业家的社会活动提供了保障与支持，为中国企业家精神的健康发展提供了有力的政策保障；供给侧结构性改革的政策为特定行业领域提供了大量机会……在政策的导向与支持下，企业家队伍不断壮大，事业蒸蒸日上。

另外，当今中国的实力已今非昔比，经济突飞猛进，科技水平不断提升，产业链更趋于完整，即使在严峻的新冠肺炎疫情和复杂的国际局势中依旧稳步发展。国力的不断增强，使中国在国际社会中的话语权持续提高，俨然具备了同美国等西方国家博弈的能力。相较于中国近代不平等的经济活动，当前中国在国际范围商业活动中显示出的是"相互博弈、你来我往"，中国已经完全具备抵御来自西方"列强"经济侵略的能力。

国家内部积极的政策有助于当代中国经济的腾飞与国力的强盛，大大提升了中国在国际社会中的地位，为当代中国企业家提供了积极健康的宏观环境。在这样从未有过的良好宏观环境中，若进一步稳固并激发企业家的信仰，企业家无疑将在当代大放异彩，推动中国经济不断提升，"国家富强、民族振兴、人民幸福"① 这一当代中华民族目标的实

---

① 中共中央宣传部：《习近平新时代中国特色社会主义思想三十讲》，学习出版社2018 年版，第 34、36 页。

现将指日可待。

放眼当代中国，积极的宏观环境条件已然具备，习近平总书记高度重视企业家在经济建设中发挥的重要作用，"企业家精神"一词多次出现在习近平总书记的系列重要讲话之中。他更明确表示说："市场活力来自于人，特别是来自于企业家，来自于企业家精神"，高度肯定了企业家精神对当代中国发展的重要性与不可或缺性，在国家为了实现中华民族伟大复兴的中国梦、持续进行改革的背景下，研究的重点再一次聚焦到企业家个体信仰这一变量上来。

事实上，在具备了各种积极前提的当代中国宏观环境中，企业家行为的高度复杂性也被暴露出来。道德缺失的恶性企业家行为层出不穷，充斥在中国经济社会的各个领域、各个角落。曾经的国内乳制品龙头企业三鹿集团被爆产品含三聚氰胺，相关产品直接导致国内数千名婴幼儿遭到巨大伤害，甚至造成三人死亡，轰动一时。[①] 2018 年爆出的伪劣狂犬病疫苗事件，严重危害了国民的生命健康。2018 年陆续爆出的 P2P 平台暴雷事件中，大批民众的血汗钱惨遭骗局掠夺。不少企业通过假账、贿赂等不当行为逃税漏税。乐视网贾跃亭对资本"娴熟"的玩弄，为自己带来了巨额财富，却使股东、供应商、接盘者承受了巨大债务。瑞幸咖啡事件，再次暴露出了玩弄资本市场的恶性影响，同时还牵扯出其创业者之前神州租车与神州优车的资本市场"惯犯"性操作，显示了企业家缺乏道德约束对社会造成的损失，以及可能的跨地域性危害，这也成了当代互联网企业"找风口、烧钱、做业绩、上市最后套现走人"的损人利己的典型赚钱模式。这种恶性交易甚至还蔓延到了学术殿堂之中，知名商学院给造假公司颁奖，以专业权威的"旗帜"为恶

---

① 张媛媛：《中国当代企业可持续发展研究——基于企业家素质视角》，硕士学位论文，华东交通大学，2017 年。

性企业家行为提供庇护。这些事件显示出的是企业家精神错误配置的不良后果，纯粹的利益主义为他们带来了快速的利润，却牺牲了大部分人的利益，不仅没有为国家贡献任何财富，反而严重破坏了社会秩序。在利益的驱使下，这些企业家们毫无底线，早已将"义"抛之脑后，这也警示了当代中国企业家精神能否与实现经济高质量发展匹配的问题，我们需要重新激活企业家精神中的"义"与信仰。

当代中国部分企业家的行为在道德维度上表现失败，社会中投机盛行，国家利益被无视，这些无疑将"义利之辩"再一次引入视野，这些道德缺失的表现，无疑与新教改革企业家们的以义取利、明治维新以及实业救国运动中企业家们的义利高度结合形成鲜明对比。当代部分企业家们变得重利轻义，"义利观"已完全颠倒，社会上唯利是图的商人形象似乎死灰复燃，这无疑是一种商业文化的倒退现象。

在欧洲新教改革、日本明治维新以及中国近代实业救国的实例中，我们已经指出，"义利观"的正向演化很大程度上归功于信仰的激发作用，那么当前"义利观"的某种倒退，也必然与这些企业家信仰的逐渐淡化与缺失密不可分。信仰可以有效激发企业家精神的正面效用，而当信仰逐渐淡化甚至偏向负面范畴时，对企业家精神积极功能的发挥则会产生相当的阻碍甚至负面引导作用。

尽管如此，我们不能否认当代中国的企业家多数仍然具有正面信仰，这些企业家在其内在信仰的激发作用下，因势利导，有效利用宏观环境的支撑，使其经营的企业取得长足发展的同时，更为国家富强繁荣贡献了财富，树立了正面的榜样，这才是中华民族伟大复兴所需要的企业家。

迪尔德丽在其《企业家的尊严——为什么经济学无法解释现代世界》一书中指出，在社会物质经济已经达到一定高度后，观念对经济的推动作用就显得更加重要。① 这与中国当代经济社会现状是相互吻合的，也正如习近平总书记指出的，中国经济已由高速增长转向高质量发展。单纯对经济维度的追求显然能一定程度满足高速增长，却很难促成高质量发展，迪尔德丽研究中的"观念"给了我们以启示。正如新教改革、明治维新以及实业救国时期企业家所具有，而当代一部分企业家所缺少的，信仰正是文化观念的表现形式之一，它来源于民族的文化与思想，根植于每个中国企业家的血液之中，也正因为如此，当代中华民族伟大复兴需要唤醒并激活这种信仰，呼唤具有信仰的企业家。

其实，家国情怀信仰一直受到中国最高层面的重视。习近平总书记在提及爱国时，经常都会同爱家联系起来，要求把爱家和爱国统一起来。在2018年春节团拜会上，他曾表示："千家万户都好，国家才能好，民族才能好。……把爱家和爱国统一起来，把实现个人梦、家庭梦融入国家梦、民族梦之中，用我们4亿多家庭、13亿多人民的智慧和力量，汇聚起夺取新时代中国特色社会主义伟大胜利、实现中华民族伟大复兴中国梦的磅礴力量。"这正是对儒家家国情怀的当代解读，更是习近平总书记对家国情怀的呼唤，也是国家层面为实现中华民族伟大复兴而呼唤的具有时代特征的家国情怀信仰。

习近平总书记在纪念五四运动100周年大会上的讲话中指出："爱国主义自古以来就流淌在中华民族血脉之中，去不掉，打不破，灭不了，是中国人民和中华民族维护民族独立和民族尊严的强大精神动力。"本书认为，中国自古以来的爱国主义正是来源于儒家文化中的家国情怀信仰，而作为中国根深蒂固的文化基因，在历经千年之后，仍然具备相当的生命力，是"去不掉，打不破，灭不了"的。中国当代某

---

① ［美］迪尔德丽·N. 麦克洛斯基：《企业家的尊严——为什么经济学无法解释现代世界》，中国社会科学出版社2008年版，第4页。

些企业家的恶性行为是信仰的缺失，更是家国情怀在企业家内心沉睡的表现。这也一定程度上显示出了家国情怀信仰的可引导性，揭示出了对其唤醒的可能性。为了引导与激活家国情怀的信仰，教育成了一种可能的途径。既有研究已经开始关注新时代大学生家国情怀的培养，认为培养家国情怀不仅是当前时代的要求，更关乎实现中国梦与伟大复兴的历史使命。[1] 那么作为伟大复兴中重要环节之一的经济建设，对其实践者的企业家群体进行家国情怀信仰的激活与培养，似乎可以作为今后研究与探索的方向之一。另一方面，纵观各个历史时期，家国情怀信仰最为强烈的时期总是发生在国家危难之时，无论是实业救国时期甲午战争对张謇等人的刺激，还是新冠肺炎疫情下广大医护人员的伟大逆行，如何在特定历史时期对家国情怀信仰进行社会层面的正确引导，或可成为社会舆论与传媒相关研究需要重视的焦点之一。习近平总书记强调文化自信，家国情怀的信仰便是来源于中国传统文化，正是我们需要坚定的国家与民族层面的灵魂，我们应当呼唤企业家的家国情怀信仰，以家国情怀的信仰激发当代企业家树立"为天地立心，为生民立命，为往圣继绝学，为万世开太平"的理想与信念，去努力实现中华民族伟大复兴的宏伟目标。

二、研究结论与启示

通过对多个国家、地区以及历史时期的优秀企业家精神的深入剖析，并结合与当代中国经济表现、政策及环境等要素的比较，得出了本书两个层面上的重要结论。

---

[1] 张建江：《新时代大学生家国情怀的培养路径研究》，《社会发展》2020 年第2 期。

　　一是推导出了家国情怀信仰对中国企业家精神的具体作用机制。欧洲新教改革与日本明治维新期间企业家精神的特性分析，将研究范围锁定在了企业家精神的信仰这一特有的道德层面特质。在此基础上，由于家国情怀是中国企业家特有的信仰，通过对家国情怀信仰与中国近代以来优秀企业家实践与精神特质的比较与分析，明确了家国情怀这一信仰对中国企业家精神的作用机制，其主要有四种作用方式：（1）家国情怀信仰通过为中国企业家树立明确的目标来激活中国的企业家精神，引导中国企业家精神的正向发展；（2）企业家精神所带来积极的社会成果，需要家国情怀信仰与宏观环境的共同作用；（3）国家危难时，家国情怀的显性特征更明显，其对企业家精神的正向激发作用更加巨大；（4）家国情怀信仰在中国企业家群体中呈现出稳定的代际传递特性。

　　二是明确了当代中华民族伟大复兴需要具有家国情怀信仰的企业家精神。结合中华民族伟大复兴的历史背景与时代要求，将其与家国情怀对中国企业家精神的具体作用机制比照来看：首先，家国情怀信仰与中华民族伟大复兴具有一定的一致性，可以为当代中国企业家树立目标，进而激活积极的企业家精神。若想实现伟大复兴这一社会积极成果，还需对宏观环境进行审视与考量。可以说，当前中国宏观环境相较近代明显利好，但在疫情、贸易摩擦、国际局势等多重不确定因素下，加之伟大复兴的较高要求，中国处于转折的关键时期，其与近代中国所处的危难时刻有着异曲同工之处，同样可以使家国情怀信仰更加强烈。最后，由于家国情怀信仰的代际传递特性，其必定根植于当代中国企业家身上，这也为唤醒并激发当代中国企业家的家国情怀信仰创造了基础条件。由此，在中华民族伟大复兴的历史背景下，中国不仅迫切需要并呼唤具有家国情怀的企业家精神，同时这一呼唤也具备了高度的可行性与实际意义。

　　本书两个层面的结论，分别具备了各自的实践启示，对当代中国经济社会以及所处其中的企业家实践活动有着较强的现实借鉴与参考意义。具体来说，一方面，家国情怀信仰对中国企业家精神的具体作用机制，将可以指向如何利用信仰引导企业家进行正向创新的课题。自改革开放以来，企业家在经济建设中所发挥的重要作用正逐步体现并被社会广泛关注，中国也出现了以任正非为代表的杰出企业家，他们奋斗创新，在各自的领域发光发热，不仅为国家贡献了经济与财富，更在世界舞台上展示了中国企业家不凡的风范，彰显了中国企业家应有的担当与气度。尽管如此，在庞大的中国企业家群体中，个体的个性特质与精神气质呈现了一定的复杂性，部分企业家错误地使用了创新的企业家特质，呈现出唯利是图的丑恶嘴脸，追逐利润成了他们唯一的活动目的，甚至为了这一目的可以不择手段，即使对自己的祖国和人民造成负面影响也在所不辞。信仰将如何改造并激发正向的企业家精神呢？本书得出的信仰对企业家精神的作用机制给出了具体的回答，由此或可以延伸并发展出更加丰富的方法，用以遏制企业家精神向负面领域的配置。这一作用机制，也将为政府、企业决策层提供启示与参考，引导他们更高效地、更具针对性地制定激励政策或方案，以最大限度、更高效率地将中国企业家精神引至积极正向的、为国家区域经济为中华民族伟大复兴作出贡献的领域上来。

　　另一方面，本书的结论为中华民族伟大复兴的具体实现提供了路径支撑。对于中华民族伟大复兴这一"中国梦"，习近平总书记曾指出："为了实现中国梦，我们确立了'两个一百年'奋斗目标"，对这"两个一百年"奋斗目标，习近平总书记也做出过明确解释："我坚信，到中国共产党成立 100 年时全面建成小康社会的目标一定能实现，到新中国成立 100 年时建成富强民主文明和谐的社会主义现代化国家的目标一定能实现，中华民族伟大复兴的梦想一定能实现。"这"两个一百年"奋斗目标，可以说是伟大复兴的阶段性目标，而这两个阶段性目标，都或多或少地与经济指标息息相关。就这点而言，对区域经济指标积极实践的企业家群体，可以说是任重而道远，甚至可以说，能否实现伟大复兴这一积极的社会成果，企业家积极的创新发挥，将起到举足轻重的作用。为了确保企业家精神能够被配置到积极的创新领域上来，家国情怀信仰的作用理所当然地应被重视起来。家国情怀对企业家精神的作用机制也显示出了其对企业家精神具有积极影响的确切性、有效性以及稳定性，可以说，家国情怀信仰将成为实现中华民族伟大复兴的坚实保障与稳定剂。

三、研究局限与展望

当然也应看到，对相关结论的实践启示与现实意义的分析，或多或少地存在着理想主义。当代中国的现实经济环境中，在多重因素叠加与相互影响之下，家国情怀信仰与企业家精神间的相互作用机制虽遵循本书的结论，但可能会呈现出更大的复杂性。在复杂多变的社会环境中，如何更加稳定地激发、引导以及塑造具有家国情怀的中国企业家精神，将成为后续研究的重点，同时也将具备更加现实的提升空间。

中国的文化具有良好的延续性与包容性，几千年来，它包容万象、不断进化，在保有其精髓的基础上不断发展并融入不同的时代。在中国传统文化离开封建社会、过渡至新中国、又经历了改革开放之后，虽然结合国情发生了些许改变，但其中最为精华的家国情怀却丝毫未被冲淡，正如本书结论所揭示的，家国情怀信仰具有代际传递性。正因如此，中国企业家精神世界里实际上都饱含家国情怀，虽然当代社会存在一些负面的企业家行为，但这些企业家并不是没有信仰，而是他们将这一信仰深理在其潜意识中，尚未觉醒。为了中国经济更加稳健的发展，为了中华民族伟大复兴的历史使命，我们有责任重视企业家群体的信仰，深挖埋藏于其潜意识中的家国情怀，积极探寻更有效唤醒中国企业家沉睡着的家国情怀信仰的方法和途径。

科教兴国战略不仅是推进国家富强的重要政策与手段，同时也为唤醒企业家沉睡的家国情怀信仰提供了启示。根据伟大复兴更高层次的要求，教育的内容不应当局限于知识、理论以及技能等理性维度内容，同时更应该包含信仰这样的道德维度特质，教育理应成为唤醒企业家家国情怀信仰的重要手段。然而，当今中国对于企业家的教育却是如此局限，作为企业家培养重要摇篮的某些商学院，不仅在商业道德维度上的教育流于表面，甚至很少或者鲜有意识到家国情怀的重要性与必要性。相比于道德、信仰这些精神气质，一些商学院似乎和企业家精神的既有研究一样，盲目迷信于数据与经济理性维度这些所谓的实用主义知识和技能。这也印证了马丁·帕克关于当今商学院价值取向完全市场经济主义的批判，如若置之不理，这些商学院培养出的企业家甚至可能会成为造成社会负面影响的帮凶。① 希望本书的研究能够为教育优化，尤其是商学院的教育优化提供启示与借鉴，同时也希望能够致力于这一研究，继续将此研究在教育领域中进行延伸与发散，在为中华民族伟大复兴输送更多富有家国情怀信仰的企业家上贡献自己的力量。同时，我也希望，本书的呐喊是转变为实践意义推动力的一次大胆尝试。

---

① Parker M., "Why We Should Bulldoze the Business School", *The Guardian*, May 1. 2018.

后　记

　　围绕本书主题的研究，将历史学与管理学相结合，从历史中寻找并搭建经济理性维度与道德维度间的桥梁。本书旨在补充前人研究之不足，对当下时代要求作出回应，更加为日后进一步的研究界定基本方向。

　　在这里，我要感谢恩师张生教授几年来的关心与指导。张生教授在历史学院开创的改革开放研究方向，独具特色，以历史视角"借古喻今"，从历史长河中探索并发现对当今中国社会改革开放以及中华民族伟大复兴具有积极借鉴意义的经验与教训，创建了对我国改革开放的一种全新观察视角，这也大大启发了我对于信仰与企业家精神间关系的研究思路。

　　张生教授扎实的学术功底、严谨的治学态度、独到的学术见解以及孜孜不倦的工作作风，不仅使我在学术上获益良多，更加鞭策我时刻以严谨负责的学术态度、不懈的奋斗精神，将历史视角下的企业家精神研究不断进行拓展，在学术深度、广度与价值上不断深挖，力求使其转化为更加符合当代国家实际需求的学术成果。我也将继续积极探索各种历史学上的前瞻性课题，争取在历史学科的潜力挖掘及其对国家的贡献上出一份力。

　　同时，我也要感谢李玉教授给予本书的大力指导，感谢陈海懿师弟的关心与帮助。我也认识到，这部著作不可能完美，家国情怀信仰与企业家精神间关系的研究仍有着巨大的拓展与深挖潜力。首先，就"信仰对企业家精神激发作用"这一理论体系的挖掘与完善，这部著作给出了这一理论体系的"中国化"框架，在此框架下对该理论的进一步验证及相关细节的完善必不可少。同时，对理论实践意义的持续探索仍需继续。当今社会是持续发展的，在不断变化的国内外宏观环境中，如何使信仰对企业家精神保持长久且灵活的激发能力，将成为本书进一步发展完善的重要方向之一。最后，对该理论跨学科的拓展与探索将赋予其以更丰富的社会指导价值。中华民族伟大复兴更高层次的要求包含着跨学科的复合型研究要求，"信仰对企业家精神的激发作用"可以引出教育、传媒、人力资源管理等多学科的研究方向，在跨学科研究上展现出了巨大的研究潜力，这也正是我今后进一步在未知领域进行不断探索的重要动力。

参考文献

一、马克思主义经典著作类

1. 《马克思恩格斯文选》第 2 卷，外文书籍出版局 1954 年版。

2. 《马克思恩格斯选集》第 4 卷，人民出版社 1972 年版。

3. ［德］恩格斯：《德国农民战争》，人民出版社 1975 年版。

4. 《马克思恩格斯选集》第 4 卷，人民出版社 2012 年版。

5. 《马克思恩格斯全集》第 22 卷，人民出版社 1965 年版。

6. 《马克思恩格斯全集》第 37 卷，人民出版社 1965 年版。

7. 中共中央宣传部：《习近平新时代中国特色社会主义思想三十讲》，学习出版社 2018 年版。

8. 中共中央宣传部：《习近平新时代中国特色社会主义思想学习纲要》，学习出版社、人民出版社 2019 年版。

二、资料汇编类

1. 南皮县政协文史资料委员会编：《南皮县文史资料》第 3 辑，2000 年。

2. 黄兴涛等译：《辜鸿铭文集》，海南出版社 1996 年版。

3. 李明勋等编：《张謇全集》，上海辞书出版社 2012 年版。

4. 凌耀伦、熊甫编：《卢作孚文集》，北京大学出版社 1999 年版。

5. 荣德生：《荣德生文集》，上海古籍出版社 2002 年版。

6. 上海社会科学院经济研究所编：《刘鸿生企业史料》，上海人民出版社 1981 年版。

7. 沈家五编：《张謇农商总长任期经济资料选编》，南京大学出版社 1987 年版。

8. 汪敬虞编：《中国近代工业史资料》第 2 辑（下册），科学出版社 1957 年版。

9. 王彦威等编：《清季外交史料》，湖南师范大学出版社 2010 年版。

10. 苑书义编：《张之洞全集》，河北人民出版社 1998 年版。

11. 张謇研究中心编：《张謇全集》，江苏古籍出版社 1994 年版。

12. 张守广、项锦熙编：《卢作孚全集》，人民日报出版社 2014 年版。

13. 张之洞：《张文襄公全集》，中国书店 1990 年版。

14. 周伟民、唐玲玲编：《张之洞经略琼崖史料汇编》，海南出版社 2015 年版。

15. 赵津编：《范旭东企业集团历史资料汇编——久大精盐公司专辑》，天津人民出版社 2006 年版。

16. 赵德馨编：《张之洞全集》，武汉出版社 2018 年版。

17. 中国人民政治协商会议全国委员会文史资料研究委员会编：《工商经济史料丛刊》第 2 辑，文史资料出版社 1983 年版。

18. 中国人民政治协商会议江苏省海门县委员会文史资料委员会编：《海门县文史资料》第 8 辑《张謇：故里征稿专辑》，1989 年。

19. 中国人民政治协商会议武汉市委员会文史资料研究委员会编：《武汉文史资料》第 5 辑，内部发行，1981 年。

20.《清史稿》卷 15，中国文史出版社 2003 年版。

三、著作类

1.［日］坂本太郎：《日本史》，汪向荣、武寅、韩铁英译，中国社会科学出版社 2008 年版。

2.［法］保尔·芒图：《十八世纪产业革命——英国近代大工业初期的概况》，商务印书馆 1997 年版。

3.［美］鲍莫尔：《创新：经济增长的奇迹》，郭梅军译，中信出版社 2016 年版。

4.［美］贝拉：《德川宗教：现代日本的文化根源》，生活·读书·新知三联书店 1998 年版。

5. 蔡元培：《中国伦理学史》，商务印书馆 2017 年版。

6. 陈来：《中国近世思想史研究》，商务印书馆 2003 年版。

7. 陈真、姚洛合编：《中国近代工业史资料》第 4 辑，生活·读书·新知三联书店 1961 年版。

8. 政协崇川区文史委员会等编：《崇川文史》第 3 辑《南通史话》，1997 年。

9. 崔之清：《张謇与海门：早期现代化思想与实践》，南京出版社 2010 年版。

10. 《大生系统企业史》编写组编：《大生系统企业史》，江苏古籍出版社 1990 年版。

11. （清）戴凤仪：《诗山书院志》，商务印书馆 2018 年版。

12. ［美］迪尔德丽·N. 麦克洛斯基：《企业家的尊严——为什么经济学无法解释现代世界》，中国社会科学出版社 2008 年版。

13. 董书城：《中国商品经济史》，安徽教育出版社 1990 年版。

14. 政协自贡市文史资料研究委员会编：《自贡文史资料选辑》第 15 辑。

15. 冯友兰：《冯友兰文集》第 4 卷《中国哲学史》下（修订版），长春出版社 2017 年版。

16. 龚德隆：《中华教育经典》上，中国人民公安大学出版社 1998 年版。

17. 张超：《辜鸿铭国学心得》，重庆出版社 2015 年版。

18. 郭振铎：《宗教改革史纲》，河南大学出版社 1989 年版。

19. 国务院发展研究中心市场经济研究所：《改革开放 40 年：市场体系建立、发展与展望》，中国发展出版社 2019 年版。

20. 胡坚：《思想的力量》，浙江人民出版社 2018 年版。

21. 黄美真、郝盛潮：《中华民国史事件人物录》，上海人民出版社 1987 年版。

22. 黄逸峰等：《旧中国民族资产阶级》，江苏古籍出版社 1990 年版。

23. 计泓赓：《荣毅仁》，中央文献出版社 1999 年版。

24. 金其桢、黄胜平等：《大生集团、荣氏集团：中国近代两大民营企业集团比较研究》，红旗出版社 2008 年版。

25. ［日］井上清：《日本现代史》第 1 卷，生活·读书·新知三联书店 1956 年版。

26. 荆学民：《现代信仰学导引》，中国传媒大学出版社 2012 年版。

27. 李观来：《中国企业家研究》，中共中央党校出版社 1998 年版。

28. 李锦全：《李锦全文集》第 2 卷，中山大学出版社 2018 年版。

29. 李平晔：《人的发现：马丁·路德与宗教改革》，四川人民出版社 1984 年版。

30. 李士金：《关于"存天理、灭人欲"的理论思考》，中国文史出版社 2002 年版。

31. 黎良华：《朱熹天理观研究》，河南人民出版社 2017 年版。

32. 林家有：《政治·教育·社会：近代中国社会变迁的历史考察》，天津古籍出版社 2004 年版。

33. ［英］托马斯·马丁·林赛：《宗教改革史》，孔祥民等译，商务印书馆 2016 年版。

34. 刘厚生：《张謇传记》，上海书店出版社 1985 年版。

35. 刘立善：《没有经卷的宗教：日本神道》，宁夏人民出版社 2005 年版。

36. 刘林海：《加尔文思想研究》，中国人民大学出版社 2006 年版。

37. 刘轩华：《中国企业家百年档案 1912—2012》，企业管理出版社 2012 年版。

38. 刘哲昕：《家国情怀：中国人的信仰》，学习出版社 2019 年版。

39. ［美］鲁斯·本尼迪克特：《菊与刀》，何晴译，浙江文艺出版社 2016 年版。

40. 卢国纪：《我的父亲卢作孚》，四川人民出版社 2003 年版。

41. 卢作孚：《中国的建设问题与人的训练》，生活·读书·新知三联书店 2014 年版。

42. 吕维：《旷世大儒——朱熹》，二十一世纪出版社 2017 年版。

43. 李凤仙译注：《劝学篇》，华夏出版社 2002 年版。

44. 马俊亚：《规模经济与区域发展：近代江南地区企业经营现代化研究》，南京大学出版社 1999 年版。

45. ［德］马克斯·韦伯：《新教伦理与资本主义精神》，北京大学出版社 2018 年版。

46. ［俄］梅列日科夫斯基：《宗教精神：路德与加尔文》，杨德友译，学林出版社 1999 年版。

47. 米庆余：《明治维新：日本资本主义的起步与形成》，求实出版社 1988 年版。

48. ［加］诺曼：《日本维新史》，商务印书馆 1962 年版。

49. 日本经济新闻社编：《日本的企业》，东方出版社 1992 年版。

50. ［法］萨伊：《政治经济学概论：财富的生产、分配和消费》，陈福生、陈振骅译，商务印书馆 1963 年版。

51. ［日］涩泽荣一：《论语与算盘》，高望译，上海社会科学院出版社 2016 年版。

52. 史全生主编：《中华民国经济史》，江苏人民出版社 1989 年版。

53. 唐文起等：《江苏近代企业和企业家研究》，黑龙江人民出版社 2003 年版。

54. 天津碱厂志编修委员会：《天津碱厂志 1917—1992》，天津人民出版社 1992 年版。

55. ［美］托马斯·K. 麦克劳：《现代资本主义——三次工业革命中的成功者》，赵文书、肖锁章译，江苏人民出版社 2006 年版。

56. 王承旭：《英国教育》，吉林教育出版社 2000 年版。

57. 王敦琴：《张謇研究精讲》，苏州大学出版社 2013 年版。

58. 王喜旺：《教育家张之洞研究》，山东人民出版社 2016 年版。

59. 王育琨：《苦难英雄任正非》，江苏文艺出版社 2019 年版。

60. 卫春回：《张謇评传》，南京大学出版社 2001 年版。

61. 肖丹生：《传奇任正非》，现代出版社 2009 年版。

62. ［日］信夫清三郎：《日本外交史》，商务印书馆 1980 年版。

63. ［美］熊彼特：《创新是资本积累、个人致富之源》，北京出版社 2008 年版。

64. ［美］熊彼特：《资本主义、社会主义与民主》，商务印书馆 1999 年版。

65. ［美］熊彼特：《经济分析史》第 1 卷，朱泱译，商务印书馆 1991 年版。

66. ［德］马丁·路德：《路德选集》，徐庆誉、汤清译，宗教文化出版社 2010 年版。

67. 许维雍、黄汉民：《荣家企业发展史》，人民出版社 1985 年版。

68. 杨立强：《张謇存稿》，上海人民出版社 1987 年版。

69. 叶月草：《玻璃大王曹德旺》，浙江人民出版社 2010 年版。

70. 伊文成、马家骏：《明治维新史》，辽宁教育出版社 1987 年版。

71. 尤世玮、张廷栖：《张謇复兴中华的认识与实践：纪念张謇 160 周年诞辰学术研讨会论文集》，苏州大学出版社 2014 年版。

72. 余焕新：《近代管理思想》，经济管理出版社 2014 年版。

73. 余开祥：《西欧各国经济》，复旦大学出版社 1987 年版。

74. 张继煦：《张文襄公治鄂记》，湖北通志馆，1947 年。

75. 张季直先生事业史编纂处：《大生纺织公司年鉴（1895—1947）》，江苏人民出版社 1998 年版。

76. 张莉红：《状元巨商》，中华工商联合出版社 1998 年版。

77. 张瑞萍：《公司权力论》，社会科学文献出版社 2006 年版。

78. 张同义：《范旭东传》，湖南人民出版社 1987 年版。

79. 张孝若：《南通张季直先生传记》，中华书局 1931 年版。

80. 张孝若：《南通张季直先生传记》，台北：台湾学生书局 1974 年版。

81. 张荫桐：《1600—1914 年的日本》，生活·读书·新知三联书店 1957 年版。

82. 张友伦、李节传：《英国工业革命》，天津人民出版社 1980 年版。

83. 张仲礼：《中国近代资本主义在二十世纪二十年代的发展问题》，复旦大学出版社 1986 年版。

84. 赵靖：《中国近代民族实业家的经营管理思想》，云南人民出版社 1988 年版。

85. 赵永杰：《家族企业转型探究：基于动态能力生成机理与路径》，中国时代经济出版社 2017 年版。

86. 钟祥财：《中国近代民族企业家经济思想史》，上海社会科学院出版社 1992 年版。

87. 中央教育科学所编：《中国现代教育大事记》，教育科学出版社 1988 年版。

88. 周文强：《中国梦》，华夏出版社 2017 年版。

89. 朱镇华：《中国金融旧事》，中国国际广播出版社 1991 年版。

90. 中国人民大学家书文化研究中心编：《廉政家书》，中国方正出版社 2015 年版。

四、论文类

1. 《本团体信条》，《海王》1934 年第 7 卷第 1 期。

2. 《"超个人成功"的事业，"超赚钱主义"的生意》，《新世界》1936 年第 85 期。

3. 曹德旺：《实业家不应该仅仅是为了钱》，《全球商业经典》2020 年第 6 期。

4. 曹德旺：《企业家应该以国家为己任》，《经营者》2020 年第 8 期。

5. 昌之路：《谋求发展，兼济天下——记福耀玻璃集团创始人、董事长曹德旺》，《商业文化》2020 年第 20 期。

6. 车丕照：《国际商事活动道德约束的刚化》，《当代法学》2013 年第 4 期。

7. 范旭东：《久大第一个三十年》，《海王》1944 年第 17 卷第 2 期。

8. 《冯玉祥副委员长莅临公司讲演》，《民生公司简讯》1944 年第 698 期。

9. 黄汉瑞：《回忆范先生》，《海王》1945 年第 18 卷第 20 期。

10. 焦雪琴：《近代中国民族工业发展历程之研究》，《科学与财富》2018 年第 15 期。

11. 《久大二十周年纪念述怀》，《海王》1935 年第 7 卷第 31 期。

12. 李宏彬、李杏、姚先国等：《企业家的创业与创新精神对中国经济增长的影响》，《经济研究》2009 年第 10 期。

13. 李勤：《16 世纪欧洲宗教改革运动的历史作用》，《云南师范大学学报》2000 年第 7 期。

14. 李涛：《浅析儒商范蠡的思想及当今影响》，《学理论》2017 年第 4 期。

15. 梁磊：《略论英国宗教改革对工业革命的影响》，《长春师范大学学报（人文社会科学版)》2014 年第 11 期。

16. 练庆伟：《当代大学生信仰教育的复杂性研究》，博士学位论文，中山大学，2010 年。

17. 刘荣：《日本企业家的功利主义及激励机制》，《日本学刊》1999 年第 4 期。

18. 刘志阳：《改革开放四十年企业家精神的演进》，《人民论坛》2018 年第 35 期。

19. 内藤俊彦：《幕末攘夷论的诸相》，《法政理论》1979 年第 6 期。

20. 聂飞：《〈史记〉中的商人模式及其书写》，《河南理工大学学报（社会科学版)》2021 年第 3 期。

21. 欧妍：《实业救国：一代企业家为何梦难圆》，《文史博览》2018 年第 6 期。

22. 齐莹等：《中美贸易摩擦背景下国产手机品牌营销策略分析——以华为为例》，《现代营销（下旬刊)》2020 年第 1 期。

23. 钱江：《近代民族工业的巨子荣宗敬、荣德生》，《档案与建设》2018 年第 8 期。

24. 秦远好：《尼德兰资产阶级革命与加尔文教的发展》，《广西民族学院学报》1994 年第 3 期。

25. 屈海香、吴香菊：《论荣氏家族企业发展的精神特质》，《产业与科技论坛》2016 年第 12 期。

26. 史振厚：《企业家精神传承的日本版本解读》，《现代商业》2015 年第 31 期。

27. 宋严萍：《英国工业化早期产业精神的体现和原因》，《世界近代史研究》2012 年第 6 期。

28. 孙中涛：《张謇南通早期现代化建设失败的原因刍议》，《江苏工程职业技术学院学报（综合版)》2015 年第 3 期。

29. 陶小然、刘奔：《曹德旺 我们最缺的是一种精神》，《中外管理》2018 年第

1 期。

30. 王宝华：《中国近代民族工业出现短暂繁荣"春天"原因分析》，《文化学刊》2019 年第 8 期。

31. 王春馨：《从"抵货运动"到"国货运动"看民族主义的发展》，《南方论刊》2019 年第 9 期。

32. 王国卿：《"言商乃向儒"：张謇经济思想与儒家经济伦理之关系解析》，《前沿》2012 年第 2 期。

33. 王龙：《国运兴衰中的"实业之父"：张謇与涩泽荣一》，《人物春秋》2018 年第 11 期。

34. 王天翔、王娟：《企业家精神研究：回顾与展望》，《中国集体经济》2019 年第 30 期。

35. 王文英：《三菱财阀的企业文化特征》，《世界历史》2003 年第 3 期。

36. 王永昌：《华为的启示》，《浙江经济》2019 年第 12 期。

37. 文晖：《中信的气魄》，《英才》2016 年第 6 期。

38. 吴志菲：《吴仁宝："天下第一村"的带头人》，《中华魂》2013 年第 6 期（上）。

39. 杨清虎：《"家国情怀"的内涵与现代价值》，《知行铜仁》2016 年第 5 期。

40. 翟亮、刘豫杰：《攘夷思想与明治维新前后日本的国家意识》，《世界历史》2019 年第 4 期。

41. 《怎样做事——为社会做事》，《北碚月刊》1940 年第 6 期。

42. 张建江：《新时代大学生家国情怀的培养路径研究》，《社会发展》2020 年第 2 期。

43. 张剑宇、夏春宇：《明治时期的日本企业家及其行为特征》，《财经问题研究》1996 年第 12 期。

44. 张小平：《吴仁宝谢幕：中国企业家精神永不凋零》，《企业家观察》2013 年第 4 期。

45. 张媛媛：《中国当代企业可持续发展研究》，硕士学位论文，华东交通大学，2017 年。

46. ［日］中井英基、曲翰章：《张謇与涩泽荣：日中近代企业家比较研究》，《国外社会科学》1988 年第 7 期。

47. 周生春、杨缨：《历史上的儒商与儒商精神》，《中国经济史研究》2010 年第 4 期。

48. 周见：《明治时期企业家的形成与日本式经营》，《经济科学》1997 年第 1 期。

49. 周新民：《华为事件对践行习近平"坚定不移把自己的事情办好"深邃思想的启示》，《当代石油石化》2020 年第 1 期。

50. 邹美美：《近代民族资本主义经济与当代私营经济的异同分析》，《改革与开发》2018 年第 23 期。

五、报刊类

1. 《南洋兄弟烟草股份有限公司扩充改组招股宣言》，《申报》1919 年第 4 版。

2. 任正非：《赴美考察散记》，《华为人报》1994 年第 5 期。

3. 任正非：《呼唤英雄——在公司研究试验系统先进事迹汇报大会上的讲话》，《华为人报》1997 年第 54 期。

4. 任正非：《向美国人学什么?》，《华为人报》1998 年第 23 期。

5. 任正非：《创新是华为发展的不竭动力》，《华为人报》2000 年第 107 期。

6. 任正非：《北国之春》，《华为人报》2001 年第 118 期。

7. 任正非：《五彩云霞飞遍天涯》，《华为人报》2011 年第 231 期。

8. 任正非：《任总接受中国媒体采访纪要》，《华为人报》2019 年第 343 期。

9. 任正非：《华为的冬天——任总在科以上干部大会上讲解〈2001 年十大管理工作要点〉》，《管理优化》2015 年第 148 期。

10. 任正非：《希望寄托在你们身上——任总在中研部"品格的成熟铸就产品的成熟"交流会上的讲话》，《管理优化》2015 年第 45 期。

11. 姚遥：《西方"黑翻译"陷害的不止华为》，《环球时报》2020 年第 15 期。

六、外文文献

1. ［日］本庄荣治郎：《日本社会经济史研究》，東京：ハナ書房，1948 年。

2. ［日］大久保利謙：《近代史史料》，東京：吉川弘文館，1965 年。

3. ［日］《大久保利通文書》，東京：日本史籍協会，1927 年。

4. ［日］楫西光速：《日本経済史》，東京：御茶の水書房，1973 年。

5. ［日］山口和雄：《日本経済史講義》，東京：東京大学出版会，1960 年。

6. ［日］石塚裕道：《日本資本主義成立史研究—明治国家と殖産興業政策》，東京：吉川弘文館，1973 年。

7. 京都大学文学部国史研究室编：《日本近代史辞典》，东洋经济新报社，1958 年。

8. Barnard C I, *The Functions of the Executive*, Harvard University Press, 1968.

9. León A K, Pfeifer C., *Religious Activity*, *Risk Taking Preferences*, *and Financial Behaviour*: *Empirical Evidence from German Survey Data*, Inst. für Volkswirtschaftslehre, 2013.

10. Sombart W. Liebe, *Luxus und Kapitalismus*, München: Deutscher Taschenbuch Verlag, 1967.

11. Samuelsson K, *Religion and Economic Action*: *A Critique of Max Weber*, Harper & Row, 1964.

12. Tawney R H, *Religion and the Rise of Capitalism*, Transaction publishers, 1998.

13. Branzei O, Abdelnour S, "Another Day, another Dollar: Enterprise Resilience Under Terrorism in Developing Countries", *Journal of International Business Studies*, 2010 (41): 804-825.

14. Berkowitz D, DeJong D N, "Entrepreneurship and Post-socialist Growth", *Oxford Bulletin of Economics and Statistics*, 2005 (67): 25-46.

15. Baumol W J, "Entrepreneurship: Productive, Unproductive, and Destructive", *Journal of Business Venturing*, 1996 (11): 3-22.

16. Basco R, Calabrò A, Campopiano G, "Transgenerational Entrepreneurship Around the World: Implications for Family Business Research and Practice", *Journal of Family Business Strategy*, 2019 (10): 234-249.

17. Bucar B, Hisrich R D, "Ethics of Business Managers vs. Entrepreneurs", *Journal of Developmental Entrepreneurship*, 2001 (6): 59.

18. Choi N, Majumdar S, "Social Entrepreneurship as an Essentially Contested Concept: Opening a New Avenue for Systematic Future Research", *Journal of Business Venturing*, 2014 (29): 363-376.

19. Dequech D, "Cognitive and Cultural Embeddedness: Combining Institutional Economics and Economic Sociology", *Journal of Economic Issues*, 2003 (37): 461-470.

20. Gerschenkron A, "The Soviet Indices of Industrial Production", *The Review of Economics and Statistics*, 1947 (29): 217-226.

21. Harris J D, Sapienza H J, Bowie N E, "Ethics and Entrepreneurship", *Journal of Business Venturing*, 2009 (24): 407-418.

22. Hayton J C, George G, Zahra S A, "National Culture and Entrepreneurship: A Review of Behavioral Research", *Entrepreneurship Theory and Practice*, 2002 (26): 33-52.

23. Jakob E A, Isidor R, Steinmetz H, "The Other Side of the Same Coin—How Communal Beliefs about Entrepreneurship Influence Attitudes toward Entrepreneurship", *Journal of Vocational Behavior*, 2019 (112): 431-445.

24. Landström H, Harirchi G, "The social structure of entrepreneurship as a scientific field", *Research Policy*, 2018 (3): 650-662.

25. Landström H, Harirchi G, Åström F., "Entrepreneurship: Exploring the Knowledge Base", *Research Policy*, 2012 (7): 1154-1181.

26. Landes D S, "French Entrepreneurship and Industrial Growth in the Nineteenth Century", *The Journal of Economic History*, 1949 (1): 45-61.

27. Lundmark E, Westelius A, "Antisocial Entrepreneurship: Conceptual Foundations and a Research Agenda", *Journal of Business Venturing Insights*, 2019 (11): 100-104.

28. McMillan J, Woodruff C, "The Central Role of Entrepreneurs in Transition Economies", *Journal of Economic Perspectives*, 2002 (3): 153-170.

29. McKeever E, Jack S, Anderson A, "Embedded Entrepreneurship in the Creative re-construction of Place", *Journal of Business Venturing*, 2015 (1): 50-65.

30. McVea J F, "A Field Study of Entrepreneurial Decision-making and Moral Imagination", *Journal of Business Venturing*, 2009 (5): 491-504.

31. Morris M H, Schindehutte M, Walton J, "The Ethical Context of Entrepreneurship: Proposing and Testing a Developmental Framework", *Journal of Business Ethics*, 2002 (4): 331-361.

32. McMullen J S, Warnick B J, "Should We Require Every New Venture to be a Hybrid Organization?", *Journal of Management Studies*, 2016 (4): 630-662.

33. Obschonka M, "The quest for the entrepreneurial culture: psychological big data in entrepreneurship research", *Current Opinion in Behavioral Sciences*, 2017 (18): 69-74.

34. Payne D, Joyner B E, "Successful US Entrepreneurs: Identifying Ethical Decision-Making and Social Responsibility Behaviors", *Journal of Business Ethics*, 2006 (3): 203-217.

35. Phillips W, Lee H, Ghobadian A, "Social Innovation and Social Entrepreneurship: A Systematic Review", *Group & Organization Management*, 2015 (3): 428-461.

36. Rindova V, Barry D, Ketchen Jr D J, "Entrepreneuring as Emancipation", *Academy of Management Review*, 2009 (3): 477-491.

37. Spenkuch J L, "Religion and Work: Micro Evidence from Contemporary Germany", *Journal of Economic Behavior & Organization*, 2017 (135): 193-214.

38. Tenbrunsel A E, Smith-Crowe K, "13 Ethical Decision Making: Where We've been and Where We're Going", *The Academy of Management Annals*, 2008 (1): 545-607.

39. Thanawala K, "Schumpeter's Theory of Economic Development and Development Economics", *Review of Social Economy*, 1994 (4): 353-363.

40. Uzzi B, "Social structure and Competition in Interfirm Networks: The Paradox of Embeddedness", *Administrative Science Quarterly*, 1997: 35-67.

41. Vallaster C, Kraus S, Lindahl J M M, "Ethics and Entrepreneurship: A Bibliometric Study and Literature Review", *Journal of Business Research*, 2019 (99): 226-237.

责任编辑:刘志江　段海宝
装帧设计:胡欣欣
责任校对:吕　飞

图书在版编目(CIP)数据

企业家的精神与信仰/单翔 著. —北京:人民出版社,2022.10
ISBN 978 - 7 - 01 - 024833 - 2

Ⅰ.①企… Ⅱ.①单… Ⅲ.①企业家-企业精神-研究 Ⅳ.①F272.91

中国版本图书馆 CIP 数据核字(2022)第 101663 号

企业家的精神与信仰

QIYEJIA DE JINGSHEN YU XINYANG

单　翔　著

人 民 出 版 社 出版发行
(100706　北京市东城区隆福寺街 99 号)

北京盛通印刷股份有限公司印刷　新华书店经销

2022 年 10 月第 1 版　2022 年 10 月北京第 1 次印刷
开本:710 毫米×1000 毫米 1/16　印张:16
字数:200 千字

ISBN 978 - 7 - 01 - 024833 - 2　定价:60.00 元

邮购地址 100706　北京市东城区隆福寺街 99 号
人民东方图书销售中心　电话 (010)65250042　65289539